出版说明

本译丛的第一批共八部，是从英国开放大学出版社（Open University Press）出版的“犯罪与司法”丛书（Crime and Justice）中挑选出来的。“犯罪与司法”丛书是国际专业领域中颇有影响的一套丛书，由英国著名犯罪学家麦克·马吉尔（Mike Maguire）任丛书主编。该丛书是英国乃至整个西方国家“教授犯罪学和刑事诉讼法学的关键资料”。应该说，它是一套教学参考书，注重于为进一步研究“提供坚实的基础”，不仅在书后附有大量参考文献，而且在正文中也给予了提示性的处理，译者基本是原封不动地加以保留。因此，请读者注意：正文中往往有这样的情况，某个论点之后有个括弧，其中有一或两个英文人名，接着有一个或一组数字，这是指此观点见于该作者某某年的出版物的某某页，这个出版物的名称一定包含在书后的参考文献中。恰恰是为了读者寻找到参考文献的原文的便利，我们未将参考文献翻译成中文，而是将原参考文献附在中文版书后。

现代西方犯罪学译丛

丛书主编：［英］麦克·马吉尔

解读犯罪预防

——社会控制、风险与后现代

Understanding crime prevention

——Social control, risk and late modernity

［英］戈登·休斯　著

刘晓梅　刘志松　译

中国人民公安大学出版社

·北　京·

图书在版编目（CIP）数据

解读犯罪预防：社会控制、风险与后现代/［英］休斯著；刘晓梅，刘志松译.—北京：中国人民公安大学出版社，2009.3
（现代西方犯罪学译丛）
书名原文：Understanding crime prevention——Social control, risk and late modernity
ISBN 978-7-81139-351-4

Ⅰ.解… Ⅱ.①休…②刘…③刘… Ⅲ.预防犯罪—研究
Ⅳ.D917.6

中国版本图书馆CIP数据核字（2008）第198354号

解读犯罪预防
——社会控制、风险与后现代

Understanding crime prevention
——Social control, risk and late modernity

［英］戈登·休斯 著
刘晓梅 刘志松 译

出版发行：中国人民公安大学出版社
地　　址：北京市西城区木樨地南里
邮政编码：100038
经　　销：新华书店
印　　刷：北京蓝空印刷厂

版　　次：2009年3月第1版
印　　次：2009年3月第1次
印　　张：17.25
开　　本：787毫米×1092毫米 1/16
字　　数：236千字

书　　号：ISBN 978-7-81139-351-4/D·303
定　　价：48.00元

网　　址：www.cppsup.com.cn www.porclub.com.cn
电子邮箱：cpep@public.bta.net.cn zbs@cppsu.edu.cn

营销中心电话（批销）：（010）83903254
警官读者俱乐部电话（邮购）：（010）83903253
读者服务部电话（书店）：（010）83903257
教材分社电话：（010）83903259
公安图书分社电话：（010）83905672
法律图书分社电话：（010）83905637
公安文艺分社电话：（010）83903973
杂志分社电话：（010）83903239
电子音像分社电话：（010）83905727

本社图书出现印装质量问题，由本社负责退换

Gordon Hughes

Understanding crime prevention – Social control, risk and late modernity

ISBN: 0 – 335 – 19940 – 2

Simplified Chinese translation edition jointly published by McGraw – Hill Education (Asia) Co. and Chinese People's Public Security University Press.

北京市版权局著作权合同登记号：01 – 2007 – 4008

译　者：(按姓氏笔画排列)
刘志松　刘晓梅
罗瑞芳　晁　阳

目 录

丛书主编序言

本套丛书涉及犯罪学、刑罚学和刑事司法领域当中存在争议的主要问题，所以每本书的书名都被冠以“解读”二字，戈登·休斯的《解读犯罪预防》是本套其中的第五本。我们约请了经验丰富的讲师和研究者来编撰这套丛书。作者尽量使用了简短而易懂的语句来表述，因为编撰这套丛书的目的在于为大学生和研究生提供一个坚实的相关领域的知识基础，并希望他们在品读了每一个专题之后，能从中得到启示，并进一步去探寻更加深入、更加广阔的知识。尽管这套丛书主要针对的是刚刚涉足这一领域的学生，尽管作者尽量使用平实的语言，但它并没有让读者感到作者是在分析一个简单的、易于解决的问题。相反，所有的作者都在试图“抻拽”着读者，使他们在意识当中形成一种质疑和批判的框架，并在这种背景下去进一步探讨犯罪学的知识与理论。更为重要的是，他们不是简单地对相关的理论观点进行综述，而是恰当地表达了他们自己的看法，从而阐明了他们自己与其他学者之间存在哪些不同，以及为什么不同的问题。

戈登·休斯选择了“犯罪预防”这一课题，这也正是近年来日益成为犯罪学研究领域热门的一个话题。从严格意义上讲，当然，这囊括了非常广泛的各种对策学说——从监禁或者说“恢复性”刑罚到安装监控设施以保护财产安全——而每一种对策都有其自身深远的历史。的确如此，本书在前三章中向我们概括性地介绍了犯罪预防理论的发展历史，阐明了其在理论探讨与制度性实践诸层面的发展过程。尽管如此，本书的写作重点仍然是对各种新型的犯罪预防模式进行探讨，主要是它们得以出现并迅速在各个国家蔓延开来的原因。在英国，自20世纪80年代初以来，诸如情境犯罪与预防理论、邻里守望计划、多机构协作犯罪预防模式和社区安全计划等，都已经成为政府部门、地方政府和志愿者组织等的流行语。同时，闭路电视监控系统也被广泛地推广，它们不但被应用于城镇的中心街道，甚至还被安装在住宅区内。在美国以及其他许多地方，公共领域和半公共领域的自治现象已经司空见惯，与“陌生人”的接触自由受到了严格的限制，人们变得甚至是对轻微的越轨行为也难以忍受。综合分析，这种发展趋势已经或者必将对个体之间、各种社会组织之间的关系产生巨大的、潜在的、质的影响。这反映出了对社区概念的一种新理解、新思路。同时，这也表明，在国家甚至是全球范围内，占主导地位的社会控制模式在发生着更加广泛的变化，这与其他重大社会和经济变革密切相关。戈登·休斯向我们展示了一个广阔的社会学分析框架，对这一变化进行了精确的解释，这也使得他不得不对诸如晚期现代性、风险与全球化等重要理论进行探讨。本书的一个重要特色就在于它是第一本用这样的写作方式来阐释犯罪预防这一主题的读本，一方面，他试图用尽力简洁的语言来阐述各种复杂的理论学说；另一方面，它也运用了现实的事例来使这些理论具体化。

这套“犯罪与司法”丛书的前四本是刑罚理论（Barbara Hudson）、犯罪统计数据（Clive Coleman and Jenny Moynihan）、犯罪学理论（Sandra Walklate）和青少年与犯罪（Sheila Brown）。其他还包括判决与刑罚制度（Mike Maguire）、犯罪与社会排斥（Loraine Gelsthorpe），所有这些研究的核心议题汇聚了大学中与犯罪相关的研究热点问题，而每一本书又都构建了特有的理论基础与研究范式或者说研究模型。作为解读犯罪预防问题的一种途径，对理论的清晰概括成为每一本书的特色，这体现在对固定术语与关键概念的表述上。此外，本书还有助于读者在特定领域扩大知识面，在每一章节的最后还列出了拓展阅读的建议。

最后，我还要感谢洛伊·利特和约翰·斯凯尔顿两位先生，是他们最初的建议才使我下定决心完成这套丛书的编辑工作。我还要感谢约杰西塔·埃文斯、尼克·埃文斯、贾斯汀·范恩、瑞·马赫波、李帕特和盖罗·格雷曼茨（他们都是开放大学出版社过去和现在的工作人员），是他们的辛勤劳动才使这套丛书得以付梓。最重要的，我要感谢作者们，是他们的辛勤劳动才使得我作为这套丛书主编的工作轻松而愉快。

迈克·马吉尔
威尔士大学卡地夫学院，
犯罪学与刑事司法学教授

鸣 谢

非常感谢迈克·马吉尔教授嘱我负责这本书的写作，在写作过程中，他给了我许多帮助。感谢开放大学出版社的编辑们，是他们在过去的一年里给予我莫大的支持。这也是我欠开放大学应用社会科学学科组同仁们的一笔“债”，因为实际上开放大学是一所集体企业性质的大学，我不应该申请更多的团队支持来参与这一项目。尽管贵社肯定了我的研究，但对于一切问题，我还是乐意承担全部责任！

尤其要感谢我的朋友和同事们，他们在整体上或部分上对我的书稿提出了许多宝贵的意见和建议。非常感谢罗恩·克拉克、埃德林·利特、尤金·麦克劳夫林、罗伯·迈尔斯、约翰·曼西和凯文·斯滕森。

感谢希尔韦和德里克早在利物浦就给予我的鼓励与支持，我还要与莉琪一起庆祝并分享这一成果。

引 言

超越技术性评价范式
犯罪预防的社会学视角
后现代的社会风险理论、社群主义和犯罪控制
拓展阅读

超越技术性评价范式

在很大程度上说，犯罪预防作为一个成熟的专业性的原则，是人们为之奋斗的理想——但对实践者、研究者、评价者和政策制定者来说，也确实是一个不容低估的挑战。

(参见 Ekblom，1996：87)

减少犯罪：犯罪的发生是因社会整合的缺失而引起的。犯罪是压力的爆发。有 7000 人正在践行玛哈瑞诗的超觉静坐[①]和瑜伽飞行（Yogic Flying）[②]，而这将会减少压力，还能保持欧洲人的团体意识。这将会大大减少犯罪的发生——和整个国家趋势比起来——自 1988 年瑜伽在当地盛行后，默西塞德郡的犯罪率减少了 60%。

(参见自然法团体在欧洲竞选的宣言，1995)

一个人走在伦敦的街头，穿着防护服，在头顶之上挥舞

① 译者注：超觉静坐，特指由印度教师玛哈瑞诗·玛亥许（Hindu guru Maharishi Mahesh）创建之精神教派所教授的特殊静坐方法。超觉静坐在修习当中，包含重复持诵同一段内容，在英语国家特别盛行，时常简称为 TM。

② 译者注：瑜伽飞行（Yogic Flying）是修炼瑜伽的最高境界。

着一个大棒，高喊着："滚回去！滚回去！"这时一个警察过来，问道："先生，打扰一下，请问你们在干什么呢？"这个家伙答道："我正在防范老虎，我这么做是为了赶走老虎。"警察疑惑地挠了挠头，说道："但是，先生，我这辈子在伦敦大街上都没见到过老虎啊！"那个家伙说："对啊，这说明我们的措施有效果了！"

我们不可能不注意到，犯罪预防已经成为一个非常"热"的现象。在西方社会，围绕犯罪预防开展了大量的活动。支持者认为，犯罪预防是一种"新"政策，是一个伟大的构想，而实现这一构想的时代已经来临了。通过其他学术研究者、商业咨询者、评价者、政治家、政策制定者、职业性实践者、媒体评论者，以及有责任心和积极性的市民组成的"志愿者"的努力，犯罪预防事业已经有了长足的发展，这一点我们无可否认。然而，一些更为理性的批评者指出，尽管从重要性上来说，犯罪预防是每一个与犯罪控制相关的社会矫正理论所追求的目标，但实际上犯罪预防就像钥匙和锁一样古老。有些人认为，"犯罪预防是刑事司法研究领域的新生婴儿"。上述批评者的主张对于"新生婴儿"的说法有所修正。但是，20 世纪最后的几十年中确实发生了一些重要的、特殊的和不同于以往的变化，这些变化体现在政策和实践上，人们将之称为"犯罪预防"。总体来说，针对犯罪预防所提出的新的政治主张也许代表着犯罪控制的新变革。这种变革也预示着一种新模式，这种模式不同于传统的已经"失败"的犯罪惩罚（如监禁）模式。正如两位著名刑事司法学专家托恩瑞和法林顿所说，犯罪困扰着西方社会，人们越来越认识到犯罪惩罚对于控制犯罪率来说仅具有有限的作用。由于犯罪率的升高所产生的社会危机，犯罪预防措施已经在一些国家中再次受到重视。这种犯罪预防措施不同于执法，也不同于刑事司法措施。犯罪预防思想和策略无疑是人们所争论的"如何维持公共秩序"这一问题的重要组成部分。

现在，人们经常夸大犯罪预防的作用。有的言论实在令人不可思议，如自然法学派将瑜伽飞行和墨西哥沿岸犯罪率的降低联系起来。然而，更多的主流政治家也会夸大新的犯罪预防策略的创新性。这方面的例子有很多，如内政大臣米歇尔·霍华德在20世纪90年代中期的做法，他呼吁市民走出去，“有目标地行走”，以此作为防止犯罪的方法。此外，社会科学家有时将犯罪预防夸大为一门新的学问。我们在绪论部分中引用了保罗·艾克布罗姆（此人是内政部的一位重要的研究人员）的话，似乎带有一种乌托邦的色彩，他将犯罪预防的领域进行了扩张（他将犯罪预防界定为一种特殊的训练方式，就像基督教里的“圣杯”①）。并不是所有的评论者都支持这一“圣杯”理论，绪论开头中伊利奥特的看法也许代表着对上述夸大的一种纠正，这种纠正在我们思考犯罪预防的效用时应当谨记。因此，应当谨防把犯罪预防学（以及刑事司法学）理解为一种“纯粹的”、自足的科学。在犯罪预防的效用以及评估问题上，一些社会学家似乎有一种如博吉所指出的“对于自然科学不求回报的迷恋”。

我们注意到，犯罪预防很难定义。本书中，笔者将对这一关键的，但是仍存在争议的概念进行批判性的分析，并且将以往的、现在的有关犯罪预防的研究放在一个新的框架中：这是一种批判性社会学理论的视角，而且是在历史流变中的批判性社会学视角。人们在犯罪及控制犯罪问题上从未有过

① 译者注：Grail（圣杯）一词本来拼作graal，起源于古法语的gra(d)al，而gra(d)al则由中世纪拉丁语gradalis演变而来，意指某种餐具。对圣杯最传统的解释是，在耶稣受难时，用来盛放耶稣鲜血的圣餐杯。在《圣经》中，圣杯的具体描述如下：饭后，也照样拿起杯来，说：“这杯是用我的血所立的新约。你们每逢喝的时候，要如此行，为的是纪念我。”（《哥林多前书》11：25）又拿起杯来，祝谢了，递给他们，他们都喝了。耶稣说：“这是我立（新）约的血，为多人流出来的。”（《马可福音》14：23—24）拿起杯来，祝谢了，递给他们，他们都喝了。耶稣说：“你们都喝这个，因为这是我立（新）约的血，为多人流出来，使罪得赦。”（《马可福音》26：27—28）。

一致的看法，对于什么是有效犯罪预防的问题人们还会继续争论。20 世纪最后几十年里刑事司法的发展，使任何人在研究犯罪和秩序失控时，都不能忽视犯罪预防这一含混不清的概念。本书旨在指导读者明晰学者、政策制定者和政治家在犯罪预防上种种互相矛盾的争论。我们能清楚地认识到，相对于以前，在诸如英国这样的新自由主义国家中，学者和政治家之间对于犯罪预防的措施至少已经在言辞上有了一个一致的说法。但是，现在犯罪预防仍然与批判社会学理论相分离，仍然是一个不需太多理论研究，而是技术性或政治实践的领域。简而言之，人们仍然关注犯罪预防的“效用”及“评价”这两个密切相关的问题。

在下面的章节中，笔者将阐释当今工业化进程中犯罪预防事业的新发展，以及在广阔的社会历史背景下论述犯罪预防学说发展的来龙去脉。这一分析将通过构建一个新的理论框架，超越现有的技术模式，弥补犯罪预防领域现有理论成果不足的状况。新的理论框架将着力于犯罪预防及社会控制在不断变化的历史、文化以及制度中的表述。表面上看，人们对于犯罪预防的关注是一个新的事物，然而事实远非如此。事实上，人们将犯罪预防视为新生事物，是因为政府针对犯罪控制推行了多部门协作预防、情境预防、社会预防及其多个机构之间的“合作”，也即犯罪预防不再仅仅是由警察部门一个机构推动的事业。在过去的十年中，人们对犯罪预防在犯罪学领域和政策层面的特殊解释以及具体实践通过国家立法的形式反映了出来。本书的一个主要目的就是帮助读者理解犯罪预防的过去以及犯罪预防未来的发展。这种认识视野将会更加开阔，更具有批判分析的特点。

犯罪预防的社会学视角

传统社会学的研究在理论构建和实证分析方面主要关注的是犯罪的潜在原因，而不是解读和阐释犯罪预防和犯罪控制的形式（参见 McLaughlin and Muncie，1996）。同样，与惩罚机制的研究相比（如 Barbara Hudson 在其关于公平正义的系列手册中宣称的。参见 Hudson，1996），哲学家、历史学家、社会学家较少关注犯罪预防问题。然而，人们近年来开始展开更大范围的以行政管理为导向的政策评估研究。20 世纪七八十年代，批判犯罪学学者对犯罪预防的研究是很匮乏的。犯罪预防被人们认为不具有广泛的理论和政策意义，人类行为的决定论和唯意志论的对立、历史与阶级斗争、权力与不平等，社会结构与社会组织，所有的这些问题都被激进的犯罪学学者重新赋予了新的含义（参见 Taylor et al.，1973）。保罗·洛克（1989）等人指出，实践中，大多数的犯罪学问题是一些经验性问题，对于犯罪的统计、预测和控制等这些政策性问题仅有一小部分被纳入理论研究的范畴中来。如果上述说法对于犯罪学的原则所进行的描述是准确的，那么它也就是传统的犯罪学在犯罪预防领域所进行的研究的准确描述。对犯罪预防和犯罪控制的理论研究并不如对犯罪原因的研究那样清晰和一致。由于某种程度的夸大，围绕犯罪预防研究而形成的主流观点就具有了“技术性”和“行政性”的特点（参见 Tonry and Farrington，1995）。换言之，我们关注到有些技术性和实践性工作的开展，其目的在于帮助当局者将他们的思想通过技术评估变为实践（Foucault 用“知识权力”这一词指称这种行为，就是例证，1977）。这种以“技术”为导向的认识将犯罪预防看做一个技术性和实践性问题，需要通过行政的和非政治途径来加以解决。犯罪预防与国家和私人团体有不同的关联形式，这种关联的前提、原则以及社会后果是一个更为广阔的关键性问题。而现有的以“行政”为导向的研究却比上述关键问题更受到人们的关注。首要的，本书要纠正这一疏忽，笔者将着重指出，对于犯罪预防在哲学的和对策的层面（同时笔者把它称为“话语”）进行研究，是解释过去、现在和未来社会控制政策及其趋势的前提。“话语”是一个被广泛使用（并且经常被滥用）的概念，这个词用于表述在特定时间和空间下知识形态、权力关系和制度实践之间的复杂联系。

本书阐释了一些更具广泛意义的问题，包括社会构成的复杂方式、占统治地位的社会结构的变革，及二者的相互作用，以及人们对于“预防”作为犯罪控制手段的接受程度。本书大量地使用了源于英国的数据，当然，这些数据也是经过比较、鉴别的。对英国的关注并不排除对英国和其他国家进行的比较、分析，以及英国自身数据之间的比较、分析。在本书第7章特别着重论述了犯罪预防在世界范围内的发展趋势（或者更确切地说是一种“风险管理”的趋势）。我们也特别关注了西欧、澳大利亚和北美的发展情况。因此，本书着眼于从社会政治学和思想背景中对犯罪预防进行理论层面、政策层面和实践层面的分析，研究理论形成的社会背景以及该理论的实践结果，这是很重要的。正如利里等曾经谈到（1995：5）的：社会背景对于特定犯罪理论方法的孕育起着关键作用。在对犯罪进行历史性研究的基础上，利里等接着指出，非常清楚的是，相对于同时代的以犯罪原因的分析为核心的犯罪学研究而言，以犯罪预防和犯罪控制为核心的研究无疑开启了犯罪学研究的新纪元。这一认识提示我们要运用比较方法详细分析犯罪预防的历史，这种分析在本书的第2章到第7章中都会涉及。因此，作为分析的关键，我们要找出社会背景、犯罪学理论、刑事司法政策的制定和特定的制度实践以及广泛的社会控制策略之间的联系，对于研究框架而言，这些联系将是非常关键的。

从这一点出发进行分析，一些关键问题便摆在了我们的面前：

- 犯罪预防和社会秩序的维护与深刻变革之间的关系是什么？
- 为什么我们发现不同时期、不同情境下的犯罪预防策略会有不同？

具体而言，为什么人们对“身着统一制服的警察在街上巡逻”的诉求和策略会在20世纪七八十年代逐渐衰落并最终消失，而在90年代，（至少是在言语上）又重新将其作为犯罪预防的“标志”被提出来？同样，为什么在后现代社会，“前现代”社会广泛使用的公开羞辱的观念重新出现，并且被作为各种社区犯罪预防的颇具吸引力的策略？为什么我们在世界主要大城市，特别是美国的大城市中重现了“堡垒式城市”这种“新中世纪”观念？为什么在20世纪下半叶一些西方国家改变了犯罪预防的策略，这些诸如多部门协作的策略是以“社区安全”为导向的，而不是如传统的警察主导型的犯罪预防模式吗？

探讨这些特定问题与广泛的社会力量和社会变革的实现（这些变革被Anthony Giddens称为“后现代”，1990、1991）之间的复杂关系将是本书的关键着眼点。本书还将重点讨论关于犯罪预防的概念冲突、模型构建、哲学分析，以及对于经常矛盾的犯罪预防政策和动机的理解。这种把握很重要，有助于深入理解当今“风险社会”（参见Beck，1992）下的公共秩序问题。事实上，本书提出了这样的观点，即一个理想的“安全社会”形象需要通过犯罪预防来辨别确认。同时，笔者将要阐述的犯罪预防及理论的发展不是一种直线形的发展进路。这种发展上的非进化论的途径可以通过如下典型现象得以进一步证明：首先，“情感的”和“传统的”以监禁刑的形式表现出来的威慑力量受到欢迎；其次，20世纪90年代中期，美国和英国通过心理学家的治疗使罪犯重新得以回归社会，这使社会警惕性（参见Christie，1993）重新受到重视，并得到了充分的智力支持（参见McGuire，1995，也可以参看本书第3章）。显而易见，互相冲突的理论比比皆是。社会历史学家诺伯特·埃利斯（1956）提醒我们不要使历史研究成为“归罪”的源泉，虽然我们无法否认过去犯罪控制实践造成了太多的灾难，那是一条“血染的痕迹”。这表明，我们应当与过去概念体系的情感、期望和结果保持适度的距离感和亲近感（Max Weber 所谓的“verstehen”①，1949），这一点很重要。在激进主义历史学家的著作《历史的罪恶》中，我们会发现“归罪”是那样的简单、容易。虽然这很容易得到心理上的满足，但是从社会的角度来说是没有效果的。

非常明显的是，本书想要努力给从事犯罪预防研究的学者提供一个对相关现象的社会学理解方式。然而，笔者这样做的目的是希望使之不同于标准的教科书式的研究体例。本书将对社会学的主要理论观点和思想学派（从功能主义到马克思主义、女权主义以及现在的后现代主义）进行描述和评论。然而，本书的主要目标是理解犯罪预防在当今社会学理论中两个重要的、密切联系的分析框架，即后现代风险社会理论②和社群主义（communitarianism）③。

---

① 译者注：“verstehen”是马克斯·韦伯理论中的重要用词，在德语中一般是理解、体会的意思。

② 译者注：20 世纪 80 年代，德国社会理论家乌尔里希·贝克提出了著名的“风险社会”理论。贝克认为，人类社会进入工业文明以后，科学理性的乐观主义情绪占据了大多数人的头脑，由此产生了人类自身对理性和科学技术的盲目崇拜和信任。然而，愈加深入地生活在这样一个时代，意味着人类社会面临的不可预知的风险就会愈多。

③ 译者注：关于 communitarianism，徐友渔先生在其《自由主义与社群主义》一文中翻译为“社群主义”，我国台湾地区学者陈钦春在其《社区主义在当代治理模式中的定位与展望》则译为“社区主义”。社群主义在西方文化中有着悠久的历史，在当代的实践研究是从 20 世纪 70 年代开始的。最典型的是美国社会哲学家普特南在意大利的考察，他对各地区政府的工作进行了广泛的社会调查和比较研究，发现一些政府办事没有效率，官员贪污腐败，而另一些政府的工作却富有创造性，既推动了投资和经济发展，又在改善医疗、人员培训、社区建设以及环境保护等方面做了大量卓有成效的工作。然而，这两类政府的组织形式、意识形态以及当地的经济基础和社会稳定都没有什么差别。那么，是什么因素造成了执政效果的巨大差异呢？普特南的研究结论表明，与“好政府”相关性最密切的因素是强大的公民参与传统和发达的公民社群组织。以他的调查报告为契机，现代社群主义的理论研究日益繁荣。

后现代的社会风险理论、社群主义和犯罪控制

一般认为，现代社会是从大约18世纪中期到20世纪最后几十年的这段时间。在西方社会，一般认为这段时期是以资本工业化、帝国主义、城市化、世俗化以及逐步建立的宪政政府（有限的民主）和福利国家为标志的。以一般的知识来看，这段时期的主导思想是社会进步和秩序，以及通过科学和理性的途径来解决社会问题。依据这一知识工程，通过对科学知识的运用，人们可以对社会环境、物质环境进行更广泛的理解和控制，这种理解和控制超越了以往任何一个时期。后现代风险社会理论起源于近年来的社会学理论，确切地说，是关于20世纪末期社会性质变革的相关理论，特别是从对于现代性的确定性研究逐渐转向因“新”的社会风险不断增长而产生的恐惧心理的研究。人们对于如何解决和控制犯罪问题的关注也许可以视为这种不确定性不断增长的表现。后现代的风险社会理论提醒我们，要关注风险和不安定（如对于犯罪、暴力的焦虑）的集中性及20世纪末对于风险“控制”的集中性。在这种新的文化形式下发生了“全球化”。“全球化”，是指“全球范围内社会联系的强化”，这种联系使遥远的距离拉近，发生在很远的地方的事情在当地也会产生影响，或者相反（参见Giddens，1990：64）。然而，正如多林·梅西（1997）所说，“全球化”这个词更确切地说是指一种特定类型的发展，她将这种特定类型的发展称为“新自由主义的全球化”。后者建立在新自由主义、自由市场基础上。在这一制度下，特权和资本有权利扩张到世界的任何地方，也能依靠特权和权利保卫堡垒式的家园。这种类型的全球化，是资本开放和人们联系更密切的结合。我们在关注全球化使世界联系更加紧密的同时，也不应忽视因全球化而产生的更大的不平等。“全球化”社会在强调全球化赖以存在的占主导地位的自由市场的同时，秩序中的差距和排他性也在

不断地增大（参见 Massey，1997：9—10）。

在后现代理论和风险社会理论的倡导者看来，以前的传统制度的地位在20世纪下半叶越来越不稳定。随之，在人口大幅增长的情况下，越来越多的人开始对专家观点和权威产生怀疑和批判（这是否是食品污染的原因？这是否是控制污染的最有效的方式？这是否是犯罪控制的有效途径）。同时，风险社会理论似乎对社会安全状况和安全措施更加渴求，这种渴求不仅仅要求社区安全和财产安全。在犯罪问题上，人们越来越强调风险管理，而不是预防犯罪本身，犯罪可以有效预防的思想因此似乎正在被另一种认识所取代。这种认识的不断传播，认为社会的正常状态和合理的存在形式可以理解为犯罪得到有效的控制（请参见本书第7章，该章对后现代风险社会理论进行了全面阐述）。

与对后现代风险社会理论者所持的怀疑论观点不同，"社群主义"是一种具有哲学和社会学的传统的理论，它强调为维持社会秩序应当强化公共关系和社会网络的作用。就犯罪预防而言，社群主义的支持者（无论是思想上的"左派"还是右派）提出，大多数的社会控制是社区控制而不是国家控制，而且日常的有效控制是通过对话性的规则实现的，国家的法律规范只是在其他规范不能控制的时候才介入（参见 Braithwaite，1995：302）。换言之，一般情况下，社会普通民众的日常行为的广泛参与才是特定犯罪预防及一般社会控制发挥效用的关键。社群主义主张应当打破19世纪至20世纪流行的自上而下的国家式的犯罪控制模式，建立起一种自下而上的社区控制模式。这一提法使人们认识到人是"社会实在"而非"分散式的个体"。"国家主义"在此被理解为一种国家集权式的理论和实践，它导致了相对于政府来说的个人和社区的地位处于"弱势"（请参见本书第6章，该章是对社群主义理论的全面阐述）。

后现代理论以及近来有关社会秩序的社群主义理论将会

作为本书的两个最主要的思想框架，特别是这两个理论将犯罪预防放在更广泛的社会变革的大背景中来理解，使犯罪预防的意义更为明确。当我们分别分析使用这两个理论时，这两个分析框架给读者提供了一条社会学的道路，使读者逐渐了解当今复杂的犯罪预防政治理论。

有些犯罪预防的措施是和社区中人们的非正式联系密切相关的，而有些措施则明显带有“自上而下”的特点，是由中央或地方政府制定的。在本书中，笔者将讨论在社会学、历史学和意识形态的背景下如何更好地解释犯罪预防的不同方式及策略（犯罪控制的发展更加趋向于社会控制）。虽然犯罪预防的现代国家主义一般认为起源于十八九世纪的西欧社会，然而对于“反社会”行为（尽管这些行为可能已经被定义并详细说明）的控制机制却是一切人类社会的普遍特征（参见 Durkheim，1893）。有必要确认和解释的是，认清 19 世纪以后与国家相关联的犯罪预防措施的继承性是很重要的。同样的道理，也有必要解释刑罚的思想和实践的历史（参见 Hudson，1996）。当然，也有必要深入分析 19 世纪以后刑罚和犯罪预防，在社会发展的进程中深入地批判和检视一系列犯罪预防措施的继承性。

本书第 1 章通过梳理当下犯罪学中关于“犯罪预防”的纷繁芜杂且界定模糊的观点，来说明犯罪预防是一个非常“模糊”的概念。讨论了虽然人们对于犯罪预防的对象——犯罪不存在争论，但是人们对于犯罪预防的范围并没有明确一致的认识。因此，第 1 章批判性地分析了犯罪学中犯罪预防的主流定义和分类，对这些分类的讨论不仅是阐释犯罪预防的外延，而且也揭示了犯罪预防的内涵。作为犯罪预防的主流研究范式，虽然对“预防效果”给予了特别的关注，但却忽略了与犯罪预防的表达和实践相关的政治问题和规范问题。在分析过程中，本书解决了一个相关问题，即几十年来西方社会中为什么会出现犯罪预防事业的迅速发展，也许在其所产生的背景中可以求得答案，即在公共秩序问题上实行“严刑峻法”，但同时刑罚在犯罪控制上又表现出其无能为力。

第2章和第3章介绍的是关于现代社会在犯罪预防领域出现的两个最有影响力的研究学派，即古典主义犯罪学派和实证主义犯罪学派。其中，第2章介绍了古典主义犯罪学派的重要原则和犯罪预防理论。这部分是对现代化理论和反对传统“报应刑”的实践进行的背景分析。笔者分析了这种“具有变革性的”理论研究如何有助于推动19世纪各国在犯罪预防观念上形成了刑罚威慑理念及其引发的刑罚制度的变革。其后，在承认这一理论对当今刑事司法和犯罪预防产生的影响和重要意义的基础上，讨论了该理论的缺陷。

第3章详细论述了19世纪以来实证主义犯罪学的主要特征。作为篇幅很长的一章，该章分析了实证主义犯罪预防理论的发展“路径”，这一理论在犯罪学历史上曾经是占据主导地位的理论。探讨了在当今政治和实践中实证主义犯罪预防理论不曾衰落的原因。该章首先提出了“龙勃罗梭计划”，然后关注了20世纪心理实证主义学派和社会实证主义学派的理论发展，尤其是关注犯罪预防理论再度发展的历史变化。

第4章、第5章、第6章分析了密切相关的犯罪预防策略和情境预防理论的哲学背景，还分析了多机构协作预防和社区犯罪预防。虽然这些理论的分析方式不同，但每一个理论发展都应当放在后现代性的社会变革的“宏大叙事”背景中去理解。其中，第4章分析了情境预防的主要原则和实施效果。情景预防关注于控制犯罪机会以及对于具体风险的管理。特别需要探讨的是，这种理论和犯罪预防技术措施之间的密切关系。同时还需要讨论的是，20世纪下半叶在一些西方社会占据主导地位的“新自由主义”思想。第5章关注了

“管理主义”策略①、多机构协作犯罪预防策略的出现，这些策略可以概括为对“合作”、“社区安全”的强烈渴求，该章也关注了如何最准确地理解这一发展的问题。该章还指出，这种对于犯罪的“管理”（源自情境预防和社会干预）形式既可能向前发展，也可能出现倒退。第6章分析了社群主义在犯罪预防研究上的冲突。笔者尤其分析了在当今占主导地位的保守的道德社群主义。这种保守的道德社群主义不仅仅是对后现代社会不确定性的反应，而且被认为必然走上对“过去”的社会公共道德权威的怀恋之路。在该章中作者分析了所谓的激进/进步社群主义，关注了左派多元论、社会民主和有关死刑废除的研究。本书也批判性地探讨了保守社群主义和激进社群主义在研究特定的犯罪预防和一般社会公正中的意义。

第7章分析了后现代社会大多数国家中犯罪控制的未来发展趋势。首先详细分析了吉登斯和贝克的研究成果，介绍了他们提出的三种未来可能的社会控制“模式”。本书将这三种模式称为：（1）堡垒式城市，个人主义和社会排斥理论；（2）“高度信任”的社会和具有社会权威性的社群观念；（3）文明和充满“安全”的城市。该章通过论证这三种乌托邦和反面乌托邦在纯粹启发式的模式（Max Weber所谓的“理想型”，1949）中根本不可能实现，而得出结论。然而，笔者也论证了这三种模式的某些因素有可能在特定的场合或特定的地点重现或汇合。笔者进一步分析，如果不对后现代社会中广泛的社会秩序进行政策学分析，就不可能对不断变

① 译者注：管理主义是20世纪70年代后期在特定背景下发展起来并产生广泛影响的理论以及运动。正如学者罗森布鲁姆所言，由政府再造所促发的新公共管理运动，其理论及实务均已展现其独特之处，成为与传统管理途径、政治途径以及法律途径并驾齐驱的新研究途径（参见Rosenbloom，1998，p. 20）。在分析管理主义的起源与发展时，学者波利特（参见Pollitt，1990）曾指出，管理主义的核心思想是一种政治人物所信仰的意识形态，因配合社会与经济情境的改变，最后成为社会所接受的观点，并因此在实践中予以推动。

化的犯罪控制模式有深刻的理解。

本书在后记中得出结论：在全球化/地域化趋势下，我们可以超越犯罪预防模式，走向社会控制的风险管理和社区安全范式。本书讨论了社会秩序存在前进或倒退的两种可能，因此，对于社会控制的政策学从社会科学研究中独立出来进行深入研究就显得更加紧迫。不仅如此，本书还讨论了“替代性研究”（参见 Van Swaaningen，1997）需要对私有财产保险主义、倒退的社群主义和刑罚普遍化三个问题进行进一步的探讨。本书特别指出，对于人权、社会正义、社会包容和“公共”再现这些积极形象的追求，也许会使我们走出令人窒息的道德权威主义和超个人主义的迷雾。在此过程中，争论将超越传统的犯罪控制理论占支配地位的状况。

拓展阅读

Lily, J. , cullen, F. and Ball, R. (1995) Criminological Tbeory: Context and Consequence. London: Sage.

Morrison, W. (1995) Tbeoretical Criminology: From Modernity to Post—modernism. London: Cavendish Publishing Ltd.

Muncie, J. , McLaughlin, E. and langan, M. (1996) Criminological Perspectives: A Reader. London: Sage.

第一章

勾勒犯罪预防的范围

犯罪预防：一个朝阳产业
犯罪预防的含义
国家、公共秩序与犯罪预防
犯罪预防：犯罪控制的新范式
解析犯罪预防的概念
廓清犯罪预防的类型
犯罪预防的背景及表述
结语
拓展阅读

犯罪预防：一个朝阳产业

在20世纪最后几十年中，研究人员、刑事司法系统的实务工作者、私营部门的知识中介者、政治家及广大社会公众对于犯罪预防关注的程度不断提升。事实上，“犯罪预防”在世界大多数国家的政策领域中已经成为一个专有名词。一些犯罪学学者宣称，在西方刑事司法制度中，犯罪预防已经成为一个主要的组织原则（参见 Roberts and Grossman，1990：76）。波特姆斯和韦尔斯的论述更为严谨，他们认为，20世纪七八十年代，西方国家发动了一场由政府推动的运动，这场运动是以犯罪预防为名，从而形成了一系列有组织的原则

（参见 Bottoms and Wiles，1996：1）。还需要强调的是，与犯罪控制有关的旨在保障个人安全、预防风险的产品和贸易也有大幅度的增加。这些产品不仅包括锁具、警报器，还包括资本运作的公司（如“第四组安保公司”，其以犯罪控制为职能，最早并不考虑国家机构的安保工作）。我们无法阻挡这种犯罪预防的国际化发展趋势。同样，无法否认的还有相关犯罪学书籍的大量出现，这些书籍主要研究犯罪控制政策和实践活动。

犯罪预防的含义

在此，我们提出一个似乎简单的问题：当你听到“犯罪预防”这个词时，你会想到什么样的具体活动呢？我们料想，不同的读者会想象出许多非常不同的具体活动，尽管这些活动都是包含在犯罪预防的外延之中的。读者想到的这些活动不仅取决于他们生活的地域，还取决于个体差异（包括性别、年龄、种族、阶层等）。也许“警察在大街上巡逻”会映入你脑海中（这是英国特有的吗），或者你会想到居住在同一街区的邻居之间的联合防卫，你还可能想到在家中安装锁具的场景，这可是犯罪预防最古老的技术措施。其他人也许会想到现在非常流行的安装闭路电视这样的高科技犯罪预防措施，这些措施在商场、公路、汽车停车场或市中心非常普遍。说到在城市中生活的个体应当加强对自我的保护这一点，一些人或许会想到不要一个人走夜路这样的自助防卫策略。最后，从使犯罪变得更为“困难”这一点来看（这是英国多个政治团体达成的共识），你也许会将把罪犯关进监狱这样的措施看做是犯罪预防最为有效的方式。也许还会有人想到预防公司或企业犯罪（即由公司或企业实施的犯罪，而不是针对公司或企业的犯罪）、关系亲密的人之间的犯罪（如家庭暴力或虐待儿童）、国家犯罪（如由国家行为引起的侵犯本国公民的人权或其他国家人民权利的行为）。我们有必要提示的是，森德拉·沃尔克雷特曾经对犯罪作出的一种划分，即街头犯罪、商业犯罪和室内犯罪（参见 Walklate，1996：296）。可以理解的是，商业犯罪、关系亲密的人之间的犯罪（室内犯罪）以及国家犯罪（需要指出的是，这种犯罪在我们日常生活中并不多见）是我们通常所要预防的犯罪行为。为什么呢？理由很简单，因为像英国或美国这样的国家，犯罪预防主要针对街头犯罪，而不是针对所有对社会造成危害的犯罪。

从上述所有的犯罪预防的措施中，我们可以清楚地看到，现实中有大量的活动与犯罪预防有关，因此，这个词就有多重含义。日前，笔者在网上搜索“犯罪预防”一词，发现有244089个网页与该词条相关。等到读者阅读本书时，可能已经出现了更多的与之相关的网页。信息技术或计算机犯罪正在成为自发明汽车以来侵犯财产型犯罪的一大趋势。事实上，网络上有许多预防计算机犯罪的建议，提醒使用者时刻关注系统安全。

国家、公共秩序和犯罪预防

在此，我们有必要就这一点提出一个问题，即犯罪预防对于当今英国社会的刑事司法实践和公共秩序到底有多重要？似乎我们永无休止地对于“所谓”的犯罪预防在一般刑事司法工作及特定的警察工作中的效用的集中讨论，仅仅是夸大其词的或者是纸上谈兵的，而不是真正推动当今应对性警察系统和威慑性司法系统这种主流范式（或组织性理论框架）的真正转变（参见 Jones et al.，1994）。应对性警察系统，是指对于已经发生的或报告将要发生的犯罪事件尽可能快、尽可能有效地作出反应的策略。威慑性司法系统，是指广泛使用监禁以威慑个人（无论是个体还是集体）放弃犯罪的制度。犯罪预防在英国这样的新自由主义国家中，难道仅是空洞的口号和姿态？仅是一种安抚性的政治宣示？而不是具体的需要付出一定成本来推动的警察系统的发展，刑事司法系统和其他社会机构制度性实践的转变？然而，在世纪之交的后现代社会，在犯罪预防和犯罪控制的讨论中，“酷刑文化”（参见 Rutherford，1993）和“再度求助于刑罚”（参见 Garland，1996）的讨论互相交织。

本书将论证在理解犯罪预防不断变化的趋势问题上，不应当将其和其他社会控制手段的发展割裂开来。这些社会控制像监禁刑的再度大量运用（特别是在美国和英国这些国家中。请参见 van Swaaningen，1997，西欧社会也有类似的问题），并不意味着要否认普遍刑罚和预防策略之间的矛盾。很明显，当今犯罪学家和司法系统的实务工作者，以及政治家之间的分歧与20 世纪前几十年相比要大得多。我们特别注意到，来自英国两个主流的政治团体中的越来越多的政治家想通过演说的途径和再度出现的刑罚普遍化的制度实践寻求民众的支持。这种刑罚普遍化的做法遵从了美国的潮流，主要依靠媒体及民众的支持，迎合了后现代社会中民众希望摆脱对犯罪的恐惧和其他社会不安全感的舆情。时至本书写作的时候，笔者注意到美国的刑事司法模式已经导致了 150 万余人被关入监狱，入狱人数与全国人口的比例是欧洲平均水平的 8 倍以上（参见 Currie，1996）。尼尔斯·克瑞斯泰对美国的犯罪控制模式持批评的态度（1993），他通过对美国犯罪控制事业飞速发展的分析，认为美国现在出现了一个新的“刑罚古拉格”①（引申为集中营），克瑞斯泰所谓的新的“刑罚古拉格”的说法是模仿了 20 世纪四五十年代（斯大林时代）苏联对大批持不同政见者和反社会主义者进行关押而形成的刑罚集中营。这样一种发展模式被英国所效仿，造成了被关

① 译者注：“古拉格”，是“劳改营和教养院主要管理处”的俄文缩写词，最早见于索尔仁尼琴在 1973 年出版的三卷本小说《古拉格群岛》。根据安妮·艾波鲍姆的著作《古拉格：一段历史》中的叙述，“古拉格”是苏联内务人民委员部的分支部门，执行劳改、扣留等职务。在这些被囚的人士中包括不同类型的罪犯，被民众视为“公敌”。

押人数的大量增加，1991 年被关押的人数为 4.5 万人，而到了 1997 年就增加到 6.5 万人。照现在的趋势发展下去，估计每月还要增加 1000 人。这种发展在 20 世纪 90 年代中后期英国执政的保守党政治家们（如上一任保守党内政大臣米歇尔·霍华德）看来是合理的，因为他们的信条是“监狱劳动”是一种威慑，其他的更为“温和”的手段，如非监禁刑不能有效地起到威慑罪犯重新犯罪的效果。大多数的犯罪学学者对于政治家所谓的“监禁是最好的预防犯罪的措施”这种论调的有效性和准确性提出质疑。早在 1971 年，令人尊敬的犯罪学家利昂·拉奇诺维奇和马文·沃尔夫冈就提出被后人奉为真理的一段话：

> 令人费解的是，犯罪越是大范围地蔓延，越是有必要谨慎地运用刑事诉讼和惩罚措施。一个只有很少人犯罪的社会也许能将所有的罪犯起诉、送入监狱，但是，在当今社会犯罪者如此众多的情况下，将犯罪人关进监狱并非最佳的犯罪预防措施，应将其作为最后的手段。

犯罪学学者对于目光短浅的政治家的批判并不鲜见，如格拉克夫妇（1936）曾撰文指出，应对性警察制度和监禁这些犯罪控制方式就像通过扑灭表面的火苗来灭火的方式一样愚蠢。这种方式效果不好、费用颇高，而合理的政策应当首先解决预防火灾发生的问题。不加分析地将犯罪人关进监狱等犯罪控制方式就如同用汽油扑灭火苗的行为一样不可行。

犯罪预防：犯罪控制的新范式

在犯罪控制问题上，不仅政治家和犯罪学学者在立场上的分歧越来越大，而且犯罪学学者之间在是否仍将刑罚作为主导的控制犯罪手段的问题上也未达成共识，即便当今对英国的犯罪预防策略持批评意见的人也承认，在如何降低犯罪率问题上，犯罪预防的讨论是一种“专家主导”式的思维观念（参见 Jones et al.，1994）。依照这一新的范式，我们会发现，减少犯罪在实践操作中与刑罚惩治甚至法律的强制实施完全无关。对于犯罪预防的不断关注就是从这一范式演变而来的，这种转变使我们能够看清减少犯罪作为一个独立的目标和惩罚犯罪无关（参见 Jones et al.，1994：302）。此外，琼斯等提出，犯罪预防在很大程度上是专门的政治任务和管理精英推动的结果，（p. 106）因此，应当将其视为一种专业性的研究，而不是大众化的经验。在一个非正式的场合中，两名犯罪学权威托恩瑞和法林顿近来对犯罪预防大为赞赏，认为它是一项“具有实用性和重要意义”的政策（1995：ⅶ）。托恩瑞和法林顿等人在各自的著作中重点强调了传统执法方式（如监禁、威慑性惩罚）在减少犯罪或防止重新犯罪方面的失灵。他们指出，除了偶然情况外，犯罪率在西方社会仍将高位徘徊，更为重要的是，犯罪率的居高不下已经成为民众焦虑的一个重要原因，而且这种焦虑不会在短时间内消失。因此，在犯罪学学者看来，传统的刑罚，如监禁或肉体惩罚在控制犯罪率和犯罪发展方面所发挥的作用是非常有限的。近来，英国公众开始在预防青少年犯罪问题上质疑死刑和传统的刑事司法的“必要性、有效性和经济性”，这种质疑从审计委员会这一“独立”监督机构的报告中清晰地反映出来。该报告——《浪费青春》——是关于刑事司法系统对青年人犯罪的影响（审计委员会，1996；同时参见 Muncie，1998）。该报告的许多主张得到了英国 1997 年大选前两个主要的反对党的支持。

澳大利亚犯罪学学者亚当·萨顿在其著作（1994）中指出，犯罪预防对于犯罪学学者来说一个最为主要的意义在于，在 20 世纪六七十年代“恢复性司法”理论处于低迷状态时（参见本书第 3 章），犯罪预防为之提供了一个“重新适应社会”的理论，而不是“无所事事”的悲观主义论调。萨顿进一步指出，犯罪预防的首创意义也许还在于，它提供了一条不同于传统的惩罚式、分散式和排外式的社会控制模式，走向相互协调和整体布局的道路（p.6）。托尼·鲍特姆斯从英国的视野出发，也指出应当越来越重视犯罪预防的重要意义：20世纪80年代，在公共政策和公共意识中，与前十年相比，犯罪预防开始占有越来越重要的地位（参见 Bottoms，1990：3）。实际上在80年代，英国中央政府很关注犯罪预防的问题，这期间也发生了一些有重大影响的事件。鲍特姆斯认为，这些重大事件包括1983年内政部建立犯罪预防办公室，1984年内政部和其他机构颁布了跨部门联合犯罪预防的通告（这一通告是在苏格兰政府发布同样的通告之后颁布的）。这些通告强调警察和其他部门间的联合协作，随后这便成为官方制定犯罪预防政策的基本原则（参见 Bottoms，1990：3）。随后，又采取了更为深入的举措，最具代表性的有1986年的“五城倡议”① 以及1988年更为激进的“城市安全计划”。这些示范项目得到早期政策的支持，使得犯罪预防更加专注于多机构联合协作的模式（请参见本书第5章）。对20世纪80年代内政部出台的这些占主导地位的犯罪预防政策，社会科学研究者并没有对其展开足够的实证分析和论证。只有这样的研究成果，才有助于回答“为什么犯罪预防在某些领域和某些人员（如研究部门和公务人员）中广受欢迎，而在其他国家分支机构中不那么受欢迎”的问题。需要指出的是，如果在探究国家机构对犯罪预防的持续关注状况时，仅仅认为犯罪预防在警察部门的日常工作中很普遍，并且具有战略意义，则这种观点是非常危险的。韦瑟瑞特（1986）特别提醒我们，警察部门也许只是在形式上而不是实际上对犯罪预防制度采取行动。她指出，和其他形式的刑事司法工作（如调查研究和刑事侦查活动）相比，为犯罪预防做的预算所占比

① 译者注：开始时，该政策旨在城镇中心发挥作用，是一项社会控制措施，后发展为城镇以及各相关机构之间在社会、文化、环境等方面的协调互动机制。

例是非常小的。依现在的估算，在所有的刑事司法活动经费中，用于犯罪预防的费用仅占2%左右。依据韦瑟瑞特的观点，20世纪80年代对于警察部门的工作而言，犯罪预防仍然是一个专业技术性工作，犯罪预防办公室主要将其作为“保障民众人身安全的专业行为”，而远非整个社区相互协调的活动（p. 51）。有批评者还指出，即使是建立的以社区协调活动为基础的警务工作模式，其主要是为了调整公共关系，而对犯罪预防的效果影响甚微（参见 Harvey et al.，1989：90）。与上述观点不同的是，赖纳宣称，20世纪80年代后期，犯罪预防越来越成为政府维持公共秩序的核心力量。警察部门的犯罪预防已经成为“舞会上的主角”①，而不是先前的“灰姑娘”（指先前的犯罪预防地位低、预算少、力量小的处境）（参见 Reiner，1992：99）。从上述论述可知，对于犯罪预防在刑事政策的制定和实践中的重要程度问题，学术研究者和实务工作者之间的认识并不一致。

解析犯罪预防的概念

如果考虑到犯罪预防在历史上被赋予的不同含义，那么同时将犯罪预防从概念上和经验上的含义表述清楚是一件非常难的工作。直到今天，由于对公共秩序存在着不同的表述，使得犯罪预防仍然是一个非常模糊的，存在随意性解释的概念。为此，详尽地解析犯罪预防的各种模式就显得非常重要。这些模式包括了从“威慑主义”预防到当下流行的犯罪预防模式，一般而言，主要有“情境”预防、“社会”预防等。为了实现这一目的，对犯罪预防进行历史的和比较的分析就显得非常关键。

首先我们提一个很直白的问题：什么是犯罪预防？除非用同义反复的方式（仅仅是重复该词中所包含的要素），即犯

---

① 译者注：该说法源自灰姑娘故事中舞会上的12点钟声。

罪预防指的就是预防犯罪的行为。除此之外，你一定会发现对此问题没有一个简单的答案。同样，也可以说犯罪预防的目的是“改变”或“阻止”犯罪人的犯罪行为或“保护”受害人和社会的利益，而且对犯罪预防策略的探讨甚至会把问题引向对“犯罪现象”的不同层面讨论，诸如是否构成犯罪行为，是否具有犯罪动机，犯罪情境或者未受保护的问题，受害人所处的危险状态等问题。事实上，所有的关于行为矫正的思想意识都可以合理地归结为对预防的表述，包括从对剥夺犯罪能力（监禁等）、威慑主义和报应主义到对权利恢复与整合等方面的研究，此外还包括对非犯罪化以及最终废除死刑的问题进行研究。因此，对于什么是犯罪预防，并不能给出一个简单的答案。然而，当我们对历史上关于犯罪预防的各种思想进行梳理和研究时，会看到一大堆不同学派的理论著作、以政策为导向的研究以及对于这一思想发展过程的评论（下文中将对此问题作出进一步的深入分析和解释）。

廓清犯罪预防的类型

本部分将介绍犯罪学在对犯罪预防概念的界定和类型化的研究中最有影响的一些观点，尽管犯罪学家对于界定犯罪预防的最佳方案并未达成一致意见。这些相互冲突的界定和分类在理论上具有一定的局限性，它们基本上都是从犯罪预防是“有效的”还是“失败的”这样一个非常狭窄的角度来对其概念进行衡量和评价。对于试图揭示犯罪预防真正含义的尝试性研究，应当对之进行批判性的审视和分析。这种分析会使读者感觉到正在蹚过一条非常混浊的小河，这条小河是技术分析式的，而非理论性的，这表明对犯罪预防进行的传统研究是“行政管理”性的评价模式。即便如此，通过对犯罪预防的分类，对其进行技术性分析将会很有意义，这将有助于探讨在下文中要展开论述的问题，即在现代或者后现代社会中犯罪预防和控制的措施及其历史发展趋势的关系。

沃克雷特的研究表明，对于犯罪预防的理解必然要考察一种可能性，即对犯罪的后果进行预测，并对犯罪行为发展的进程进行干预，以避免犯罪后果的发生（参见 Walklate，1996：297）。他进一步指出，如果犯罪预防的目标是要改变人们的行为，则必然要进行两种不同过程的分析：首先，假设我们能够确定犯罪的原因并且取得了一致意见；其次，假定我们知悉并对预防犯罪的政策选择及其实施的效果达成一致。然而现实情况是，在对犯罪原因的确定和选取什么样的犯罪预防措施更为合适这两个问题上我们还远未形成一致的、清晰的看法。肯·皮斯是犯罪预防研究领域的领军人物，他在对犯罪预防措施进行评价时提醒我们，任何一种犯罪预防的技术性措施都不具有普遍的适用性，因为当我们考虑对犯罪进行预防时，我们实际上只是在看待一系列由法律禁止的行为所构成的要件（参见 Pease，1994：659）。同样，我们会注意到犯罪预防本身就是由一系列不同的理论和实践组成的体系，因此想对犯罪预防作出一个确定、无异议的界定是不明智的。

犯罪预防最流行的一个定义是，所有旨在减少由国家法律认定的犯罪所造成损失的私人措施和国家政策，这种私人措施和国家政策不包括刑法的执行（参见 Van Dijk and De Waard，1991）。在此，我们不免要自问：对于这样的定义你十分满意吗？这一定义从概念上明确排除了刑法的执行（以及由此引出的法律惩罚）对犯罪预防所起到的作用，但是刑事司法在犯罪预防的历史进程中确实起到了非常重要的作用，并且仍将作为当今犯罪控制的主要内容而发挥重要作用。正如加兰（1990：18）所明确指出的，刑事司法导致的刑罚惩罚能够在预防或减少犯罪方面发挥作用：

> 虽然人们理解的刑罚惩罚有多重目的，但它最主要的目的是作为降低或者控制犯罪率的重要工具之一。因此，可以将刑罚惩罚理解为一种有助于控制犯罪的合法方式，是达到

犯罪预防目的的重要手段。

本书将在第2章讨论通过刑事司法途径达到犯罪预防目的的相关内容，该部分内容是在古典犯罪学理论和新古典犯罪学理论的研究框架中进行的。然而，我们仍需要明确的是，如果犯罪预防包含了刑事司法的所有方面，就存在着形成一种“帝国主义”式犯罪预防模式的风险。由于犯罪预防囊括了刑事司法措施的所有方面，因而会成为类似于以前斯坦·科恩所提到过的“米老鼠概念”，这正如社会控制概念，它包含了从婴儿的社会化到死刑的一系列措施（参见 Cohen，1985）。正如劳曼等人指出的（1987：4），社会控制的概念已经成为一把“万能钥匙”，可以打开很多门，以至于它本身的分析能力减弱了。因此，犯罪预防概念超出了范·迪克和迪·瓦德所限定的严格范围（1991），这将会是有利亦有弊的。

20世纪晚期，在政策层面对犯罪预防的含义进行讨论存在着一种流行方式，即对犯罪的情境预防和社会预防进行比较分析（更深入地说，犯罪社会预防经常被称为社区犯罪预防）。我们注意到，情境预防和社会预防的提法还很新颖，尽管它们所主张的观点和思想都由来已久（参见 Gabor，1990：2）。犯罪情境预防，主要是指犯罪机会的减少，如在公共场所（停车场、商场等）安装监控设施，以减少车辆被盗或被害人遭受损失的机会。犯罪社会预防则主要关注于另一方面，即集中精力改变社会环境和改变犯罪者的动机。犯罪社会预防措施往往通过制定计划（如青年俱乐部和一些以活动为基础的项目）来阻止潜在的或已经发生的具有不良倾向的人将来实施犯罪。乔恩·布莱特是英国犯罪社会预防思想的主要倡导者，他提出，犯罪社会预防旨在加强社会化机构和社区组织的作用，以影响那些潜在的可能实施侵害他人的行为者（参见 Bright，1991：64）。情境预防和社会控制一般是两个组织之间或多个机构间的协作预防模式，而不是之前由一个机构（如警察部门）的单打独斗来推动的预防模式。著名的左派现实主义犯罪学家约克·杨（请参见本书第6章）将犯罪预防的多机构协作模式界定为，多个机构有计划地联合干预，是由主要的社会组织对犯罪行为和反社会行为作出的协同应对策略（参见 Young，1991：155）。无论是犯罪情境预防还是犯罪社会（社区）控制，都有一个共同的特点，即它们都宣称要比传统的应对式的刑事司法措施具有更小的损害。犯罪情境预防和犯罪社会控制还有一个共同点，那就是它们都关注"街头犯罪"以及特定类型的人（青年人、职业男性）的犯罪。

与以上所介绍的两种方式不同，北美犯罪学家在借鉴医学上的流行病理学理论的基础上，提出了犯罪的三级预防理论（参见 Weiss，1987）：一是"初级"犯罪预防模式。这种模式旨在减少犯罪机会，和犯罪人并无直接关系。这种初级的犯罪预防模式关注的是犯罪事件，而不是具有犯罪动机的人。这种模式与欣德朗等人的生活方式理论（1978）相联系，其更为关注个人被害和（可能受到抢劫罪侵害的）潜在的或者现实的被害人的日常行为。二是"中级"犯罪预防模式，这一模式所关注的是在主体实施犯罪之前对其进行改变，这是一种针对犯罪行为的预防模式。三是"第三级"犯罪预防模式。这一模式关注的是切断犯罪进程，或减少犯罪行为的危害程度，如对已知的潜在犯罪人进行的治疗和矫正。后两级犯罪预防模式都是对犯罪行为本身所进行的关注。

唐瑞和法林顿对于犯罪预防策略提出了另一种比较全面的分析模式（1995）。他们认为，犯罪预防策略主要有四种类型，即法律制裁、发展式预防、社会预防和情境预防。然而，这两位学者在他们的文章中坦言，他们仅是对其中的三种类型进行重点的关注，对于通过法律制裁（即刑罚惩罚）达到犯罪预防目的等问题并未进行过多的探讨，这与范·迪克和迪·瓦德所持的观点很相似。将刑罚惩罚排除于深入探讨的领域之外或许是基于社会学家所谓的“专业研究范围”的考虑，将刑罚惩罚留待其他更为专业化的刑事司法学（如警察学）来进行深入研究。结果，将犯罪预防严格限定为专业领域的研究将会使其更容易“发展”成为一个新的研究领域，使犯罪预防具备自己新的学科特点（亦可参见 Ekblom，1996）。将刑罚惩罚排除在犯罪预防研究之外的做法与理论的一致性、知识体系的系统性和完整性并无太大关系，只是近来这种主张已经成为犯罪学研究领域的主流观点。让我们简要地检视刑罚惩罚在刑事司法中的隐含意义。在唐瑞和法林顿（1995）看来，刑罚惩罚是刑事司法体系中传统的犯罪预防措施，与著名哲学家哈特（参见 H. L. A. Hart，1968）的理论体系在知识层面上联系得最为紧密，虽然它更加植根于“古典犯罪”理论（参见本书第 2 章）。依据这一刑罚惩罚措施，刑事法律得以存在和执行是为了更少地发生刑法所禁止的行为。因此，一般预防是维持刑罚制度的一个最主要的原因（参见 Tonry and Farrington，1995：3）。正是通过威慑、剥夺权利和损害赔偿，传统的刑罚惩罚措施才达到了犯罪预防和犯罪惩罚的双重目的。

回到唐瑞和法林顿的分类体系，他们主要提出如下三个犯罪预防策略（1995：2－3）：

> 发展式预防，是指旨在通过对潜在犯罪人的行为发展进程进行有计划的干预从而达到阻止犯罪的目的，尤其是对在人类发展研究中发现的危险对象以及对其进行的保护性干预。社区预防，是指通过对社会环境进行有计划的干预，改变那些公共居住环境中对犯罪意念存在影响的因素。情境预防，是指通过有计划的干预措施以阻止犯罪行为的发生，尤其是通过减少犯罪机会和增加犯罪风险的措施来达到预防犯罪的目的。

唐瑞和法林顿提出犯罪预防策略的三分法理论，其目的在于，为犯罪预防提供一个更为广阔的概念，而不是如之前的一般性描述。然而，即使是这样一个假设的类型广泛的分类模式也是存在一定局限性的。例如，其对于更为宽泛的犯罪社会控制的概念或近来被广泛使用的“社区安全”的概念等只是作出一种模糊的界定，与上述的社区犯罪预防概念所表述的含义在严格意义上是有差别的。唐瑞和法林顿的社会控制理论并不局限于上文所述的社会控制措施，如收入的再分配、贫困的减少、零失业率或轮班工作制、专业技术再培训、充分的社会住房条件等相关政策对改善犯罪问题所起的作用，以及对实现社会正义、减少社会贫富差距也将发挥更为重要的作用。尚需进一步讨论的还有，是将唐瑞和法林顿提出的发展性预防模式发展成为一个新的独立的犯罪预防类型，还是将其作为犯罪社会预防这一广泛概念之外的一个独立的类型。霍普（1995）在讨论唐瑞和法林顿的社会预防理论过程中指出，当实践中社区（社会）流动的有限形式和目标强化（情境预防）经常在一同使用时（参见本书第5章），社会控制和情境预防之间便存在一个模糊的中间地带。这种模糊的中间地带也许和这一犯罪预防类型本身的缺陷无关，但却反映出社会控制和情境预防之间在实践上缺乏清晰的界线。

最后，笔者通过对博特姆斯和威尔斯（1996）的理论进行检讨，对犯罪预防类型化研究作出进一步的分析。这两位学者的分类不是一种穷尽式的列举，而是明确限定在后现代社会中的情境预防。从他们对犯罪预防的类型化研究所得出的结论，我们可以看出，犯罪预防不再仅仅是国家的事情，笔者对此持有相同的观点。博特姆斯和威尔斯（pp. 7—10）区分了当今犯罪预防活动的四种主要类型，并将之命名为：

防卫型策略（如汽车保险锁、劫掠报警器、保护个人财产的私人警务、对邻近街区的巡视）；

保护和监视［如对于潜在的被害人的政策性保护，对于侵害人信息的监视、信息报告系统（闭路电视）、对于消费者需求的应对措施]；

创设维持社会秩序的新形式（如多机构协作共同维护秩序，公私合作进行犯罪防控，对潜在秩序破坏者的排除，公共安全措施）；

犯罪行为的预防（如学前促进计划，对于青年犯罪人的矫正计划以及对于潜在的青少年犯罪人的预防）。

上述分类对我们至少有两点启示：其一，近十年来犯罪预防发展的范围扩大及其种类增多；其二，犯罪预防措施已经成为我们日常生活不可缺少的一部分。

从上述的分析讨论中可以很明显地看出，当今的学者、实务工作者和政治家运用了不同的时髦词汇来讨论犯罪预防的含义。在这场争论中，同时代的持不同观点的人发现犯罪预防的具体作用包含在另外一些词汇之中，这些词汇包括“减少犯罪”、“社区安全”、“情境预防”、“社会预防”、“社区犯罪预防”和“多机构协作犯罪预防”，所有的词汇都装进了同样的口袋，这个口袋就像一个形式不断翻新、范围不断变化的“万花筒”，不断去适应着主流的犯罪预防模式，这就是犯罪预防（参见 Muncie et al.，1994）。笔者有意使用“范围”这个词，因为很明显，学者、实务工作者、媒体宣传者和政治家之间所讨论的主流犯罪预防模式是由某些认识一致的关键点组成的（如关于什么是“犯罪”），同时也对某些方面有所疏漏。正如曼西等人（1994）所指出的，主流的犯罪预防模式对“青年人”的犯罪预防采取消极性策略，大多是从“预防”、“减少”、“控制”、“恐惧”等有关犯罪的诱因和社会秩序等方面进行研究，而不是对“社会正义”、“授予权利”、“包容”和“投入”这些建立在积极的社会政策之上的问题进行研究（参见本书第 6 章）。如同备受大家关注的著名低音歌唱家宾·克罗斯拜死亡事件一样，[①] 犯罪学界在对社会危害的预防和促进形成良好的社会秩序的讨论中，应当更多地强调积极性策略，且致力于减少消极因素。而且，在青年人犯罪问题上，对于刑法禁止的“犯罪”的过分关注会导致我们不能认清其他对社会危害性更加严重的行为，这会转移我们的视线。在这种情形下，对青年人的犯罪行为的关注也会将我们的注意力从更为普遍的青少年被害问题上移开。

犯罪预防的背景及表述

以上的讨论分析了犯罪预防概念的模糊性和范围界限的不确定性。对当代学术界和其他人在犯罪预防问题上的争论，使我们进入了一个凌乱的世界。在“犯罪预防讲的是什么”的问题上缺乏确定性，也许会令人沮丧。上述关于犯罪预防作为一个不断变化的、政治的和思想的“架构”，同时也是一个政策性“技术措施”的讨论，以及今后对其进行的充分探讨，有助于对犯罪预防的基本价值达成共识。因此，我们清楚地看到，围绕犯罪预防存在许多不同且相互冲突的概念，以及由此产生的彼此不同的实践和政策。本书并不是要对犯罪预防提供一个最终定义——这不仅是一个“巨大的挑战”，而且也是徒劳的。相反，我们是想把形式多变和意义多变的犯罪预防概念放在广阔的社会、政治和知识背景下进行分析、理解和研究。因此，在接下来的章节中，犯罪预防作为社会学研究领域中的研究对象，我们会对其不断变化的形式进行列举和探讨。因而，笔者主要关心的是当代犯罪预防研究的思想根源和历史根源，以及这些研究如何走向制度实践。在这一过程中，很重要的是既要“解构犯罪预防”，又要“深入犯罪预防的背景”，探讨犯罪预防这一非常模糊的概念的含

① 译者注：1977 年 10 月 15 日，低音抒情歌王宾·克罗斯拜（Bing Crosby）因心脏病突发去世，音乐舞台上的一颗巨星陨落。一时间，社会公众开始关注如何采取积极的措施预防疾病的问题。

义，同时也要分析这一“有意义的符号”作为强大的政治语言的不同使用方式，还要分析其被一些重要机构和人员推动的一系列的制度性实践。

结语

本章介绍了犯罪预防这一难以界定的概念。本书想要超脱先前的以技术性和实践性为导向的主流研究范式，建立起对犯罪预防进行社会学解读的社会学研究范式，这种范式分析了以往研究的历史进程及其不足。本书论证了在不同的研究视角下，犯罪预防概念有着复杂、多变的含义，尤其应当注意避免设置“所有的人都知道犯罪预防是什么”这样的前提假设。从这些讨论中我们清晰地发现，对于犯罪控制，当今有许多不同的策略和政策。同时，在犯罪预防的讨论中反复出现了一些假设，如对于什么是“犯罪”的一致意见的形成，对于诸如“犯罪控制”等犯罪消极条件以及此类词汇的一致认识的形成。在后续章节中，将主要对犯罪预防类型化的问题、普遍化的问题进行考察，尤其是将这些问题放在比较的和历史的视角中去考察。因此，我们可以对犯罪预防下一个最为近似的定义，即**“犯罪预防是围绕预防这一标志性政治观念而展开的特定的、不断变化的制度性实践，也是不断变化的犯罪控制框架的组成部分”**。就像所有社会现象一样，犯罪预防也受到社会发展变化的影响。通过对犯罪预防的社会科学研究的简要回顾，我们可以清晰地看出，犯罪预防也会受到批判社会学理论本身局限性的影响。后续章节将会努力弥补这一不足，将犯罪预防研究沿着现代社会学理论的进路不断推向深入。

拓展阅读

Pease, K. (1997) "Crime Prevention", in M. Maguire and R. Reiner(eds), Oxford Handbook of Criminology(2nd edn). Oxford: Clarendon Press.

Tonry, M. and Farrington, D. (eds) (1995) Building a Safer Society: Strategic Approacbes to Crime. Chicago: University of Chicago Press.

第二章

古典主义犯罪学派与现代国家的刑罚威慑

引言

本章中，笔者将介绍被称为犯罪学历史上第一个学派的古典主义犯罪学派。在分析犯罪学理论如何形成时，首先，笔者考察了古典主义犯罪学派产生的历史背景，包括对前现代社会控制模式的介绍，并简要回顾了古典主义犯罪学派的基本哲学依据。其次，笔者将关注 18 世纪至 19 世纪古典主义犯罪学派提出的关于犯罪预防的理论。再次，笔者将分析在 19 世纪现代国家权力所处的制度环境中，古典主义理论是如何实现制度化的。最后，笔者将批判地分析古典主义犯罪学派对现代的犯罪预防研究具有哪些深远的意义。

是犯罪学的第一个学派吗

在犯罪学界已达成一个普遍的共识，即犯罪学发展史上的第一个学派是形成于18世纪的古典主义犯罪学派。该学派的形成与意大利著名法学家切萨雷·博尼萨纳·贝卡利亚的研究有着密切的历史渊源（参见 Morrison，1995；Muncie et al.，1996）。事实上，该学派开展犯罪学研究的目的更多的是要推动一种理性的、系统的、有效率的、用以弘扬社会正义的社会制度的建立，而不是将“犯罪”的本质作为犯罪学研究的对象。由于在该学派的研究中缺乏对不同犯罪类型的分析，因此戴维·加兰（当代“英国犯罪学史”研究领域最著名的学者）认为，古典主义犯罪学派并非严格意义上的“犯罪学学派”。戴维·加兰还指出，犯罪学产生于现代社会，它是对“犯罪实质”和“犯罪调查”进行的具体的类型化研究。在戴维·加兰看来，犯罪学是一门以实证研究为基础的科学研究，其与法学研究和道德研究有很大区别。最为重要的是，戴维·加兰指出，现代犯罪学是从两个彼此独立的理论体系中衍生出来的，一是“社会控制计划”，二是“龙勃罗梭计划”。“计划”，在此是指由一系列具有共同目的性和客观性的研究构成的应对社会风险的传统范式。“社会控制计划”的核心思想是，引导社会将注意力投注到社会管理与控制的问题上来，对犯罪行为和犯罪人进行管理（规制）。而“龙勃罗梭计划”是由实证主义犯罪学家龙勃罗梭创立的一种传统理论。该理论关注犯罪人与非犯罪人的区别，重点对犯罪人的“本质特征”进行讨论（参见 Garland，1994：17—18；同时可以参见本书第3章）。古典主义犯罪学派并不关注“龙勃罗梭计划”所涉及的问题，而且明显缺乏诸如科学调查等形式的实证研究。因此，戴维·加兰认为，古典主义犯罪学派

（他认为，将古典主义犯罪学派称为“刑法改良派”更为准确）只是现代意义上的“犯罪学”的前学科时代，兹引用戴维·加兰观点如下：

> 事实上，将18世纪的思想家们对犯罪问题所进行的探讨称为“犯罪学”似乎有些牵强，这是由于他们并没有对犯罪人和非犯罪人之间的差别作出一般性的界定，对犯罪和犯罪人的概念也没有给出一个具有新意的表述。
>
> （1994：22）

尽管戴维·加兰否认古典主义犯罪学派是犯罪学历史上的第一个学派，但是，笔者通过回顾以往的犯罪学研究历程，认为古典主义犯罪学派是被明确认可的名副其实的第一个犯罪学学派。古典主义犯罪学派并不同于之前人们对罪犯的宗教式的和迷信式的解释，以至于认为犯罪是“违背上帝或神圣法律的罪恶”和“不道德的邪恶行为”。而古典主义犯罪学派试图将犯罪理解为是在理性的自由意志支配下产生的行为，将犯罪行为假定为是对风险（遭受惩罚的苦痛）与收益（通过犯罪获得的享受）的计算后而作出选择的结果。古典主义犯罪学派明确指出了犯罪的原因就是对“投入”和“产出”的理性计算，而且古典主义犯罪学派打破了传统犯罪控制上的惩罚主义观念，宣称犯罪防控应该是一种更加理性、公平和有效的惩罚犯罪人的途径，以及一种具有威慑性的犯罪预防方式。从戴维·加兰所说的“社会控制计划”的意义来分析，古典主义犯罪学派确实具有这种特征。最后，虽然古典主义犯罪学派并不是后来的实证主义研究意义上的经验性“科学”，但是从贝卡利亚和后来的杰里米·边沁等功利主义法学家的分析中可以看出，他们已经将自己置身于一种自觉分析的范式中，并逐渐从对犯罪和刑法的简单“探索”中脱离出来。我们将在本书第4章中读到，这种早期的犯罪学研究架构在当代犯罪学思想和实践中同样能寻到踪迹，只是它以一种“新瓶装旧酒”的形式出现罢了，这在犯罪预防和刑事司法领域中并不鲜见。正是基于这种判断，笔者认为，古典主义犯罪学研究的范式在当代犯罪学研究中仍占有重要位置，是研究犯罪及犯罪控制、犯罪预防的关键方法。它是理解诸如后现代主义、新自由主义（如犯罪情境预防）理论体系思想基础的关键（参见本书第4章）。

前现代社会犯罪控制理论的梳理

古典主义犯罪学派源自欧洲思想启蒙时代。18世纪，欧洲的启蒙思想家们对旧有的专制的政治制度，尤其是野蛮残酷且效率低下的刑事司法制度表现出日益的不满，他们认为这不是一种理性制度。正是在这样的社会背景之下，古典主义犯罪学派应运而生。前现代国家统治的主要目的是出于一种自卫本能的对其统治权的维护，对于犯罪的惩罚制度是建立在报应主义和威慑主义的基础之上的。只要某人（他或者她）的行为对法律秩序造成了侵害或者威胁，就会受到刑罚的制裁。至于由谁来提出、决定和实施刑罚，统治者对这一权力是当仁不让的，无论是通过直接的抑或间接的途径（参见 Foucault，1977：53）。换言之，这绝对不是一种功利主义。前现代社会的犯罪控制系统所使用的主要武器是对罪犯进行触目惊心的、具有剧场效应的公开的残酷的惩罚，以使社会公众产生恐惧，遏制其违法犯罪意念（有时也会伪装成“仁慈”），以达到社会控制的目的（参见 Hay，1975）。用福柯的话说，“公共政策的执行不能仅仅理解为一种维护社会公正的司法行为，同时它也是一种政治统治的手段，即使在很小的案件中，这种作用也是存在的，它是彰显权力的一种仪式”（参见 Foucault，1997：47）。刑罚作为一种被公开执行的手段，其所针对的是人的肉体而不是心灵。这一系列的刑罚包括鞭刑、烙刑、枷刑和公开执行的绞刑。我们也注意到（这一点很重要），在18世纪的英国，刑事司法被广泛地看成是一种以“血腥”为标志的犯罪控制方式，后来，由一些更加传统的、从封建时代保留下来的诸如风俗习惯、非正式的社会控制机制对之进行了有效的补充。

风俗习惯和民间机构在前现代的欧洲社会（中世纪早期）的社会控制系统中所发挥的作用得到了一些历史学家（如Marc Bloch，1961①）的关注。布洛赫认为，在封建时代的欧洲，大部分情况下风俗习惯是作为“唯一的”规范社会生活的法律渊源，因此，法律体系的思想基础应该是“根据事实本身”来确定权利和义务（参见Bloch，1961：111—13）。布洛赫进一步指出，所有的人，无论是领袖还是臣民，都无不在网罗之中，那些束缚人的网罗多是各种保护性关系。这网罗上的每一个结扣都以它巨大的征服力使生活在那个时代的所有的人不得不屈服于它（p. 360）。通过历史学家在作品中对前现代社会的欧洲所进行的描述，我们看到，这与人类学家所强调的几无二致，社会控制机制的力量源泉来自于风俗习惯和建立在复杂的、互相依赖基础上的契约关系之中。这些东西不同于正式的国家机制，但仍将继续作为一种传统而存在，并在现代社会复现（参见本书第6章）。

然而，古典主义犯罪学理论的改革者们对于刑事司法机制的批判焦点是18世纪和19世纪早期国家刑事司法制度的残暴与低效。历史学家（如Michael Ignatieff，1978）通过对死刑案件的分析，详细考察了英国犯罪数量的上升趋势，1688年有50名罪犯被执行了死刑，而到了19世纪20年代，这一数字增长到了225名。伊格纳蒂夫同时指出，越来越多的改革者认为，刑法不仅仅是残暴的，也是僵化的、呆板的

① 译者注：马克·布洛赫（Marc Bloch，1886—1944），法国历史学家，年鉴学派创始人之一。主要研究中世纪法国史。本书所引观点出自其晚年作品《封建社会》（两卷，1940），1961年该书的英文版出版，即文中所引之版本。参见：Marc Bloch，Feudal Society. Tr. L. A. Manyon. Two volumes. Chicago：University of Chicago Press，1961。

和无效率的（pp. 17—18）。福柯则认为，改革者的批评并非完全来源于当局的残暴统治与效能弱化，而是因为对现有的不良的“权力经济”的不满（1997：79）。

旧有的刑罚报应主义是一种“非理性”的制度，它诉诸报复和偶尔的仁慈。为取代这种制度，欧洲的改革者们开始提出富有理性精神、形式主义和法定主义的新主张。贝卡利亚在1764年出版了其论文集《论犯罪与刑罚》，在他的这部代表作中，为上述新理论的创立奠定了基础。古典主义犯罪学派在犯罪和犯罪预防领域最为深远的哲学影响是功利主义思想和社会契约理论，这一哲学框架对于研究人类行为有一定意义。功利主义学者宣称，人的行为是由人的动机所驱动的，而对动机的产生具有决定作用的是人的欲望，我们总希望实现幸福的最大化，同时实现痛苦的最小化。功利主义学者同时还提出，政府的任务就是最大限度地促进社会幸福的最大化。依据这一观点，对于犯罪的刑罚惩罚目的应当仅仅限于预防以后的犯罪，预防将来可能发生的侵犯他人幸福和其他利益的行为，只有这样才是正当的（关于古典主义犯罪学派和功利主义之间的关系，请参见 Roshier，1989：8—10）。社会契约理论与功利主义在知识层面上的联系也非常密切，它建立在这样的思想基础上，即政府的权力和公信力来源于不成文的但却具有约束力的契约，这一契约由全体社会成员共同签订，由此他们让渡出部分自由，以确保自己的自由免受其他人的侵害。

古典主义犯罪预防理论

依据古典主义犯罪学派的观点，刑罚不应当被视为一种道德强制或一个绝对的国家职权，而应当被理解为一种为“达到特定理想目的的社会控制工具”。因此，这一理想目的应当更多地通过理性的、更少地通过感性的方式去实现，而不是像古代统治模式那样。刑罚必然带来痛苦，因而它自身也是一种罪恶，所以只有当刑罚能实现对更大的恶的排除时，它才被认为是正当的。为达到这一目标，刑罚首先必须定位为一种威慑性的和预防性的措施，其次它必须是正当的、有效的和有益的。依据古典主义犯罪学派的观点，犯罪是一种理性行为，是犯罪人对风险计算的结果。尤其是罪犯，与我们普通人一样，也会受到“幸福最大化—痛苦最小化”原则的指引。他（她）是通过对风险和收益进行计算后才作出一定的行为选择的。莉莉等人（1995：16—17）也曾对此提出有价值的观点，认为贝卡利亚在关于刑罚与犯罪预防的研究中包括11个最具影响力的观点：

1. 为避免社会无序和战争，人们让渡出部分权利，建立一个契约社会，接受国家管理者的统治；

2. 由于刑法对个人的基本自由施加限制，因此他们必须在有限的范围内被使用；

3. 法律首先假定犯罪嫌疑人是无罪的；

4. 必须制定完备的成文刑事法典；

5. 刑罚建立在报应主义的理论基础之上；

6. 刑罚的严厉程度应当限定在犯罪预防和威慑所必要的限度内；

7. 刑罚的严厉程度应该与犯罪的危害程度相适应，因为刑罚所针对的是犯罪行为而不是犯罪人；

8. 刑罚应当确定，其实施过程也应高效；

9. 刑罚不应当适用类推，也不应当进行任意的改动；

10. 犯罪人应当被认为是独立的、理性的人；

11. 关键是目的，即每一个良好的法律制度其目的都应当是预防犯罪。

从历史的观点来看，古典主义犯罪学派最基本的主张是，强调犯罪预防胜于刑罚惩罚。同时，我们发现，古典主义犯罪学派对于犯罪人的认识并不复杂，即犯罪人也是一个懂得对风险和回报进行计算的“理性人”。贝卡利亚的理论最大的贡献在于，它提示我们，20世纪后期对于“风险算计”和“风险管理”的观点并非现代研究犯罪和犯罪预防的社会学家的首创。它同时强调，犯罪预防和社会控制的实现是通过社会对“有犯罪必有惩罚”这一共同认知的形成而得以实现的，这正如白天之后是黑夜一样，惩罚是犯罪的必然且唯一的结果。犯罪预防最好的方式是在威慑的作用下使个人从犯罪的危险中摆脱出来，而且，如果刑罚让其遭受到了足够的痛苦，则犯罪者就不会再次重新犯罪。然而，我们也发现，古典主义犯罪学派也非常重视刑罚对犯罪人以外的其他人的警示作用。我们还需谨记的是，刑罚的威慑作用不同于报应主义的以对过去行为的报复为导向，而是以对未来的犯罪预防为导向的。在此，我们会很容易地发现犯罪预防和刑罚的交汇点（参见 Hudson，1996）。

贝卡利亚理论研究的基础是自由主义学说，认为每个个体均具备相应行为能力并通过理性的思考和行动来控制自己的生活。按照这一学说的观点，个体必然要对自己的理性选择所造成的相应后果承担相应的责任，包括对非法行为承担完全的刑事责任。依据该学说对人类本质的理解，刑罚必须是“公开、迅速和必要的”。刑罚选择在特定环境中至少应当与法律规定的犯罪相适应，与犯罪的危害程度成比例（参见 Beccaria，1764：13）。依照这些假设，便出现了“心理享乐主义”① 的概

① 译者注：“心理享乐主义”（Psychological Hedonism）主张，人的行为动机是追求快乐和避免痛苦。现代经济学一般把边沁作为享乐主义的创始人。边沁认为，追求快乐和避免痛苦是人的基本追求，而个人是自己快乐和痛苦的最好的评判者，由此导向自由主义，并由此得出“最大多数人的最大幸福”的福利经济学第一定理。但是，边沁的享乐主义观念直接来源于洛克。在《人类理智论》中，洛克说，“快乐和痛苦，以及产生它们的那些善和恶，都是转动我们情感的链条……一种事物在我们现在享受它时，如果能产生出愉快的观念来，则它不在时，亦可以引起一种不安来。这种不安之感就是所谓的欲望；因此，欲望之大或小就看不安之感或强或弱而定……不安之感纵不是人类勤劳和行为的唯一刺激，亦可以说是它们的主要刺激”。

念。“心理享乐主义”，是指人们在采取行动之前已经对“快乐与痛苦”进行了计算，并且以计算得出的结论作为指导自己行为选择的标准。因此，古典主义犯罪学家建立了一种刑罚和犯罪预防的哲学，以及基于理性人的精确计算所应当采取的相关策略。

威慑主义作为一种犯罪预防理念，揭示了理性的、自我本位的个体通过计算利益得失而放弃犯罪动机的原因。这一理论假设为犯罪预防的研究和当今的情境预防思想提供了空间。而且，由于刑罚是可以计算的，所有的人无论其年龄、地位、性别等如何，都可以权衡其利弊得失。那么，这一理论的基本前提是平等地对待所有的人，它所评价的是行为本身而不是行为人。

让我们简要地回顾一下威慑刑罚理论的关键特征。正如之前所指出的，贝卡利亚和古典主义犯罪学派认为，犯罪预防比刑罚惩罚更有意义，即预防胜于刑罚，这是每一个良好的立法所追求的最终理想（参见 Beccaria，1764：93）。贝卡利亚称，犯罪预防的理念要求法律必须简洁、清晰并获得普遍支持。因此，法律应当将其遭受破坏的可能性降至最低。同时，法律应当是明确的、不容易使人们产生歧义的。此外，古典主义犯罪学派认为，有必要通过教育使人理解维持社会契约的必要性。用贝卡利亚的话说，“确保启蒙与自由相随”（p. 95）。古典主义犯罪学派因此提出，与旧有的充满任意性的宗教国家和对于不良行为实施报应刑的保守国家相比，刑罚威慑主义和犯罪预防观念更适合于新兴的世俗国家（与宗教国家相对，译者注）和现代的理性国家。

边沁是英国功利主义犯罪预防理论和刑罚威慑主义理论最有影响的倡导者。他主张，刑罚不仅是为了最大限度地保障犯罪人的权益而设置的，而且对维护社会公正也是十分必要的。他反对报应主义理论，因此他试图努力探寻一种能够排除刑罚弊端的途径，以使刑罚不再是一个愤怒的行为、报复的行为，更准确地说，刑罚应该是一种经过计算的理性行为，又是严格受到法律限制的行为，是对社会公益和犯罪人的需要进行了深思熟虑之后而创设的（引自 Ignatieff，1978：75）。伊格纳蒂夫将这种对刑罚和犯罪预防的全新思考作出如下描述：

> 刑罚不应由愤怒的统治者任意施加，而应当像对市场上陈列的商品进行定价那样对犯罪行为分配准确的（严厉程度相当的，译者注）刑罚。理想状态下，有必要建立一种对犯罪施加一定惩罚成本的机制。由此，刑罚将成为一种科学，由国家客观地运用痛苦来管理个人本位的、理性计算的个体。
>
> （1978：76）

与不公平、不理性、没有实效的旧秩序不同，在 19 世纪，边沁等功利主义学者提出在英国建立一个新的、理性的、高效的犯罪预防体系。这些思想家对传统理念提出质疑，他们认为，不能将犯罪行为视为一种简单的只是个人堕落的结果。正如加特里尔（1996）提出的，唯物主义心理学的兴起使边沁及其他学者的观点（他们认为，犯罪不是受原罪的驱使，而是他们没能对其不法行为将会导致的惩罚成本进行利弊得失的权衡）备受关注。他们认为，高效的、经济的犯罪预防模式只能是来源于在抽象的标准之下实施的严格的司法程序，这种司法程序必须预先设定刑罚体系，并且预先设定的刑罚体系必须建立在理性化、正式化（即法典化，译者注）以及公正化的基础之上。

犯罪控制的新模式

詹金斯曾指出，功利主义学者的著作和某些古典主义犯罪学家对 18 世纪后期和 19 世纪前期欧洲和美国的刑事司法制度的改革产生了重要影响（参见 Jenkins，1984）。现代刑法的法典化和合理化思想可以追溯至贝卡利亚的理论。然而，实践中大多数立法者往往会对古典主义理论所主张的模式进行修正，特别是严格的罪责相适应原则就很难得到维持。举例说明，19世纪时，人们普遍认为，对于未成年人和精神病患者应当排除在严格适用法律的范围之外，因为他们不具有相应的理性和行为能力来计算“风险”和“收益”的比例。结果，“新古典主义学派”成为主要刑事司法制度改革实践的主导性法学思想。新古典主义保留了以自由意志为基础计算“风险”和“收益”的“理性人”核心思想，但同时也承认在某些特定情形下的意志和行为选择要比在其他情形下更为自由，因此罪刑相适应原则应当作出相应的修改。纯粹的古典主义犯罪学派所持的刑事责任归责原则在实践中受到了挑战，为随后的实证主义犯罪学的兴起开辟了道路。实证主义犯罪学主张，一些人的行为，当然也包括犯罪人的行为，是已经被事先决定好的，因此犯罪人与非犯罪人之间是有本质差别的（参见本书第3章）。

总体来说，古典主义犯罪学派试图努力描绘一种如戴维·加兰（1996）所说的“管理型”犯罪控制模式。换言之，即国家的职权就是在其领土范围内向社会提供一个安全的保障，提供法律、秩序和犯罪控制等制度性安排与实践。莫里森也指出，古典主义犯罪学理论为我们提供了一种“国家主导型”的犯罪学研究途径。这被称为是一种通过由国家制定法律、国家机构认可并执行法律、特定且正式的社会控制形式而建立的科学的社会控制机制。它同时也是一种科层制的专家治理模式（参见 Morrison，1995：212）。这种管理型社会控制计划在19世纪的英国得到发展，随着公共警察系统的建立，这一机制作为一种专业性、垄断性的力量具有犯罪控制（或更确切地说是维持公共秩序）的功能。接下来，让我们分析古典主义犯罪学思想是如何在19世纪国家有关犯罪控制实践中实现制度化的。

在19世纪国家中刑罚威慑主义的出现

18世纪末至19世纪初，像英国这样社会形态的国家经历了一场由现代化进程推动的大变革。在这场变革中，关键的制度性变革在很大程度上受到了古典主义和自由主义思潮的影响。在这一时期出现了单一民族国家的中央集权和国有经济，而这两种事物正是政治统治两个不同方面的外在表现。新的法制体系与社会管理制度相配合，诸如警察制度、监狱制度、收容制度、社会救济制度的出现均是对“现代主义犯罪控制理论”的集中表达（参见 Garland，1994：32）。整个19世纪，国家日益加强了对刑事司法制度的控制，也就在此时，警察制度创立了。用加特莱尔的话说，警察是“维护社会秩序事业的先锋”（参见 Gattrell，1996：384）。在更加复杂、更加多变的社会中，法律是强化社会秩序的工具。秩序是这一事业的主要目标，而国家是这一事业必要的执行人。

与这种依靠法律的强制力和政治统治的作用来对社会秩序的混乱进行治理、对社会关系进行规制的社会控制方式不同，在18世纪，依靠法律维护社会秩序是需要付出极大代价的，因此它是最后一道防线（参见 Gattrell，1996）。威慑主义的犯罪预防理论在英国的制度化过程是从现代警察制度的建立以及19世纪早期现代监狱制度的建立而孕育出来的，并一直伴随其发展。想一下身着统一制服的警官的形象，即使军队中全副武装的战士也不常有这种飒爽英姿的装扮（除非是在北爱尔兰）。至今，警察仍是国家权力最强有力的象征。1829年，英国伦敦设立了警察，作为政治统治的一种威慑力量的代表，他们首先走上了伦敦的大街，到了1857年，他们已经遍布英国大多数城镇。这些警察脚穿皮靴，身着军人式的制服，头戴高帽，手持警棍，在街上巡逻。而先前，这种形象除偶尔才得一见的治安官外，是很难见到的。自此，新警察机构的任务就是平衡犯罪预防和政治统治的关系。现在的历史学家提出，19世纪早期对于警察制度的“需要”缘于对维持公共秩序的恐惧。然而，当时的内政大臣罗伯特·皮尔提出，对于警察制度的需要不是为了维持公共秩序，而是由犯罪的大量出现而引发了一系列的社会问题（参见Elmsley，1994：160）。自1829年警察制度建立以后，伦敦首都警察局的警官就被告知他们的首要任务是预防犯罪，因此，皮尔在其内政大臣任内曾发表了一篇很著名的宣言：

> 我们从一开始就应清楚的是，我们所肩负的首要任务是“预防犯罪”，为此目标，警察的所有努力都应以此为导向。为了保障民众的人身安全和财产安全、维护社会秩序与公共安宁以及其他的任务，我们建立了警察制度。警察制度的建立，目的是使其可以更好地实现上述目标，而不是在犯罪人已经成功地实施犯罪行为后再启动调查程序、刑事制裁来对其进行惩罚。犯罪的减少是完全有效的警察制度最好的证明。
>
> （引自Johnson，1987：27）

也许警察自己从未关注过古典主义犯罪学家所设想的理想模式，但是这并不影响这一理想的实现。因为本书的主要目的并不是要对犯罪控制的“成功”的技术性措施进行评价，而更加关注犯罪的理论和实践在特定的时间和空间中是如何实现变革、发展和法律化的。因此，在皮尔的“工作报告”中所提到的关键内容是当时人们设想的警察的权力范围非常广泛，是将警察作为管理型国家中预防犯罪的威慑力量来进行表达的。在这一时期，这种表达使人们普遍地认为，警察在大街上巡逻是预防犯罪发生的最有效的手段。这一假设被认为是完全合理的，那时的工人阶级民众（现代警察工作的主要对象）的大部分生活是要受到“街上的警察”管制的。事实上，这种犯罪预防策略导致了警察针对特定的个人或社会团体划定“犯罪高发区”的做法。埃尔姆斯利曾指出，伦敦首都警察局长官宣称犯罪预防的首要目的是对圣詹姆士[①]富人区进行保护，而要达到这一目标则需要监视圣伊莱斯[②]贫民窟（参见 Elmsley，1994：27）。这种按社会等级和财富的占有量作为标准来选择受保护对象的预防策略，仍然是 20 世纪以来当代警察制度的特征。例如，博特姆斯和怀尔斯（1996）曾指出，19 世纪公共警察制度的设立意味着公共警察在过去的 120 年里在犯罪预防领域一直占据主导地位，并仍将在英国现代的犯罪预防过程中发挥不可替代的主导作用。这两个专家进一步指出：

> 直到 20 世纪中期，无论在实践领域还是在公共政策领域，关于犯罪预防的争论都不能忽视公共警察的存在而不与之建立联系。在公共社会管理领域，公共警察被认为是居于权力垄断地位的主体。同时，在私人领域所进行的犯罪预防，也不包含使用强力，即使使用了强力也是先前所用的原始形式（即夜间警卫人员），但与公共警察的初级合作却是存在的。
>
> （1996：2）

当我们把关于犯罪预防的讨论限定在（新）古典主义的威慑论时，这种解释似乎是合理的。然而，当我们把实证主义学派关于犯罪预防的观念重新放入这一分析框架时，上述解释便不再具有任何说服力（参见本书第 3 章）。

19 世纪中叶，现代监狱出现，其作为犯罪预防的手段，是一种公正地施加于犯罪人的“痛苦”，这可以视做古典主义哲学新的信仰在制度上的表现（参见 Ignatieff，1978）。在贝

① 译者注：圣詹姆士是传说中的神，现在系伦敦富人生活区的典型称谓，如圣詹姆士学院、圣詹姆士公园、圣詹姆士医院，最典型的还有英国王室所居住的圣詹姆士宫等，在此指伦敦的富人区。

② 译者注：圣伊莱斯是传说中 7 世纪在法兰西的希腊隐士，他是残疾人、乞丐和被社会遗弃者的主保圣人，因此成为贫民的标志。圣伊莱斯是伦敦的贫民窟之一。

卡利亚看来，为了使威慑性犯罪预防模式发挥作用，有必要建立一系列的刑罚种类，这些惩罚将与特定的犯罪种类相匹配，同时对于作为旁观者的社会公众而言，这也传递了一种明确的警示信息。然而，福柯（1977）曾提出，具有讽刺意味的是，在实践中，监狱作为一个封闭的、隐秘的世界却成为了功利主义犯罪预防策略的关键所在。我们还注意到，很难将刑罚和犯罪预防区分开。也就是说，对于主张改革监狱制度的人来说，19 世纪中期，监狱似乎成为了最有效的和合理的"改革性"刑罚机构（参见 Foucault，1977：232）。国家因此建立了一种有序的、合理的制度——监狱制度。在监狱里，犯罪人可以在特定的时间和空间中反省和改造自己，这种自我改造是建立在自由意志的基础之上的。因此，无论是对于被监禁的犯罪人个人还是更广大的社会公众来说，威慑性犯罪预防模式的效果达到了。在这样一种有"助益性"的监狱中（参见 Melossi and Pavarini，1981），犯罪人经历了良心的自我谴责和悔恨，将自己重新改造成为一名守法的和对社会有益的人。这清楚地说明了监狱作为犯罪预防的一种措施是一种卓越创造。

福柯指出，对于那些需要控制和监视的人（既包括监狱高墙之外的人，也包括监狱高墙之内的人）来说，边沁的"圆形监狱[①]建筑"或"监视房屋"的建筑设计最有力地表达了对权力关系的新思考和重构。圆形监狱是一个机器，它将监视者和被监视者分开来，在环形的外围的人能彻底被他人

---

① 译者注：18 世纪末，英国法学家边沁（Jeremy Bentham）发表了《圆形监狱》（Panopticon），它成为西方监狱设计师们的必读书籍。圆形监狱由一个中央塔楼和四周环形的囚室组成，每个囚室有一前一后两扇窗户，一扇朝着中央塔楼，另一扇背对塔楼，作为通光之用。这样的设计使得处于中央塔楼里的监视者可以轻易地检视囚犯的一举一动，而囚犯也时时刻刻迫使自己循规蹈矩。于是，通过建筑的空间设计，监狱管理者就轻易而有效地达到了对整个监狱的监控。在边沁之后，米歇尔·福柯开始了对圆形监狱的哲学思考，在福柯的眼里，圆形监狱不仅仅有一种物质形态的权力意义，更有一种形而上的意义。

监视，而他们却看不到其他人；而在塔形中心的人可以看到里边的人的一切活动，而不会被里边的人看到（参见 Foucault，1977：202）。简单来说，即在圆形监狱中心建立了一个“监视塔”，监视塔周围的环形圈是一个个的牢房。在中心监视塔的人员可以看到任何一间牢房中的所有活动，但是牢房内的人却丝毫不能看到在中心塔中承担监视任务的看守人员。福柯进一步指出，这个令人痛苦的、构思巧妙的牢笼对于社会控制策略的连续性发挥了非常重要的影响。它可以用于犯罪者改过自新，同时也可以用于治疗病人、教导学龄儿童、禁闭精神病患者、监视工人的活动、使乞讨者和流浪者参加劳动（p. 125）。这种设计对于犯罪控制模式将会发生持续的影响，这并非是一种空想，因为它是一种建立在“公共展示”和“监视”（诸如闭路电视这些当今流行的犯罪预防技术措施）基础上的惩罚。

19 世纪，现代西方国家出现了对在威慑性犯罪预防理论基础上设计出来的圆形监狱的讨论，这表明了古典主义犯罪学派的“社会控制计划”在政治领域和制度层面都产生了至关重要的影响。在当今时代，古典主义犯罪预防理论重现的迹象日益明显，关于这一点将在本书第 4 章的“理性选择理论”中予以讨论。然而，应当注意到，古典主义犯罪学理论留给我们的宝贵财富对于理解现代刑事司法制度仍具有非常广泛的意义。关于国家的法定权力应用于被监禁者或者说犯罪人的这一问题，古典主义犯罪学派提供了一种新的思考。用伊格纳蒂夫的话说，“刑罚制度的改革思想和功利主义的理论都对我们今天的思考产生了指引作用”，抛开对旧的刑罚制度的批判，我们会隐隐约约地发现，它托生了现代监狱制度并为其留下了宝贵财富（参见 Ignatieff，1978：vii）。在当代保守主义和新自由主义学者（如 Wilson，1975 和 von Hirsch，1976）的推动下，贝卡利亚所关注的刑罚所具有的价值，如适当性、确定性和经济性的影响仍保留至今。同时，该学派也遗留了一些问题，如“法律保障主义”所遇到的困境以及“司法独立”的重要意义等问题，这些问题都是在当代关于人权的基本问题的激烈讨论中重新出现的（参见 van Swaaningen，1997，以及附录中所载的相关内容）。

对于古典主义犯罪学派犯罪预防理论的批判分析

在下一章关于实证主义犯罪学理论的讨论中，我们将分析其对古典主义犯罪学理论关于犯罪预防问题的论述所进行的大量的、具体的批判。我们注意到，在很大程度上，实证主义学者对犯罪及犯罪预防的研究相对于古典主义犯罪学派的理性犯罪人观念来说是持批判态度的，因此，并不奇怪的是，批判者指出，人经过理性计算来进行行为选择和思考的能力是有限的。也应当注意到，古典主义犯罪学派对人类行为动机的心理学探讨过于简单，而现代社会科学家想要在这一点上有所突破（参见本书第 4 章，对现代“理性选择理论”的评析）。

从更一般性的层面来评析，我们发现加兰（1990）曾提出，古典主义犯罪学理论并不是真正的现代意义上的犯罪学，因为它缺乏对犯罪人的类型化分析，同时也缺少对实证主义犯罪学理论所说的“犯罪人”（或有犯罪危险的人）进行的研究。加兰认为，犯罪学是“社会控制计划”和“龙勃罗梭计划”相结合而产生的学科，对此观点笔者并不赞同。加兰的研究没有抓住以往以及现在关于犯罪和犯罪控制研究的特点，即犯罪学研究结构的错综复杂和条块分割的本质。而且，加兰称犯罪学是以经验为基础的科学解释，是同法律研究和道德研究相分离的一门学科，这种观点似乎是不愿承认在这一问题上英国和大陆法系犯罪学学者认识上的不同（参见 van Swaaningen，1997）。古典主义犯罪学派明确提出了犯罪学的社会控制计划，而且不将犯罪人视为有别于正常人的“特种人”并从中分离出来，但其并没有远离现代犯罪学理论的基本观点（参见 Roshier，1989）和诸如“情境预防”等实用主义的犯罪预防模式（关于这一点，本书将在第 4 章进行深入讨论）。尽管我们现代的研究有许多更为重要的意义，但我们不可否认的是，古典主义犯罪预防思想所构建的以法律强制力为基础的威慑性犯罪预防理念在当今的社会背景和法律语境中对刑事司法系统产生着持续的影响。莫里森（1995：78）也曾指出，我们从未走出古典主义犯罪学派所设定的理论范式。随着“刑罚正当”[①] 运动的蓬勃发展（参见 von Hirsch，1976）以及 20 世纪最后几十年对传统刑法观念的回归，都有力地证明了这种论断（虽然这一主张同时也受到康德报应主

① 译者注：在人类历史的大多数时间里，对法律惩罚正当性的证明源自两种理论分野：一是主张正义和应得的报应主义，二是主张社会利益最大化的功利主义。罗尔斯曾这样分析功利主义刑罚观念：“过去的就让它过去吧。对于当下的决定而言，只有未来的结果才是重要的。惩罚正当性的证明与它所能带来的可能结果有关，结果是惩罚可以作为维持社会秩序的一种机制……如果惩罚能够有效促进社会的最大利益，那它就是正当的，反之，它就是不正当的。”（See John Rawls，“Two concepts of Rules，” in Hugh LaFollette，Editor，Ethics in Practice：An Anthology，Blackwell Publishers Ltd. 1997）而报应主义的倡导者对功利主义刑罚观念进行了批判，功利主义因为忽视了正义原则，所以不管功利主义的惩罚对社会多么有益，其结果还是导致各种各样不公正的惩罚。维斯特马克在《道德理念的起源与发展》一书中对功利主义进行了批评，他说：“那些试图实现功利主义所要追求的所有惩罚效果的人，不仅在功利主义理论的反对者看来，而且可能在功利主义理论的坚决拥护者看来，他们比惩罚的罪犯更具有罪恶性。”（E. Westermarck，The Origin and Development of the Moral Ideas，London，Second edition，1912，Vol. 1，pp. 81 – 82.）书中的“刑法正当”即是在报应主义刑罚观语境下使用的。

义的深刻影响。针对上述问题，康德报应主义①认为应该遵循“道德优先”② 的原则，即我们使用刑罚是因为它应当，而不是为了威慑）。古典主义犯罪学思想重新受到人们的认可也证明了，对犯罪及其控制的研究并不是一种直线形的发展。

结语

本章向读者展示了古典主义犯罪学派的关键原则及其犯罪预防理论。我们将对古典主义犯罪学派的主体理论进行背景还原分析，将其置身于特定社会的时空背景和历史地位之中，特别是对其作为现代性的特定类型的产物进行了分析。

---

① 译者注：康德是报应主义的代表人物之一，等害报复论的首倡者，他主张刑罚以与犯罪在损害形态上相等同为必要。按他的理解，便是“如果你偷了别人的东西，你就是偷你自己的东西，如果你打了别人，你就是打了你自己；如果你杀了别人，你就杀了你自己”。他认为，犯罪是具有自由意志的人实施的违反理性的绝对命令的行为，刑罚是针对犯罪人因犯罪而引起的道义责任所施加的惩罚和报应，是理性的当然要求。正义犹如天平，依照刑法的绝对命令，刑罚必须是对犯罪的“反动的反动”。只有依照同害报复的原则，使体现正义报应的刑罚所施加予罪犯的痛苦与犯罪加予被害人的恶害保持数量的绝对等同，才能维持正义和天平的均衡。可参见康德：《法的形而上学原理》，沈叔平译，商务印书馆1997 年版，第 165 页。

② 译者注：在报应主义的理论框架内，道德报应论一直都是报应主义刑罚观的基础。几乎所有的报应论者，从康德到布莱得利（Bradley）都强调了道德可谴责性对于报应主义的基本地位。报应主义者都将道德或者道义上的可谴责性作为刑罚的基础，因此道德上的可谴责性的程度也视为与刑罚的轻重有关。道德上的可谴责性越强，那么刑罚越重，反之，越轻。而与之相对的是法律报应论。与道德报应论不同的是，法律报应论将刑罚视为对法律上规定之罪的报应，讲究罪刑均衡。行为人触犯刑法而犯罪行越严重，报应就越深，刑罚就越重。报应主义并不考虑道德报应和法律报应的严格区分，而是将之视为一致。也就是说，在报应主义者看来，刑罚应具备道义上的可谴责性和法律上的规定性。然而，刑罚这种两重性的前提是道德谴责跟法律规定是统一的。当二者不一致时，康德主张道德报应论优先。他说，正是因为人是意志自由和理性的，为了自身立有崇高的道德规则，所以人就有遵从自身理性、服从道德律的义务。如果人去犯罪，就违反了这种基于人的理性的崇高的义务，具有了罪过（guilt）。这时，人自身的理性就要求对有罪过的人施加报应，以恢复其作为人的人格尊严和理性。可参见菲利：《实证派犯罪学》，郭建安译，中国政法大学出版社 1987 年版，第 15 页。

本章也论述了贝卡利亚等学者的思想，尤其是针对在19世纪现代国家中威慑性犯罪预防观念和刑罚改革思想是如何进入制度层面并付诸实践的问题进行了深入探讨。最后，本章在讨论中针对该理论指出了其关键的概念性缺陷。在第1章中，我们讨论了当代犯罪学界对于犯罪预防有多种概念以及更多的子概念，也有些分类是值得讨论的。可以证实的是，犯罪预防最早的法律表达是一种建立在法律强制力的基础之上的犯罪预防理论，古典主义犯罪学理论最清楚地表达了犯罪预防的这一范式。接下来，笔者将分析古典主义犯罪学派最有力的反对者——实证主义学派。

拓展阅读

Ignatieff, M. (1978) A Just Measure of Pain. London: Macmillan.

Roshier, B. (1989) Controlling Crime. Milton Keynes: Open University Press.

第三章

实证主义与对犯罪人的矫正

引言

本章将集中探讨犯罪学研究中最具影响力的一种理论范

式。这一范式对有关犯罪预防问题进行了讨论，并在现代国家中实现了制度化，这就是实证主义。无论是学术界，还是公共管理领域，越来越多的言论开始强调实证主义研究范式在整个犯罪学研究中的核心作用与重要价值（参见 Garland, 1994）。我们很难否认这一趋势，在过去的100年里，犯罪学的发展与实证主义学派关于犯罪原因和犯罪预防的研究有着不解之缘。而其研究正是在对犯罪人的实证调查和矫正的基础上进行的。这一实证主义犯罪学研究范式是在经验主义的理论框架下展开的，其理论架构是在以理论为指导的观察的基础上进行归纳从而得出结论的。很显然，它十分重视定量分析和田野调查。实证主义犯罪学派犯罪原因理论逐渐取得主导地位，实际上是在19世纪晚期到20世纪70年代期间实现的。至关重要的是，我们要牢记加兰对现代实证主义犯罪学理论的兴起与发展并最终取得主导地位所作的重要评论，"犯罪学这一概念，无论是从其现代意义上去分析，还是从其历史发展的意义上去分析，它都不仅是一个科学研究的范域，同时也是一个制度不断完善的过程。作为一种社会控制的机制，它不仅停留在理论层面，同时也表现在行政管理的实践之中"（参见 Garland，1994：27）。

笔者认为，用一整章的篇幅来详述19世纪末至20世纪初与实证主义犯罪预防理论有关的复杂而又丰富的历史是非常值得的，并且也是必要的。本章之所以不惜笔墨来对至今为止所产生的占主导地位的犯罪预防策略进行描述，目的就是向读者展示其关键内容和主要的发展，并且对其进行粗略的评判。同时，在本章中，我们还将论述实证主义犯罪学理论在诸多方面都无法摆脱对有关犯罪控制问题的争论，并对其原因进行探讨。基于此，本章将按照一定结构，围绕如下诸问题展开论述：

- 简要概括在现代犯罪学中占主导地位的研究范式——实证主义犯罪学的基本原则；

- 在广阔的社会背景之中，对不同的知识生成与理论探讨之间的关系进行讨论，接着将考察实证主义犯罪学作为现代主义研究范式的兴起与发展；
- 在接下来的内容中，我们将通过对个体实证主义研究（心理学的）与社会实证主义（社会学的）的考察，来讨论20世纪实证主义犯罪预防理论的全面兴盛，并且实现了犯罪统计领域的制度化；
- 然后，我们将考察关于个体实证主义犯罪预防理论中被我们称之为“改造理想”在形式上的消亡；
- 在接下来的一节中，我们将通过当代生物学多因理论[①]

① 译者注：多因论，本来是哲学上的概念，也称多因逻辑，是相对于单因逻辑而言的，后来用于生物学研究，尤其是基因学的研究。随着犯罪生物学的出现，犯罪学学者开始用生物学观点研究犯罪者个人人格、素质上各种因素对犯罪的影响，其下又有犯罪人类学、犯罪心理学、犯罪精神病学、犯罪生物学（狭义）的分类。从而出现了犯罪生物学多因理论。意大利著名的犯罪学家菲利第一次较为严密地论证了犯罪行为并不是一种源于犯罪人单方面的现象，而是一系列因素相互作用的结果。由此，奠定了为后世所承袭的“犯罪多因理论”，并且菲利基于“犯罪多因论”建立起了一套社会防卫体系，这在很大程度上为现代的刑事司法和刑事立法所认同。

与社会心理学[1]理论对犯罪问题的研究来探讨实证主义犯罪预防理论近年来的复兴；

- 最后，我们将讨论有关实证主义犯罪预防理论的几点主要的批判性评价。

犯罪学实证主义研究范式

实证主义是社会科学领域中的一种研究范式，它首先需要在一定范围内设置一项假定，并围绕假定来展开研究。这一假定即自然科学研究中所使用的科学方法和手段同样适用

① 译者注：社会心理学是研究个体和群体的社会心理现象的一个心理学分支学科。个体社会心理现象，是指受他人和群体制约的个人的思想、感情和行为，如人际知觉、人际吸引、社会促进和社会抑制、顺从等。群体社会心理现象，是指群体本身特有的心理特征，如群体凝聚力、社会心理气氛、群体决策等。社会心理学是心理学和社会学之间的一门边缘学科，受到来自两个学科的影响。在社会心理学内部一开始就存在着两种理论观点不同的研究方向，即所谓社会学方向的社会心理学和心理学方向的社会心理学。1860 年，拉察鲁斯和斯坦塔尔出版了关于民族心理学的系列论文。此后，塔尔德的《模仿律》、西格尔的《犯罪的群众》以及勒邦的《群众心理学》等著作陆续出版，为社会心理学的形成奠定了基础。1908 年，英国心理学家麦独孤和美国社会学家罗斯分别出版了社会心理学专著。这标志着社会心理学已成为一门独立的学科。第一次世界大战以后，美国心理学家奥尔波特和德国心理学家默德开创了实验社会心理学方向。虽然用实验方法研究社会心理学问题，可以上溯到 1898 年特里普利特关于社会促进的实验研究，但真正开创、推广这个方向的是奥尔波特和默德。在他们之后，实验社会心理学才开始在西方特别是在美国成了社会心理学研究的主流。奥尔波特的著作《社会心理学》问世以后，社会心理学进入了快速发展时期。1928 年，色斯顿提出了态度测量法，把由托马斯和兹纳涅茨基开始并成为当时社会心理学研究中心的态度研究提高了一步。1934 年，莫雷诺提出了社会测量法，用以测量群体内人际吸引和排斥问题。1938 年，勒温把场论引进社会心理学，提出了个人生活空间或场的概念，认为行为是个人特点和情境因素相互作用的函数。20 世纪四五十年代，在第二次世界大战和勒温的影响下，社会心理学主要研究群体影响和态度问题。50 年代，阿施等人开展“顺从”的研究。以霍夫兰为首的耶鲁学派发表了一系列有关说服的研究。费斯廷格提出了认知失调理论，这个理论成为 60 年代的研究中心。到了 70 年代，由海德的《人际关系心理学》一书奠定了基础的归因理论成了研究重点。80 年代以来，认知社会心理学和应用社会心理学日益受到重视。

于对社会行为的研究。根据实证主义犯罪学派的思想，不论是离经叛道者、犯罪者，还是正常的守法者，他们的行为均是由其外在的客观环境与条件或是内在的主观倾向与条件决定的。因此，实证主义犯罪学理论提出人类行为产生的原因可以通过科学观察和实验来发现，这样的调查研究能够促使具有超前性的法律的形成，这有时可以有效地诊断和治愈人们行为中存在的问题，这也使对人类行为选择具有决定性作用的因素为人类所认识并控制成为可能。在早期学者的知识体系中，也已经认识到，原则上人类的行为是可以通过科学的手段进行有效控制的。教育、矫正取代报应、惩罚已经成为刑事司法系统的主要目标。这一新的科学研究范式将制订出犯罪矫正的计划，针对特定的需求和问题，预防重新犯罪的发生。那些无法被矫正或是不能排除重新犯罪可能的人应该被隔离。

正如社会科学领域中的大多数研究范式一样，实证主义学派好比一个相当宽敞的教堂，它吸收并囊括了生物学、心理学以及社会学的方法。正是由于实证主义学派沿用兼容并包这一宗教信条，使其包容了多种“宗派”，其中一些“宗派”比其他的实证主义“宗派”更为强大且更具影响力，尤其是在对犯罪进行的研究和建立犯罪学理论的领域里。在所有的实证主义犯罪预防理论的各种不同派别中，虽然（生物）心理学方法很可能已经成为占主导地位的研究范式，但是从迪尔凯姆（1893）的著作到美国芝加哥社会学派的著作可以看出，这种社会实证研究范式同样具有强有力的影响。

龙勃罗梭计划

实证主义犯罪学早期代表人物，意大利作家切萨雷·龙勃罗梭，按理说也是实证主义犯罪学的创立者。事实上，龙勃罗梭对“天生犯罪人”的特征进行考察更加有兴趣，相比之下，他对犯罪预防的关注不够。其原因在于，倘若个体特征是与生俱来并被预先赋予的，在这一前提下，只要通过监狱的监禁来剥夺犯罪人的犯罪能力，并消除其重新犯罪，其他的犯罪预防策略则无从谈起。然而，在对犯罪人进行类型化分析时，龙勃罗梭又明确承认了在天生犯罪人和偶发性青少年犯罪者之间是存在差别的。对于后者而言，龙勃罗梭认为，仅仅对犯罪进行刑罚处罚是不够的，对青少年犯罪进行预防则更为重要（参见 Lombroso，1968）。

龙勃罗梭的终极目标以及他所奉行的学术传统的目标是，建立一个关于犯罪原因研究的科学体系（即一个犯罪矫正与犯罪预防措施的科学体系）。这一学术传统推动着 20 世纪许多有关犯罪学的研究进展。实证主义犯罪学的核心思想是一个基本的主张，即犯罪不是一个简单的个体选择的问题，而要将其作为一种非理性选择和特定条件的决定作用下的产物来进行认识和理解，这一点不同于古典主义犯罪学派的主张。那么，这些犯罪原因是有待研究的，主要是通过临床学或统计学的方法加以识别。龙勃罗梭留给我们最为关键的遗产是对自觉性“激进科学主义”① 的发扬（参见 Garland and Young，1983）。龙勃罗梭的研究的真正意义在于，其对人类自身的实证主义认识，并可能使之形成一门学科（即实证主义犯罪学），这一研究也被认为优越于其他不同的范式。实证主义犯罪学派大胆地提出，犯罪行为是由个体的病态所导致的结果，尽管这一新的认识并非纯粹的学术关注点。它显然还提供了临床治愈（行为矫正）的潜在可能性。这一点被另一位世纪之交的实证主义犯罪学的倡导者德·弗鲁瑞敏锐地捕捉到，他说，“灵魂就躺在那儿，它等着我们去拯救”（引

① 译者注：《韦伯斯特百科词典》对科学主义的解释为：科学主义，是指一种信念，认为物理科学与生物科学的假设、研究方法等对于包括人文与社会科学在内的所有其他学科同样适用并且必不可少。参见 Webster's Encyclopedic Unabridged Dictionary of the English Language, New Revised Edition, Portland House, 1986, p. 1279。

自 Garland，1985：92）。

由于龙勃罗梭的推动和介入，龙勃罗梭计划已经不再一成不变了。世纪之交，实证主义犯罪学明智地选用了一种折中的多因论的手段来科学解决并预防犯罪这一社会问题。随着时间的推移，我们也许会发现，这种多因论的观点显然表现了目前如法林顿（1994）等研究者的颇具影响力论著的典型特点，尤其是在青少年犯罪研究领域中关于发展型预防模式和辨别出各类危险因素的研究。我们已经看出，龙勃罗梭不太像是一个陈旧的持异论者，而更像是一位当代实证主义犯罪学的先驱。

实证主义犯罪预防理论与现代主义方案

本书要集中讨论的是，在特定社会历史背景下，关于犯罪和犯罪预防的不同学术观点之间存在争论是非常重要而且必要的。对于同现代和后现代过程密切相关的社会变革中有关犯罪预防的话题是不断变化的，对于其重要性我们已经给予了特别的关注。以龙勃罗梭为代表的意大利犯罪学派所主张的实证主义犯罪学理论成为古典主义犯罪学理论强有力的而且是充满自觉性的挑战。在这一挑战中，它将理性的实验作为自己的理论武器，也就是科学的调查方法，以此来发现新的犯罪预防（当然也包括犯罪矫正）体制来保护社会秩序和人类生活。众多其他的评论者还指出，实证主义学派大体上可以被看做是社会学家称之为“现代性”的知识生成的结果，有关现代性的广泛含义，笔者在引言中已经阐明。依据吉登斯的观点（1991：115），实证主义学派的核心思想代表着自反性现代化[①]的一条导向线索。而对于贝克（1992），有关“简单现代化”（即传统的现代化理论）的理论中均有某种乌托邦式的进化论色彩，该理论坚信能够通过直线式的发展而最终实现“理想社会”。一种观念开始形成，即人类的洞察力和智慧能够先发制人地有效阻止恶的滋生，这一观念也成为现代主义方案的核心思想。因而，现代性是一个构成主义[②]方案，在现代生活的眼光里其被看做是建立在计划与控制基础上的理性化存在（参见 Morrison，1995）。现代性还与被

① 译者注：“自反性”的基本含义是“自我指涉”，从哲学上看，这种“自我指涉”表征为自我反驳（即悖论）、反思（即理性的张扬），以及诠释学循环（即人的各种活动中主体与对象之间的相互诠释和构建）三个基本面向。“自反性现代化”这一概念首先是由贝克提出来的。贝克、吉登斯和拉什都认为，目前“争论的要点已不再是经典社会学理论的巨人们——韦伯、迪尔凯姆、齐美尔和滕尼斯——所钟爱的传统和现代的直接的二元并置，而是一个分为三阶段的社会变革概念，从传统到（简单）现代化到自反性现代化”。可参见［德］乌尔里希·贝克、［英］安东尼·吉登斯、［英］斯科特·拉什：《自反性现代化——现代社会秩序中的政治、传统和美学》，赵文书译，商务印书馆 2001 年版，第 143 页。

② 译者注：构成主义（Constructivism），又名结构主义，形成于 19 世纪初。原是兴起于俄国的艺术运动，大约开始于 1917 年，持续到 1922 年左右（G. Julier，1993：56）。构成主义，是指由一块块金属、玻璃、木块、纸板或塑料组构结合成的雕塑。强调的是空间中的势（movement），而不是传统雕塑着重的体积量感。构成主义接受了立体派的拼裱和浮雕技法，由传统雕塑的加和减，变成组构和结合；同时也吸收了绝对主义的几何抽象理念，甚至运用到悬挂物和浮雕构成物，对现代雕塑有决定性影响。

吉登斯称为“专家系统”① 的普遍信任相联系，这样的专家系统是技术职能或职业性的专家评判体系，它组成了我们生活在其中的物质和社会环境的博大范围（参见 Giddens，1990：27）。由此，现代性往往是与“后现代性”② 相对而言

① 译者注：吉登斯认为，时间空间的伸延与分离，是理解现代性的关键之一。由于时间空间的伸延和分离，“脱出”现象便产生了。所谓脱出，是指从相互作用的地域性的关联和从对时间与空间的无限的跨越而被重建的关系之中把社会关系“提取出来”。他区分了两种脱出类型，一是象征符号，二是专家系统。专家系统，是指技术职能或职业性的专家评判体系，它组成了我们生活在其中的物质和社会环境的博大范围。综合专家知识于其中的这些体系每天都影响着我们行动的许多方面。仅仅坐在家中，你就被包含进了你所信赖的一系列专家体系之中：你几乎不了解建筑师和建筑工人设计、建筑房屋时使用的知识规则，只不过是“信赖”他们的工作，信任他们所使用的专门知识的可靠性。吉登斯清楚地指出，在后现代性中，因为风险的不可掌握性，专家系统的深化，导致个人对于社会世界失去信任的能力/基础，进而影响到自我的本体论安全感与存在焦虑。

② 译者注：后现代性（post - modernity）是后现代主义思潮的核心范畴。所谓后现代主义思潮，是20世纪六七十年代在西方国家开始广泛出现的具有重大影响的社会文化思潮，它涉及文学、艺术（包括建筑的风格等）、语言、历史、哲学等社会文化和意识形态的诸多领域。虽然这一思潮至今仍处于一种纷繁复杂、多元化的发展状态，但从总体上看，后现代主义思潮的目的性是非常明确的，就是要对现代文明发展的根基、传统等各个方面进行全方位的批判性反思。作为后现代主义思潮的核心范畴，后现代性最鲜明的特征就是作为现代性的对立面而发展起来的。按照后现代性的观念，“现代性的承诺”的无法兑现乃至各种“异化”现象的不断出现，不仅说明现代性发展的普遍模式本身出了问题，而且意味着作为现代性根基和标志的“现代合理性”遭遇到了根本危机。后现代性立足于现代文明发展的复杂性，强调要对现代性的理论、价值、文化乃至社会生活等所有具有结构或本质特征的东西进行全方位的、反向的质疑和挑战。

的，或者仅仅是因为笔者更喜欢“晚期现代性”①，因为该理论坚信，科学和理性的力量可以推动人类社会不断前行，可以为一切社会问题提供解决的办法，无论是我们尚不能控制的（后现代性），抑或是正处于衰亡过程中的或正面临挑战的问题（晚期现代性）。

我们已注意到，实证主义犯罪学理论自19世纪末期就被加兰描述为“龙勃罗梭计划”。它的目标不同于犯罪学研究领域的另一种重要方案，即加兰称之为“政府控制”模式。这一模式所关注的是通过对犯罪模式进行描绘，对刑事司法机构的司法实践活动进行监控等途径，提高司法机构的工作效率（参见 Garland，1994；同时参见 Coleman and Moynihan，1996）。“龙勃罗梭计划”的目标是，构建一个犯罪原因的科学体系，从而将犯罪人和非犯罪人明显地区分开来。具体而言，这一方案也就是对可以被称为“犯罪人”②（homo criminalis）的个体进行搜寻及发现。此外，这一方案并非仅仅停

---

① 译者注：“晚期现代性”（late - modernity）是作为现代化过程的历史阶段之一而使用的概念。学界一般认为，现代社会具有两种连续而又异质的形态（这一观点受贝克的社会形态划分的启发）：第一阶段是在现代社会发展的早期阶段，以工业化的现代化为主要特征，译者将之概括为“关系化”时期；第二阶段是晚期资本主义时期，以对工业化危机的全面反省与纠偏为主要特征，译者将之概括为“关系的重构化”时期。这二者都是人们理性反思的产物，只是在晚期资本主义中，主动运用反思与怀疑的机制上升为人之生存的内在标准。这种制度预设了失误与漏洞的普遍存在。晚期现代性是一场关系体制加快除旧布新的运动，它实际是指出在晚期资本主义时期社会关系不断在反思重构中变革过程的本质特征。“现代性的风险氛围使每个人都变得纷乱不堪，无一人能幸免于它的冲击”（参见吉登斯：《现代性与自我认同》，三联书店1998年版，第143页）。晚期现代性决定了每一个个体的决策都取决于他人的决策，在没有彼岸真理的时代，决策也是相对的，只有在与别人的行为场域的关系中，个体的决策才能得到真正的评析。个体的内在标准是他人的总体，自我依此原理反思地重塑自己的生命历程，这是社会重新结构的内在参照系。

② 译者注：关于犯罪学理论中“犯罪人”（homo criminalis）概念取代“刑法人”（homo penalis）概念的知识考古学分析，参见 Pasquale Pasquino, Criminology: the Birth of a Special Knowledge, in The Foucault Effect: Studies in Govermentality. Ed. By G. Burchell, C. Gordon and P. Miller, The Univ. Chicago Press, 1991。

留于“理论”层面，它还与实践活动的有计划实施紧密相关。实证主义思想推动了关于犯罪预防、犯罪矫正和犯罪根除的科学的制度体系，而排除了古典理论关注于形式平等观念的影响。因而，实证主义理论试图消除社会变革过程中的道德评价和审美标准的影响，从而建立一种模式，这一模式会提供解释和分析的新方法（参见 Giddens，1991：155）。莫里森（1995：121）指出：

> 实证主义犯罪学理论的理想状态回避了刑事司法的问题……它放弃了对刑事司法的关注……而代之以对社会公正……社会保护和社会管理等的关注。既然犯罪只是表现为一种症状——一个病理学的外在征兆——那么它不需要通过惩罚犯罪人来证明统治权力的有效运作。对犯罪人的制裁，不需要通过审判，也不需要律师的代理，也不涉及正当的诉讼程序，而需要由社会科学专家组成的委员会的听证。

作为专门的犯罪预防的实践者是犯罪学家的一个乌托邦式的理想，而其得以实现的有利条件在于，它与19世纪末期政治层面的迅猛发展相啮合，包括政策的制定和制度性实践，尤其是关于专家和科学家在有关社会问题的管理领域中所扮演的角色。正如加兰（1994：40—1）所言，由于这一犯罪学计划可能提供明确的合理性与合法性，所以极大地吸引了19世纪末期的政府机构和行政官员。

加兰的上述分析受到了法国无党派思想史学家米歇尔·福柯（1977）深刻的洞察力的影响。福柯（1977）将犯罪学研究置身于复杂交织的背景之中，包括与现代国家同时发展起来的知识体系和权力结构，以及19世纪社会科学的出现等一系列的因素。无论是在对整个社会人口的管理领域中，还是在对犯罪人进行分类和处遇的领域中，他在有关社会控制与规则体系的引导下，实现了对现代主义专业表达的概念化。由此，这一历史性研究计划得以在现代意义上的语境中建立起自身的“学科体系”，如犯罪学、心理学和社会学等。因而，福柯将这已构成性角色归结为现代化语境下对社会人口进行规制的过程中形成的科学体系与知识体系。作为19世纪末20世纪初实证主义犯罪学派得以出现的结果，一种新的学术力量——一个致力于研究和解决个体犯罪人和潜在犯罪人的学科得以实现。福柯用“正常化”这一术语来描述如何对存在异常行为和越轨行为的个体进行矫正。因此，对以实现“正常化”为目的的犯罪矫正技术的选择应该关注犯罪人的生活历程，不仅包括他（或她）在实施犯罪行为时的环境，还包括其犯罪动机产生的背景环境。19世纪末期出现的新犯罪预防模式在逻辑上必然导致为使“问题人群”正常化而对其生活进行的前摄干扰[①]（参见 Foucault，1977；同时参见 O'Malley，1992：251—2）。作为这一新改革热潮的切实的证据，我们可以注意到，从19世纪中后期一直到20世纪中期，在如英国、美国和法国这样的国家社会中，在制度体系建设方面所付出的巨额投入。例如，像青少年教养院和收容所这样的机构的产生，可以表明这一新论题在制度体系建设领域中得到了实现。通过这样的预防性干预，实证主义犯罪学理论继续提供了一系列的更加灵活多样、更加富有实效、更加充满人性化的犯罪矫正和犯罪预防模式，这一点是古典主义犯罪学理论依靠法律强制力的威慑主义和依靠刑罚惩罚的报应主义犯罪控制模式所不能比拟的。

随着“犯罪人”（homo criminalis）作为“刑罚惩罚”

---

① 译者注：“前摄干扰”源于德国生理学家、心理物理学家格奥尔格·埃利亚斯·缪勒（Georg Elias Müller，1850—1934）所创立的干扰理论。干扰理论认为，遗忘的原因不是由于记忆痕迹遭到破坏或消退，而是新旧知识经验之间相互干扰的结果，特别是在学习和回忆之间受到其他刺激信息干扰，就会导致遗忘。造成遗忘的干扰的类型有前摄抑制和倒摄抑制。前摄抑制，是指先前学习的材料对识记和再现后继学习的材料发生的干扰作用。倒摄抑制，是指后学习的材料对保持和回忆先学习的材料发生的干扰作用。具体而言，前摄干扰，即前一活动中的因素对后一活动造成影响。

（参见 Hudson，1996）和犯罪预防的对象而出现，专业的评判眼光开始取代了公众的评价视角（如展示台）。犯罪人如今被认为是一个亚人种，针对他们的异常行为特征和天生犯罪倾向，需要建立相应的预防和矫正的制度体系。19 世纪后半期，英国在历史上首次出现犯罪人的数量不断下降，犯罪统计数据呈平稳状态的现象。这都说明维多利亚时期的“反罪战争”获得了成功。尽管如此，被投入监狱的重新犯罪人的数量仍然在上升。正如埃尔姆斯利所言，重新犯罪的上升被看做是监狱制度在阻止和改造犯罪人方面的彻底失败。这一问题致使我们不断改变着对职业犯罪人的理解。职业犯罪人称不上是一个“阶级”，而似乎将其视为一个背后有强大支持的坚强的核心力量更为恰当，而其背后的支持力量就来源于由那些不善于谋生并难以应对现代生活压力（尤其是现代都市生活的压力）的人群所组成的庞大的社会群体（参见 Elmsley，1994：175）。这种理解上的变化被普遍地采纳于政策的制定之中。对犯罪人的矫正越来越多地将目光投注到特殊个体的需求上来。于是，1887 年引入了对初次犯罪人的缓刑制度，继而在 1908 年，为青少年犯罪人建立了少年犯教育感化院，鼓励采用“治疗学”的科学体系对青少年犯罪人进行矫正（参见 Wiener，1990；Elmsley，1994）。如哈德森所说，（1996：124）福柯把这样一种学说的发展放在了一个更为宽广的政治经济权力体系之中，使我们能够把它们看做是“正常化”这一现代主义犯罪预防计划中的一部分。犯罪预防所关注的焦点是与犯罪行为相对应的行为人，其目标是要将其塑造成为一个正常的、社会化的新个体。福柯和他的支持者们，如罗斯（1989），也许会因为将这一学说夸大成为“全能的”理论而深感愧疚，但特别重要的是，我们应该注意到，现代主义背景下的实证主义犯罪预防理论总是会受到其他理论［如在刑事司法体系中以法律为导向的（新）古典主义、以报复为导向的保守主义、以行政为导向的实用主义等］的考验和争议的。

20 世纪心理学实证主义与社会学实证主义

以康复性治疗为主的犯罪预防

自 19 世纪末到第二次世界大战期间，发展于英国和其他西方国家的科学实证主义犯罪学理论主要采用了医学心理学的方法进行研究。它关注的是犯罪人或违法者个体，并与戴维·加兰（1994：53）称之为“刑罚—福利”模式的行为矫正主义[①]观念紧密联系。这种控制犯罪的“刑罚—福利”模式不仅以决定论和病理学的思想为基础，而且以个人主义的基本假设[②]为前提。这一理论还假定了一种核心角色的存在，它表现为经过国家授权的对社会生活领域的干预不断扩大的力量，它一方面是强有力的，另一方面却又表现为仁慈的家长式角色。在 19 世纪末和 20 世纪初的英国，正如其他现代国家一样，我们看到了实证主义哲学和犯罪预防实践的产生和发展，我们称之为对犯罪人的“矫治”。犯罪人，正如残疾人等其他非正常人一样（参见 Hughes，1998a），是“需要治疗的个体”。戴维·加兰（1985）指出，从 1895 年“格拉德斯通监狱改革委员会”成立到第一次世界大战这段时间，代表了维多利亚时期从犯罪控制的单一模式向新的更加注重个

---

① 译者注：矫正主义犯罪学，是一种在 20 世纪 70 年代之前占主流地位的犯罪学理论。该理论认为，犯人是弱势或社会化不良的人，因此国家有责任通过社会和刑罚政策采取治疗式的积极行动，使偏差者复归到社会中。这一建立在“刑罚—福利”主义基础之上的思想强调自由、人道与宽容。可参见：戴维·加兰（David Garland）：《控制的文化——当代社会的犯罪与社会秩序》（The Culture of Control—Crime and Social Order in Contemporary Society），周盈成译，中国台湾巨流图书有限公司 2006 年版。

② 译者注：个人主义的基本假设即认为个人先于社会而存在，个人是本源，社会、国家是个人为了保障自己的某种权利或利益而组成的，除了个人的目的，社会或国家没有任何其他目的。

体控制和预防的模式的重要转变。这一模式上的转变，其影响不仅仅局限于监狱内对在押犯的改造，而且在后来的几十年里影响到了整个社会控制体系中犯罪控制和预防的效果。

正是由于这一背景环境的变化，帮助我们解释了“医学—福利”型专业化犯罪预防机构不断增长的原因。在20世纪中，这些机构是伴随着对“问题家庭”作为青少年违法犯罪的主要原因这一认识的不断具体化而形成的。很明显，国家越来越多地掌握了必要的知识，肩负起组织制定社会控制计划并将之付诸实施的责任，并通过犯罪矫正（包括个体化的矫正和心理学的治疗），最终实现对犯罪的预防。一个更为复杂的针对违法犯罪人口的分类预防系统出现了。此外，根据加兰的说法（1985），他将这一犯罪预防系统分为三个不同的部分，并分别将之称为“正常化机制”、“行为矫正机制”和“犯罪人隔离机制”。“正常化机制”所针对的是社会危险性相对较轻的犯罪，目的是要按照一个“善良公民”所应具备的条件来改变其禀性并树立其品格。因此，教育改造在刑事司法程序的各个阶段都充当了越来越关键的角色。由于“正常化机制”的不断兴起，导致了一系列彼此竞争却又相互联合的专业性技术实体在法庭诉讼过程中越来越具有发言权（如精神病医院、社会工作部门等）。“行为矫正机制”被广泛地应用于一系列的新设立的犯罪预防机构当中，专门针对那些通过“正常化机制”所无法改造的犯罪人而设计的。这样的机构，如针对青少年犯罪人而设计的教育感化院，提供了一系列的矫正训练措施，此外还包括教育感化措施以及具有可操作性的“治疗”和“恢复”的观念等。最后，“犯罪人隔离机制”——也就是监狱——是专门针对那些拒绝接受改造或者无法认同国家用以维持社会治安的规则体系的犯罪人设置的。监狱在这一过程中扮演了从“行为矫正”到“人身隔离”的角色转变（参见 Garland，1985：238—44）。

在20世纪30年代的英国，有关犯罪原因和犯罪预防的心理学研究和精神病学研究的影响力与日俱增，这进一步推动了有关犯罪人的个体化预防措施的发展。西里尔·伯特（1925）等心理学家们的研究表明，人们越来越明显地发现，诸如“有缺陷的家庭关系”、“特殊类型的人格”、“异质的性格”等这些可以衡量的因素与青少年的违法犯罪行为之间具有很大的相关性。这有助于减少人们对诸如“贫穷”这样的结构性因素的强调。在此意义上说，犯罪控制的含义即是每个青少年犯罪人都需要到心理诊所接受诊断，然后根据每一不同个体的具体情形设计相应的治疗计划。这一犯罪矫正思想总是会受到刑事司法领域中“正义”观念的挑战（如古典主义犯罪学家的观念，以及宗教和道德上的要求等，在此问题上从来都没有真正消失过）。但显而易见，实证主义犯罪学理论关于犯罪矫正的观念对国家的社会控制策略，尤其是针对青少年违法犯罪的控制策略，产生了越来越大的影响（参见 Muncie，1998）。我们可以从 1933 年的《儿童与青少年法案》进行分析，它突破了关于“青少年失助”与“青少年违法”的范畴，可以看出实证主义犯罪学理论在制度性表达中的影响。这一时期的实证主义心理科学理论得以兴起，并通过行为矫正模式被运用到犯罪控制和犯罪预防的领域中来。

这样的发展趋势一直持续到了第二次世界大战后。莫里森把实证主义心理学的发展描述成为“灵魂的实证化”，“谈到人类拥有灵魂曾经是很平常的事，而实证主义的研究将之归结为精神健康的问题”（参见 Morrison，1995：139）。第二次世界大战后一段时间内，在英国，在如鲍尔比和艾森克等心理学家们富有影响力的研究基础上，研究者作出了一个这样的假定，即遵守法律的行为被认为是正常的，而由某些特定的病理学意义上的因素导致的对法律的破坏行为被认为是不正常的。因而，心理诊所的空前繁荣，正是实证主义犯罪学知识体系在制度层面上的表达，并被认为是解释问题人群心理机能的最好方法。正如莫里森所主张的，构建这一知识体系的目的是使“优生学”意义上的“健康者”得以具象化，并同时消除人类社会中的病理因素（参见 Morrison，1995：163）。

社区发展与犯罪预防：芝加哥计划

伴随着心理科学的持续增长，实证主义犯罪预防理论关于“治愈犯罪人的病理因素”的主张得到了来自美国和西欧社会学实证主义研究的进一步肯定。这一实证主义的模式主要关注的是犯罪背后的社会病理因素或群体病理因素，尤其是引起犯罪和秩序破坏的“社会解体”因素。所以，社会学实证主义理论强调社区发展，并为“弱势群体”和“无组织群体”提供各种机会，这将会成为一种消除社会“病理因素”的最佳方案，从而有效地预防犯罪的发生。

从20世纪20年代至今，芝加哥社会学学派代表着20世纪最著名、最具影响力的社会学实证主义研究团体（参见 Shaw and McKay，1969）。这一学派的成员试图创制一个科学方案来解决现代城市中秩序的破坏和社会的不稳定等诸多问题。他们从生态学家们的研究中获得灵感，建立了被普遍称为“社会生态学”的研究方法。生物科学领域里这一生态学研究方法突出强调了这样一个规律，即动植物适应广阔的自然环境的关键在于，在一个生长区域内通过有序的分布来实现。芝加哥学派的社会学家发现在城市中存在相似的过程，他们将城市人口划分为相互竞争，为争取社会空间而奋斗的不同群体，从而为了使这些群体都能在不同的领域中、不同的工作岗位上发挥各自的社会功能，就要提供给他们必要的社会空间（参见 Morrison，1995：243—9）。根据芝加哥学派的调查数据显示，在美国的大城市中，违法犯罪者往往集中居住在城市中那些房租低廉、生活设施较差的地区，这就是发生在市中心的情形。在这些地区——通常被称为“过渡区”——还存在人口迅速流动的特点，这无形之中导致了

“社会解体”的病理因素。由于这种社会病理因素的存在，儿童不能得到充分的社会化并受到良好的教育和管控，所以，违法犯罪的习惯得以形成并有可能发展下去。从社会学实证主义这一角度看来，有效的犯罪预防不得不关注那些决定城市居民犯罪倾向的病理性社会因素。这个理论反映了有关犯罪起因的“社会病理模式”和有关犯罪预防的“社会健康促进模式”的繁荣。因此，在芝加哥学派的研究和政策制定的背后蕴涵着这样的主张，即犯罪预防的目标是要“治疗”和“改造”社区，而不是针对个体。

蒂姆·霍普（1995）认为，芝加哥学派在大西洋两岸创立的永存的犯罪社区预防遗产，是以“社区行动”或社区发展为理论根据的。这一学派的关键人物，如肖和麦凯（1969），发现社会化的无组织性的社区生活环境为其内部成员的违法犯罪提供了一个滋生的温床，他们极力设法研究出一种实际可行的方案，来改善社区的这一缺陷。由此而产生的犯罪预防策略开始关注某一社区存在的具体问题，并试图通过发起“社区建设计划”来弥补其“正常化”制度性架构的缺失。蒂姆·霍普（1995：27）指出，发起于1932年的“芝加哥社区计划”一直到今天，都是现有的社区行动和社区发展的模式渊源。在这一计划当中，设计出“儿童娱乐计划”、“社区环境改善运动”、“打击违法和犯罪团伙运动”等项目。这一系列项目的主要目的就是要为青年人提供一个实践机会，因为他们正处于社会化的过程中，这种实践就是要使他们成长为一名社区中成熟的，符合社会需要的“典范”成年人。如果这一计划取得成功的话，它将推动建立起一种能够自我更新的社区制度。在这一制度之下，尽管其成员可能发生不断的变化，但社区本身却不会受到外部干扰因素的影响。这是芝加哥学派自己设计的关于其是否取得成功的自我检测标准。正如蒂姆·霍普（1995：29）所言，芝加哥社区计划虽然没有通过自己的检验，但是这一计划对今天如英国这样的国家的城市社会犯罪预防策略的影响却从未停止过。这在20世纪60年代至70年代中表现得最为明显（参见Hope and Shaw，1988）。

第二次世界大战后英国社会民主实证主义所取得的成绩

回顾历史，通过犯罪治理、犯罪矫正和社区发展来实现犯罪预防的模式，作为20世纪中期犯罪学发展史上的一个鼎盛时代而出现。第二次世界大战之后，社会民主主义福利国家在英国出现（参见Hughes，1998b），无论是心理学的研究还是社会学的研究，实证主义犯罪学关于犯罪和犯罪预防的思想，是作为社会民主重建进程中福利国家计划和政府机构体系的一个组成部分的。一种被普遍接受的观点是，正是由于政治理想和科学方法的存在，在实质上不断地重构和优化着英国社会的各个领域。社会民主国家中新生的专业人员和管理人员肩负着对各个方面的社会弊端进行前摄干预的责任，而并非仅仅停留在犯罪矫治这一点上。实证主义犯罪预防理论，尤其是那些针对青少年违法犯罪和“问题家庭”的研究，是战后英国和众多西欧国家福利制度建立过程中的一个微小的却又意义重大的构成要素（参见McLaughlin，1998）。

这一福利国家的时期有时被描述为“流行病学时代”，因为如同在促进大众健康的行动中一样，社会民众在关注社会弊病的前提下，共同承担着对社会人口中部分特定人群进行前摄干预的责任。因而，犯因性家庭（“问题家庭”的典型例证）便成为实证主义犯罪预防模式的矫治对象。到20世纪60年代，英国已经建立了成熟的福利制度，民众（男性）实现充分就业，被剥夺感和机会的缺乏已经不能再看做是影响犯罪这一社会问题的核心因素。相反，犯罪问题的根源被认为存在于某些“问题家庭”的发展史以及其病理特征之内，它表现为一种基因式的人格缺陷，这一人格缺陷在家庭中从上一代人向下一代人传递。因而，违法犯罪行为被看做是在战后社会民主繁荣的背后，存在于特定工人阶级家庭中的暂时性的问题。福利国家新生的半专业化事务，如健康调查和社会工作等，也因此被认为是解决这一问题的至关重要的力量。它们的任务就是教育家庭如何培养儿童，并改造那些沦为“社会渣滓”的处在刑事司法系统管辖边缘的青少年。所以，如果欲解决犯罪问题，首先必须改造家庭。20 世纪 60 年代，尤其在英国，掀起了一场关于犯罪矫治的“非刑事化”运动，倡导把青少年法庭有效地改造成为家庭治疗诊所。结果，传统新古典主义理论关于犯罪控制政策的概念（罪犯、责任、负罪感、清白、刑罚、犯罪过错等）受到了围绕社会福利、犯罪矫治、病理易感性以及恢复性矫治等观念而形成和展开的一系列学说的质疑。在英格兰和威尔士，1969 年颁布的《儿童与青少年法案》包含了许多类似的原则（参见 Pitts，1996）。根据这一法案，10 岁到 13 岁的违法者或犯罪人将接受“治疗”而不是刑事诉讼。监护中心和青少年教育感化院将被废除，并由“中间处遇”中心取而代之。在这一机构中，心理学家是行为改造目标的主要实施者。

莉莉等（1995）曾经指出，我们不应忽视在犯罪预防领域内一些实证主义者的介入所作出的贡献。例如，行为矫治模式强调犯罪和违法行为的原因是可以改变的，所以“犯因改善行动”受到推崇。特别是，它暗示通过心理辅导和社会环境的稳定化来调整犯罪人所面临的心理上和社会中的困境，从而实现犯罪预防是完全有可能的，而不应是仅仅基于报应心理而进行刑罚惩罚。

犯罪矫治理论的衰落与复兴

在“矫治理论”被提出并占据统治地位的几十年中，实在不乏其批评者。到 20 世纪 70 年代，矫治理论走向没落。无论是左翼还是右翼的批评家们，都表达了对矫治理论的主张及其结论越来越强烈的不满。例如，许多评论者对其理论缺陷进行了批评，还有一些社会学家更关注在“犯罪矫治”这一处遇形式背后更广阔层面上的社会控制，并因此得出一些我们预期之外的研究结果（参见 Cohen，1974）。然而，最猛烈的攻击还是来自实证主义者的评论，该评论指出，不同类型的犯罪预防制度对犯罪人今后的重新犯罪率的影响之间的差别可以说不大甚至毫无差别。马丁森在 1974 年对美国 231 项犯罪矫治计划进行了考察，该研究表明，通过犯罪矫治来实现犯罪预防是收效甚微的，这一考察结论也已成为对该犯罪预防模式最著名的批判。马丁森所进行的研究的核心主张，是确立了犯罪矫治理论是“不起任何作用”的论断，这一论断也被看做是日后评论者对犯罪矫治理论体系的主要批判。随着此类批评的兴起和犯罪矫治理论的破产，建立在“唯惩罚论”基础上的“刑罚主义”和“新古典主义”得以复兴，对这些理论的再探讨也取得了长足的发展。在美国，如詹姆斯·威尔逊（1975）等一些犯罪学家，作为复兴运动者的代表，站在了关于刑罚争论的最前沿。20 世纪 80 年代，无论是在英国还是美国，在这样一个知识体系的反作用力支撑之下，一个旨在重建法制体系和社会秩序的新保守主义政治观占据了理论的前沿。从而取代了通过犯罪矫治和犯罪改造来实现预防犯罪的模式，主张通过有选择地确立预防对象和对罪犯犯罪能力的剥夺来实现对犯罪的预防和控制，这才是最应该做的（部分得通过政府的政策来得以实现）。你一定还记得我们在第 1 章中讨论过的“刑罚民粹主义”对于法制体系和社会秩序的构建发挥的持久的重要影响。

让我们回过头来看看“矫治理论”的命运吧，博特姆斯（1980：9—10）很自信地断言：

现在没有人真正认为（如他们曾经经常认为的那样）“犯罪矫治”对犯罪率的总体下降和惯犯的重新犯罪率的降低存在任何价值。伦理的缺失和其他社会问题仍然是“矫治理论”需要面对的最为重要的问题；但从我们关于刑罚制度的整个计划的目的来看，矫治理论看起来无法真正地实现复兴。

然而，从20世纪末期开始，出现了一些有利于该理论的情况，使我们感到这样漠视矫治理论和相关犯罪改造策略显得有些轻率。有证据表明，实证主义在20世纪末期关于犯罪预防的理论仍然表现出了持久的吸引力。最近，还重新燃起了用医学方法处理犯罪和违法行为的兴趣。不仅如此，生物学和社会心理学决定论在目前关于青少年犯罪和违法行为的诸多研究著述中涌现出来。例如，我们接受了一个越来越流行的概念“犯罪前兆”。所谓犯罪前兆，是指行为人在作出任何违反法律规定的行为之前，其违法犯罪动机已经形成，某种征兆的出现则表明某个青少年将无情地走向违法甚至很可能走向犯罪（参见Johnson，1987：2）。在这一“科学”发现的基础上，实证主义犯罪学家声称，能够辨认、预测，甚至还有可能控制影响未来犯罪的心理因素和社会因素，也即我们常常称之为“危险因素”和“保护因素”（参见Farrington，1994）。

我们现在来关注一下后现代性阶段，可以被称之为“实证主义再生”的两个相互关联的路径：一个是“犯罪基因学说”①；另一个是“发展式犯罪预防”。发展式犯罪预防是一种建立在对现实的或潜在的违法犯罪行为进行社会心理学图谱分析基础之上的学说。这里指的是广义上的心理学图谱分析，它不同于在法院进行公开庭审时心理学家们对于连环杀

---

① 译者注：犯罪基因（genetics of offending）学说起源于“行为基因学”理论，持这一学说的学者通过大量的调查试验，发现同卵双生的双胞胎在被分开抚养或非亲属一起抚养的情况下，其拥有共同犯罪行为的概率是50%，而异卵双生的双胞胎则只有21%。还有试验表明，有犯罪史的父母的亲生子女比非亲生子女犯罪的可能性更大。因此，推论出犯罪行为与基因相关。近几年，科学家都用基因分析法对同性恋、吸烟、离婚、自杀、精神分裂症、酗酒、羞怯、政治自由主义、智力以及犯罪行为进行了解释，但直到今天，对人的侵犯性和暴力性进行生物研究，仍然存在很大争议。可参阅Francis Fukuyama：Our Posthuman Future：Consequences of The Biotechnology Revolution。

手在粗略推理基础上所进行的惊险设计（如 Holmes and Holmes，1996），这还成为英国电视戏剧《解密高手》中的虚构素材。这里讲的心理学图谱分析主要是和早期干涉主义者和多因素论者针对有犯罪危险的儿童和青少年所作的分析有关。

犯罪性的新基因理论

当代犯罪学界，用生物学和基因学的理论解释犯罪行为这一研究模式的主要倡导者是萨诺夫·梅德尼克（参见 Mednick et al.，1987）。具体而言，梅德尼克和他的同事们声称在犯罪者体内发现了一种物质，他们称之为遗传“自主神经系统”（ANS），并且发现，这类人对周围环境的刺激缺乏敏感性。这种缓慢的刺激不太可能促使这类人形成能够遏制其反社会行为的必要的反应。这一确定性的解释在政策表达中的含义很明显：如果隔离监禁可彻底消除对自主神经系统的影响，那么，对于屡教不改和危害性极大的犯罪人的犯罪预防就明显优于“犯罪矫治”，这看起来才是预防此类犯罪的唯一有效策略。这一研究似乎向我们传递了一种信息，即在本书创作时，美国的监禁计划还是存在着深厚的民意基础的。

近几年，在关于犯罪和犯罪预防的研究领域，生物学和新达尔文主义思潮的复兴达到了一个高峰，这使得美国国家研究委员会作出一项决定，即赞助一个研究项目，这一研究项目将用15年的时间对可能存在的大约十万种基因进行研究。根据这一研究日程安排，预先对基因的探测与干预将成功地预防犯罪结果的发生（参见 Lilly et al.，1995：208—9）。对于有关犯罪和暴力行为的神经科学研究，美国的评论家汤姆·乌尔夫给予了进一步的民众式的支持。乌尔夫（1997：7）对美国国立精神健康暴力倾向研究所研究人员的突破性研究做了如下概括：

这是一个实验性的计划，它首先提出了一个假设，即人类好比是丛林中的猴子。美国诸多的犯罪人所实施的残酷的伤害人身的犯罪都是由一些青年男子所为，而他们身上则隐藏着具有犯罪倾向的基因，也正是这些基因在发挥作用；简言之，这些人注定会犯罪。在丛林之中，与人类的亲缘关系最为密切的动物——黑猩猩，看起来也只是那些少数基因失常的年轻的雄性黑猩猩肆意地谋杀了其他雄性黑猩猩，并侵害雌性黑猩猩。假如在人类社会中同样也是如此，那该怎么办呢？假如在一个特定的社区里，结果是带有有害基因的少数青年男子使得暴力犯罪的数量达到如此之高，那又该如何呢？如果这种暴力倾向是可以预知的，那么在其还是孩童的时候，就可以在特定场景之下，在特定的时间，通过特定的方法，用药物对他们进行医学上的治疗。

用丛林这个比喻来描述这一时期犯罪猖獗的美国（19 世纪，种族主义者的分析将犯罪和无序作为美国的一个特点），也因而遭到了（显然是科学的）批判。

此时，我们也许会发现，在关于犯罪防控的新基因学与科幻小说中看来虚幻的未来世界之间存在着某些相似之处。举一个科幻小说中的例子，在小说《一项哲学调查》中，菲利普·克尔讲述了一个扣人心弦的故事，故事发生在 21 世纪，在有关连续性性犯罪者的犯罪预防的研究上，一个基因学研究的科学计划取得了突破。小说中的这个科学计划也就是我们所熟知的“龙勃罗梭计划”，即“通过脑髓共振波对大脑进行扫描以实现定位矫形”。克尔的故事中，在 21 世纪最初的十年里发明了一台机器，这台机器能够检测到哪些男性的大脑中缺乏可以阻止“性别二型神经元”（SDN）产生的“下丘脑腹内侧核神经元”（VMN）。“性别二型神经元”是男性大脑的视觉前区域，它是男性攻击性反应的根源所在（参见 Kerr，1992：42）。由此，克尔设计了一个通过社会和经济的衰退来解释犯罪的构想，并设想了一个在犯罪预防和社会控制领域，基因决定论取得了确定而又普遍的主导地位的未来场景。随着所有公民的身份证中都包含了其个人基因图谱，克尔大胆地预言了一个新世界的景象，在这里，机器得到了适当的应用，使政府能够对个体进行跟踪，并在其尚未实施违法犯罪行为之前阻止他。

通过基因探测来对犯罪行为进行研究的模式并不新奇，同时也并非仅仅是在科幻小说中才可以找到的内容。这一模式改变了以往的具有久远传统（当然，已经走向衰落）的通过医学上对个体病理缺陷的识别来实现对违法行为和犯罪的矫治和控制的模式，而且成为20世纪早期“优生学”理论的组成部分（参见Hughes，1998a：68—74）。优生学自称是研究如何改良人种的一门学科，尤其是主张通过对生育的选择优育来建造一个“优秀的种群”，从而避免外来移民和犯罪分子（这两类人往往受到同样的对待）对种群血统造成“污染”。按照这一理论，一些特定的人群被视为在基因上是存在缺陷的，并且这些缺陷是无法改变的。诸如赤贫者、外来人种、智障者、有犯罪倾向者和道德感缺乏者等。因此，这样一些存在“缺陷”和“危险”的人群很可能会对道德体系和社会秩序造成破坏。尤其是，他们还很可能会再繁育出更多的存在缺陷和危险的人群。无论是在过去还是在现在，与其他医学研究和科学干预研究相比较，优生学被认为很少将个体作为研究对象，当然也包括对个体的矫治问题。相反，优生学关注的是，如何实现对整个人群进行重组和重构，这一理论在纳粹时期的德国发挥到了最低劣的程度。到1939年时，大约有40万人被强制实施绝育，而在1939年之后，由于安乐死计划的施行，大约有20万残障人因之失去了生命。这一计划同时还导致了对犹太民族进行的大规模种族灭绝行动，以及其他一些纳粹化国家实施的血腥屠杀（参见Proctor，1988；Morris，1991）。优生学声称，尤其是关于“心智缺陷”是人类生命的一种劣等和危险的形态这一观念，并非仅仅局限于纳粹德国这样一个特例。与优生学相关的思想在当今仍时有浮现，20世纪晚期，在对基因检测进行的争论中，出现了被称为“新优生学”的观点。上述的“新优生学”观点主张把基因视为决定人类的各种感受和行为的第一原因，并假定人类的社会活动均是由遗传基因造成的。通常社会科学学者在对这一过程进行描述时，将之称为“生物决定论”。

这场关于优生学的争论一定会提醒你对某种重要关系保持警惕，即关于身心存在缺陷的人群在医学科学上的分类界定和对问题人群的社会控制策略的日益丰富之间的关系。纵观20世纪，围绕对“阶级对抗”、“种族混杂”、“控制失效”和“危险人群”等问题的恐惧而产生了越来越多的争论，而医学研究在这一争论过程中扮演了一个意义重大的角色。不仅如此，借助于我们对“新优生学”的复兴所进行的简要讨论，我们还应注意到，关于优生学理论的争论不断升级并不仅仅是出于人们传统式的好奇心，而且再现了当今关于一个假想的“社会底层”的争论。

发展式犯罪预防理论

现在，让我们来考察一下发展式犯罪预防理论的兴起。对这一理论的研究著述大多与大卫·法林顿（1992，1994）的社会心理学实证主义研究密切相关。法林顿研究的出发点是，违法行为是在儿童时期出现的，并可能持续到成年时期的一种反社会行为综合征（综合征是一个医学术语，即表明某一状况或问题存在的一系列的症状）中的一个组成部分（1994：510）。此外，他认为，违法行为在某一个体身上的早期表现意味着他漫长和严重的犯罪生涯的开始。因为在其体内存在着被法林顿称为“犯罪人潜能”的因素（1994：566）。在实证主义犯罪学研究传统中，法林顿指出，在“惯常犯罪人”和“职业犯罪人”体内可能存在一种“反社会人格综合征”，如欲对其进行有效的预防和矫治，则需要我们进一步的深入研究。在同样的研究规划之中，特伦布雷斯和克雷格（1995）指出，有三种主要犯罪危险因素存在，分别被称为“社会破坏行为”、“认知缺陷”和“不良家庭监管”。到目前为止，通过对青少年违法犯罪人进行的小规模试验，特伦布雷斯和克雷格声称，当研究的目的不仅仅是针对某一个危险因素，而且能保持较长时间的时候，一项成功的干预往往会取得有建设性的结果，尤其是当研究对象处在青春期之前来实施这一干预。除此之外，关键是在缩减开支和迷信预算的年代里，特伦布雷斯和克雷格指出，这样的实验通过实施修复性干预，会为将来的治疗和矫正节省开支（p. 225）。

因而，发展式犯罪预防研究对 20 世纪 80 年代至 90 年代由英国内政部发起的“目光短浅、视阈狭小”的仅以政策为导向的犯罪预防研究进行了批判（参见本书第 4 章）。相反，其设想了一个旨在对潜在违法犯罪者进行长期的调查研究的计划。另外，法林顿实验性地将降低犯罪数量这一目标与其他“社会病态”的减少联系起来，如酗酒、吸毒、性乱交、家庭暴力、旷课和辍学、失业、婚姻不和谐等（1994：569）。正如 19 世纪人们对“社会渣滓”和“危险人群”产生的恐慌那样，我们再一次看到，在 20 世纪末期，犯罪预防计划又被投入到抵制当前扰乱社会秩序的不良因素的浪潮中去。

倘若这些为数不多的惯常违法犯罪者能够在早期被辨认出来，那么一种值得一试的犯罪预防模式就会在自愿的前提下对其实施预防措施。在其 10 岁左右的时候，在对其反常行为和其他可知数据进行分析的基础上，对其外在特征进行识别。这一设想虽然实施起来很困难，但却是可能的。

关于实证主义犯罪预防理论的批评性评价

由于实证主义理论在解决犯罪预防的各种具体方案上具有相同的规划，所以对它们进行恰当的评价不是很容易。相反，在实证主义犯罪学研究中，各种不同的理论和研究方法之间既有相同之处，也存在着重要的分歧。在对此问题进行简短的评价时，我们首先来讨论一下关于实证主义犯罪预防理论中的一些具体的问题，如主要的“亚人种”问题。我们将在本章结束的时候，对这一研究范式中的一般的、基本的假设进行评价。

我们已经注意到，英国在犯罪预防领域的最主要的评论家之一——托尼·博特姆斯把建立在社会心理学实证主义基础上的发展式犯罪预防视为继“情境预防”和“社会（社区）预防”之后的预防犯罪的第三种模式。正如托尼·博特姆斯（1990：15）所言：

倘若这些为数不多的惯常违法者能够在早期被辨认出来，那么一种值得一试的犯罪预防模式就会在自愿的前提下对其实施预防措施，在其10岁左右的时候，在对其反常行为和其他可知数据进行分析的基础上，对其外在特征进行识别。这一设想虽然实施起来很困难，但却是可能的。

社会工作者和心理学临床医学专家们所进行的犯罪预防研究和干预性犯罪预防实践都是围绕降低犯罪风险因素和增加社会保护因素而展开的。唐瑞和法林顿（1995：10）指出，正如莎士比亚所敏锐洞察到的，“儿童是成人之父”①。从发展式犯罪预防模式的支持者的著述中，我们也许会注意到其某种程度的自我宣传。例如，唐瑞和法林顿（1995：10—11）认为，“发展式犯罪预防是犯罪预防的一个新领域”，“从事理论研究的学者们应该将更多的注意力投入到违法犯罪者之间的个体差异上”。作为实证主义犯罪学的一个新兴的分支，其信条具有异乎寻常的实践意义，犯罪预防策略的设计应该建

① 译者注：“儿童是成人之父”（the child is father to the man）本出自19世纪英国消极浪漫主义代表作家威廉·华兹华斯（William Wordsworth，1770—1850）的一首哲理诗《我心跳》。而莎士比亚的句子应该是“It is a wise father that knows his own child”（莎士比亚：《威尼斯商人》）。

立在广泛的理论研究的基础之上，主要是关于个体的犯罪潜能的发展变化，以及在存在犯罪机会的情境中，潜在犯罪人和潜在受害人之间的相互作用（参见 Tonry and Farrington，1995：11）。

实证主义社会“控制理论”的倡导者赫希（1969；同时参见 Gottfredson and Hirshi，1990）的研究进一步支持了这一关于违法犯罪和预防技术的解释。在赫希的研究中，有关犯罪的视角恰恰与传统研究相反。赫希的研究导向不是为什么人们会犯罪，而是为什么人们不是普遍都犯罪。因此，赫希认为，青少年违法犯罪行为是由于个体与社会之间的联系纽带受到削弱而导致的，这一纽带由四个部分构成，即依赖、责任、参与和信仰。基于这一观点，当这种纽带变得薄弱时，犯罪预防有义务承担起重建这一纽带的诸要素所必需的责任。控制理论倡导者已经指出，犯罪的根本原因在于特定个体自我控制机能的缺乏，同时，还在于特定社会机构的社会控制机能的缺乏，尤其是自从 20 世纪 60 年代那个“放纵的时代”以来。戈特弗里德森和赫希强调，形成自我控制机能的至关重要的因素是，在个体的儿童时期能享受到一定的家庭培育。然而，倘若在其儿童时期，家长在对孩子的培育问题上疏忽大意，抑或没有给予孩子有效的良好抚养，他们往往会表现出“易于冲动、感觉迟钝、拜物的（相对于精神）、喜欢冒险、日光短浅、不爱说话，所以他们很容易参与犯罪和类似的行为”（戈特弗里德森和赫希，1990：90）。正是由于一种成功的犯罪预防模式的创建势在必行，所以，控制理论的倡导者将家庭视为实施有效干预的关键场所。用一个贴切的比喻来说明，“家庭是避免孩子参与犯罪的‘保育箱’和‘免疫药’”（参见 Lilly et al.，1995：105）。

控制理论的政策意旨同干预计划并非相差万里，该计划与 20 世纪早期的社会—心理实证主义的转向有关（尽管控制理论明显表现出对犯罪原因考察的不屑一顾）。由此我们能够认识到，犯罪学和犯罪预防在理论化的过程中遵循着一个定律，即奥马利（1997：256）所说的，“一种理论总是在消亡和复兴中实现其自身的历史发展的”，这是正常的状况而非例外。

20 世纪 90 年代中期，在英国，认知—行为主义心理学[①]学者和临床医学学者的研究，导致了审查委员会在其 1996 年的报告中发表了一项关于青少年犯罪的被广为宣扬的呼吁，即要对刑事司法体系在面对青少年犯罪人时所采取的传统犯罪预防策略进行根本性的反思。据审查委员会所言，由心理学家们所进行的研究工作和其所设计的早期干预治疗计划似乎突破了传统的犯罪预防模式，摒弃了传统模式中对违法犯罪者通过法庭审判和临时监禁这一代价高昂而又收效甚微的模式，并在此基础上构建了一种新型的犯罪预防模式。特别是审查委员会高度赞扬了作为临床医学家的研究者的著述，并由法医临床心理学家约翰·麦圭尔（1995）将这些著作进行了编纂，合为一卷。其中，通过对大量的案例进行分析，表明实施了干预性犯罪预防措施的情况较之没有实施干预或

① 译者注：认知主义心理学起始于 20 世纪 50 年代中期，60 年代后得到迅速发展。1967 年，美国心理学家奈瑟（U. Neisser）的《认知心理学》一书的出版，标志着这一学派理论的成熟。20 世纪 70 年代，认知心理学成为西方心理学的一个主要研究方向。在心理学研究对象上，认知心理学的研究重点是内部心理过程，主要是认识过程，如注意、知觉、表象、记忆、思维和语言等。在研究方法上，认知心理学则既重视实验室实验，也重视主观经验的报告。广义的认知主义心理学还应该包括皮亚杰（J. Piaget）的发生认识论，他把人的认识发展看成是一种构建的过程，并仔细研究这一过程的发展阶段。狭义的认知心理学，是指用信息加工的观点和术语解释人的认知过程的科学，因此，也叫信息加工心理学。行为主义心理学是 20 世纪初起源于美国的一个心理学流派，它的创建人为美国心理学家华生。行为主义观点认为，心理学不应该研究意识，只应该研究行为。所谓行为，是指有机体用以适应环境变化的各种身体反应的组合。这些反应不外是肌肉收缩和腺体分泌。它们有的表现在身体外部，有的隐藏在身体内部，强度有大有小。

者惩罚的情况更为有效。作者们称，通过运用“元分析”[1]（一个用来通过统计技术考察大量已有研究的方法）这种现代流行技术对心理学的研究，其结论支撑了提倡矫治处遇的观点。从支持者的观点来看，元分析似乎提供了“明确的证明……矫治计划确实发挥了作用”（参见 Hollin，载于 McGuire 主编的书中，1995：ix）。我们看到，他们大胆地重申了他们的主张，某种特定的犯罪预防措施确实对降低重新犯罪率发挥了积极的作用。特别的预防计划被引述作为犯罪预防实践中的典范，如“相依强化”[2]、“强化与家庭规约”以及“通过实施家庭教育计划以达到矫正并减少盗窃和攻击行为的目的”。总之，他们认为，犯罪干预也许不会反映在目前的刑事司法实践当中，但因为其具有科学的基础，在某种意义上，我们至少可以亲眼见到其“对死亡的遏制”（参见 McGuire，1995：25）。

在迄今为止的讨论中，我们可以明显地看到，实证主义犯罪学理论，无论其所关注的焦点是生物学的、（社会）心理学的或是社会学的，其影响力仍然巨大（参见 Cullen and Gil-

---

① 译者注：元分析，是指以综合已有的发现为目的，对单个研究结果进行综合的统计学分析方法。在自然科学中，元分析，是指将物体划分成有限个单元，这些单元之间通过有限个节点相互连接，单元被看做是不可变形的刚体，单元之间的力通过节点传递，然后利用能量原理建立各单元矩阵；在输入材料特性、载荷和约束等边界条件后，利用计算机进行物体变形、应力和温度场等力学特性的计算，最后对计算结果进行分析，显示变形后物体的形状及应力分布图。在社会科学中，元分析，是指在传统的文献综述的基础上发展起来的一种新的将定性分析与定量分析相结合的文献综合方法。该方法能较好地克服传统文献综述的种种问题，但也存在综述研究所具有的一些难以克服的通病。元分析在国外已经得到广泛应用，但在我国的社会科学研究中还很难见到有人使用该方法，不少学者对其还缺乏了解。同时，元分析也容易被误用。除了下列专用软件之外，通用软件如 Stata、SAS、SPSS、R、Splus、WinBUGS 等，也有一些模块或宏命令，能够进行元分析。

② 译者注：相依强化（contingent reinforcement），是指当某个反应专门与某个强化物的获得有关时，我们就称这个强化物与该反应相依，即某一反应和它所产生的环境变化之间的一致性关系。

bert，1982）。正如曼西等人所说的（1996：xviii），他们之所以能保持这样的影响力，其原因在于他们超越了现代主义者对犯罪问题的关注范围，将对犯罪问题的研究用一些可以量化的、客观的标准来分析和解释。他们还坚持认为，一些人是因为同时受到一系列的决定性因素的驱使而实施的犯罪，那么，矫治和遏阻这些根本性因素就是有可能的。

最近，一些关于犯罪预防的实证主义研究采用了生物学主要是基因学的研究方法。这一转变将会带来一些潜在的忧虑和伦理的危机，这与20世纪初早期研究者对待“能力不足者”和“有缺陷者”所采用的优生学解决方案有诸多历史相似之处（参见Hughes，1998a）。例如，按照皮斯的观点，所谓的“不可救药”和“基因犯罪人”将会被处以非常严厉的监禁判决，就像是为保护易受犯罪感染人群而采取的某种隔离措施一样（参见Pease，1994：668）。简言之，生物学实证主义的研究传统是能够忽视“隐性犯罪”问题的。同时，它还忽略了隐含在所有绝对论者关于“犯罪”的定义之中的一个问题，即违法行为应被看做是特定环境下的一种违背法律的表现形式，而犯罪本身也是由社会结构所决定的。这一点得到了倡导标签理论①的激进社会学学者的大力推崇（参见Becker，1963）。

当我们审视预防犯罪行为的“发展式”心理学预防模式时，我们也许会扪心自问，这个策略有多新？20世纪初期，

① 译者注：标签理论（labelling theory）是以社会学家莱默特（Edwin M. lement）和贝克尔（Howard Becker）的理论为基础而形成的一种社会工作理论。20世纪60年代初期，美国开始盛行标签理论，对于实证犯罪学所认定的犯罪原因是受遗传及环境的影响，深表不以为然，且认为每一个人都有“初级越轨”，但只有被贴上“标签”的初级越轨者才有可能走上“越轨生涯”。一个人被贴上标签后，便会产生烙印效应，并自我修正为犯罪人的形象，因此，开始脱离社会，加深本身的犯罪性，最后成为真正的犯罪人。例如，一个人被逮捕拘留后，对其心理将产生莫大负担。若是被判有罪而服刑，对于家庭及个人更会产生巨大打击。服刑归来后，对其回归社会也会产生不良影响。同时，也难免在服刑中感染一些不良恶习。因此，社会工作的一个重要任务就是通过一种重新定义或标定的过程将那些原来被认为是有问题的人恢复为“正常人”。

社会民主主义对待下层人群所采用的政策似乎与此有明显的相似之处。这些社会民主主义政策集合了社会保险、社会福利和社会矫正等政策，这一切都旨在创造一个文明的、自觉的新型市民社会（参见 Stenson，1991：27）。当我们考虑对儿童进行早期的家庭干预时，是否感到是 19 世纪“拯救儿童”计划的复兴呢？这没能够“帮助”那些有需要的年轻人和家庭，预防性干预和监控反而有可能导致他们承受更大的耻辱和犯罪化，因为在刑事司法体系中的这部分人受到了早期的“传染”。正如法林顿、赫希和戈特弗里德森、麦圭尔等评论家们所指出的，认知—行为主义心理学研究中一个严重的缺陷在于，卡瑞（1985）所描述的“自律的谬误”。根据这个谬误，家庭中所发生的一切就能够与影响它的外界力量区分开来。通过在家庭发展史当中寻找犯罪原因和预防犯罪的策略似乎减弱了更广泛的社会力量所带来的潜在的决定性影响。有些问题是我们必须关注的，如我们可以忽视整个社区中社会网络的瓦解所带来的结果吗？笔者认为，由于最近几十年中英美等国家实行市场化的经济和社会政策，使大量的失业人口出现，这些变化已经使青年群体处于一种危险的境地。

比起个体心理学实证主义，托身于芝加哥学派之下的社会学实证主义不必因为忽视了这些更为广泛的问题而太过自责。然而，当我们使用如“社会病理学”和“社会解体”等概念时，仍旧是将它们建立在一种将犯罪及犯罪预防比拟为疾病与治疗的研究模式之上，这是实证主义研究普遍存在并且反复出现的弊端。这些研究还会将某些社区的解体问题用病理学的术语来表述，称之为“紊乱”，并把这样的社区设想成一个饱受近来人种学研究责难的散乱的家庭集合体，是一个犯罪高发的人群（参见 Hope，1995：69）。最后，我们可以看到，在大西洋两岸实行的社区改革运动，尽管出现了一些成功的故事，但前景依然迷茫。在第 5 章和第 6 章里，我们会再次对“社区”犯罪预防政策进行进一步的讨论。

现在，让我们以批判的眼光来审视关于犯罪预防的实证主义研究范例中的一些普遍的假设。1977 年，实证主义犯罪学家格尔德写道，“犯罪预防和不良行为的矫治现在仍处于前学科阶段。也就是说，其对人们进行引导的力量更多的是其文章中一些假象的信条，而并没有形成令人信服的理论体系，而且可以看出，其影响力更多是基于其主观的意愿而并非客观的事实”（参见 Gold，1977：218）。在这里，我们可以清晰地看到一个例子，作为现代主义的“立法者”（也就是无瑕疵、无争议事实的持有者），研究人员或知识分子存在着一种坚定的信念，在这个日益复杂并且愈加矛盾的后现代社会中，那些最优秀的知识分子在对争议问题进行分析解释的时候，逐渐形成了与上述信念有所不同的认知。因而，我们要记住，人类科学本身就是一种人类文明试图理解其他人类文明的事业。同样，人类科学也无法得出一个确定性的论断，因为这需要在被称之为“解释领域”的范围以外的地方来考察，解释领域本身不过是一种纯粹的对事实的判断而已（参见 Morrison，1995：6）。

正如上面所指出的，“龙勃罗梭计划”和“病理学实证主义计划”是要受到对犯罪个体与非犯罪个体进行划分这一科学目标指引的。在此基础之上，形成了一些具体的犯罪预防策略，它们可能是基因学导向的，也可能是心理学导向的，或是社会学导向的，当然，还可能是它们的组合。其主要的假设是，在违法犯罪者和其他人群之间存在着一个清晰的，并且在科学上可以辨认的鸿沟。这避免了许多棘手的问题。犯罪是一种社会现象，有关它的定义必将随其所产生的历史背景和文化背景的改变而改变。“犯罪行为”因而应该属于社会范畴，而并非表现出一成不变的自然本性。实证主义犯罪预防理论将其目光仅仅停留在对被识别出的违法犯罪者的病理倾向进行规制和改造上，因而，它可能是建立在一个关于犯罪本质的假命题的基础上的。在“龙勃罗梭计划”的研究传统中，犯罪人的形象可以说是一个从根本上受压制的主体，他注定会受到一系列决定性因素的驱使而不得不实施犯罪行为，其自身却对此无能为力。因此，这便使一些专家走进了此种犯罪预防与犯罪矫正的研究取向之中。近来，有关决定性因素的存在这一主观假设（犯罪人所特有的）遭到了致力于犯罪和越轨行为研究的社会学学者的质疑，同时，对在这一假设的基础上所设计出的具体的解决措施也进行了批判。实证主义不仅不承认人类具有创造犯罪的相关知识，而且对犯罪产生的具体过程只字不提，同时，也没有一个对犯罪人这一特定种类的人群进行分类并贴上标签的固定范式。

皮尔森指出，现代社会控制体系和犯罪学本身产生的根源在于，19 世纪居于统治地位的阶级在工场劳动中创造的一个不平等的资本主义社会（参见 Pearson，1975：125）。皮尔森用马克思主义理论的分析方法在资本的“需求”和特定学术体系的兴起（如犯罪学）之间建立起直接的因果联系，尽管只是粗略的分析，然而他强调学术的发展中是有非学术因素所决定的这一结论，却很可能是正确的。例如，皮尔森指出，龙勃罗梭关于犯罪行为的构成性本质这一理论表述，已经成为当前很受欢迎的有关犯罪行为的观念，并将进一步巩固、发展这些观念（p. 151）。事实上，皮尔森和博顿利（1979）都支持沙文利尔（1973）的理论，即（实证主义）犯罪学的产生与对 19 世纪暴民统治的广泛担忧是密切相关的；也就是在那时，科学的好奇心在具体的不相称中诞生了（参见 Pearson，1975：205）。这一时期，我们还看到了关于殖民主义的种族研究得到了进一步的巩固和加强。在这一研究中，我们目睹了“国家”在内在的和外在的各个方面对“种族”进行了等级划分所进行的尝试。近来出现的，上文中讨论过的有关“存在基因瑕疵的违法者”、“社会化程度低的违法者”与“存在心理缺陷的违法者”在研究上所谓的“突破”，可以看做是对那个古老的“恐惧”的旧事重提，即过去对“下层阶级”的担忧和如何更好地、科学地对其病态进行矫治。马茨尔指出，实证主义犯罪学所进行的努力几乎是不可能的事，也就是把对犯罪和犯罪控制的研究从对国家的总体规划中分离出来。在马茨尔看来，这样做的话，实证主义犯罪学学者只是在扮演着国家的技术人员的角色。

结语

本章里我们谈论了关于犯罪预防的实证主义研究范式的主要特点，特别是关注了其核心学术假设，以及在19世纪末期和20世纪初期，这一假设是如何进入现代国家的制度实践之中的。本章还特别关注了在20世纪兴起的心理学实证主义和社会学实证主义的发展过程。本章继而考察了干预性的犯罪改造和犯罪矫治模式的衰落和复兴。本章的最后，突出说明了这一犯罪预防研究范式所存在的一些局限性。

无论是将其视为现代科学体系中的一门一般的实践性学科,还是将其看成是刑事司法体系中的一项非常具体的在程序上和逻辑上的定例，对实证主义犯罪学理论的主导地位进行夸大都是一个严重的错误。实证主义理论的犯罪矫正模式和犯罪预防制度总是受到建立在自由意志和合法性基础上的古典主义反对意见的挑战，同时还受到注重实效而淡化行政管理理论的刑事司法机构的反对。在下一章中，我们将讨论这一“主导理论”的最新挑战者——情境犯罪预防理论。

拓展阅读

Foucault, M. (1977) Discipline and Punish. Harmondsworth: Penguin.

Garland, D. (1994) ‘Of Crime and Criminals: The Development of Criminology in Britain’, in M. Maguire, R. Morgan and R. Reiner (eds) Oxford Handbook of Criminology (1st edn). Oxford: Clarendon Press.

第四章

情境犯罪预防：实用主义犯罪控制

引言

在接下来的三章内容里，我们将侧重讲述后现代社会犯罪预防思想及其在实践中的演变。其在当代的发展主要有以下三个密切相关的策略，它们分别是情境犯罪预防、多机构协作犯罪预防以及“社区”犯罪预防。在第 4 章中，我们具体描述了情境犯罪预防从产生到鼎盛的发展过程。在第 5 章中，我们将会把注意力转向多机构协作犯罪预防，即综合运用情境犯罪预防和社会犯罪预防等多种措施的协作预防模式。在第6章中，我们来审视20世纪末在有关犯罪预防理论的争论中，将关注的目光投注到对社区的研究上，在有关犯罪和社会公正的社群主义理论中存在的“保守主义”和“激进主义”两种理论分支，我们将同时侧重于对这两种理论分支之间的差别进行考察。同时，也将分别对这三个犯罪预防策略进行评析。然而，应该提醒读者注意的是，这些划分和每一章节的标题在很大程度上是一种启发式的表现手法，其目的在于，帮助我们对这些常常相互依存的犯罪预防策略进行更为深入的思考。所谓启发式的表现手法，就是借助一种人为构建的结构或者模型来帮助解释社会现象的方法。

我们将对本章的结构作如下安排。首先，简单地追溯情境犯罪预防模式产生的历史根源，主要是20世纪70年代英国内政部的设想和美国自然监控理论的兴起。其次，情境犯罪预防模式的理论基础是理性选择理论，我们将对其主要特点进行讨论。再次，考察这一犯罪预防模式带来的政策性后果。最后，对情境犯罪预防模式进行批评性评论，尤其对其与新自由主义的“有择亲和势”① 进行关注。

是内政部“行政犯罪学”吗

一种被普遍认同的观点是，20世纪70年代末，英国内政部研究小组的“行政犯罪学家”们将情境犯罪预防理论发展到了极致。约克·杨（1994）首次创造了“行政犯罪学”一词，并用此来指称当时在英国犯罪及犯罪控制研究中居主导

---

① 译者注：“有择亲和势”（elective affinity）是德国社会学家马克斯·韦伯（Max Weber）的著名思想，表达了一种合理化世界与某些激情之间存在的命中注定的、牢不可破的联系。有人评论该思想说，在韦伯神话中的真正英雄，不是加尔文，不是巴克斯特，不是富兰克林，而恰恰是这种“选择性的亲和性”，即在合理化世界与某些激情之间存在着牢不可破的联系。在此，指的是某些特定的社会群体和观念会在一定程度上相互吸引、激发。

地位的这一基础理论。与早先占主导地位的主流犯罪学理论中的“病理学”观点相比较，这些犯罪学学者使用“行政”一词的目的是用来说明这一犯罪预防模式的非理论性和政治实用性的特点。接着，英国内政部评论人员认为，早期的犯罪学理论痴迷于对犯罪行为的原因进行探索（常常被称为“犯罪病因论”）。相反，行政犯罪学认为对犯罪原因的寻找是徒劳的，但是引起犯罪的机会却是可以控制的。

在英国，对这一新的研究模式背后所存在的历史背景可以做如下归纳。20 世纪 40 年代到 70 年代，正如其他国家一样，英国犯罪学家和政策制定者们在对犯罪进行解释以及制定犯罪预防和犯罪控制策略中，往往更多地关注“倾向性”变量，而不是“情境性”变量，从而导致了对个体的犯罪倾向进行矫治非常重视，而忽略了对可能产生犯罪的情境的改变。“倾向性”变量，是指那些促使犯罪人实施犯罪行为的，与犯罪人的性格、智力、价值观等相联系的特征。然而，到 20 世纪 70 年代，英国的政策制定者们和他们的内政部犯罪学家们都面临着一个重要的问题（如果我们不愿将之称为危机的话），这一问题出现的社会背景是，伴随着经济的迅猛发展和社会福利的提高，犯罪率迅速攀升，人们对犯罪矫治理想丧失了信心（参见本书第 3 章，关于福利国家中出现的广泛危机，可参见 Hughes and Lewis，1998）。针对这些问题，内政部的犯罪学家和官员们大体对下述内容表示赞同：

• 没有任何证据表明通过刑罚惩罚的方式对于遏制不断攀升的犯罪率有任何显著的效果；

• 警务工作的改善和警察队伍的壮大对犯罪率并无任何有意义的影响；

• 通过社会改革来预防犯罪似乎可以理解为是一种最根本的途径，但其不具有现实的可能性，而且没有证据证明它对减少犯罪有任何可以量化的效果；

• 用以改变犯罪人的犯罪倾向的矫正计划没有产生任何

成效。

相反，面对如何才能降低犯罪率或遏制犯罪的问题，内政部研究者指望从其他更具有实效的研究中找出一个可行的答案。尤其值得一提的是，他们从以下理论和研究中获得了某种灵感：

- 盛行于美国的“防卫空间”理论指出，改进建筑设计能导致居民之间产生更为强烈的“领地所有”意识，增加他们进行“自然”监督的机会；
- 天生被害人理论提出，被害率是危险因素所导致的结果，其关注点在于，潜在的犯罪目标（被害人）和具有犯罪动机的犯罪人之间的情境交互作用；
- 社会生态学研究则侧重于对犯罪所发生的场所进行考察；
- 犯罪分析研究注重对各种不同的违法犯罪行为在时间上和空间上的分布进行分析；
- 心理学研究的再度被关注是基于其对犯罪动机的柔性分析。

由于这些研究的出现，以及以政策为导向的研究规划的制定，人们的注意力开始发生变化，即从对犯罪人个体的矫正转向对犯罪行为所产生的直接环境的改善。

克拉克关于情境犯罪预防的定义

20 世纪 80 年代早期，英国内政部中情境犯罪预防理论最主要的倡导者罗恩·克拉克（1992：4）对情境犯罪预防作出了如下的定义：

> 情境犯罪预防……指的是一种优先选择的手段，它不依赖于对社会及其结构的改善，而仅是致力于减少犯罪的机会……情境犯罪预防包括了这样一些减少犯罪机会的措施：(1) 针对高度具体的犯罪形态；(2) 对该类犯罪发生的直接环境的管理、谋划或控制越是具体和持久，效果也就越明显；

(3) 通过增加实施犯罪的难度和风险，使众多犯罪人感到犯罪收益的降低，从而减少犯罪。

与实证主义对犯罪原因的痴迷形成鲜明对比的是，情境预防理论把主要的关注点放在对犯罪行为所发生的直接环境（或情境）的共同特点上。对于这一理论的形成，古典主义犯罪学派也有直接的功劳（参见本书第2章），尽管这尚未得到普遍的承认。与古典主义犯罪学派的观点一脉相承，这一理论模式也是把犯罪看做是个体理性选择的结果，是经过对具体情境或环境进行心理判断和计算而作出的行为。不仅仅是警察和政策制定者，大多数人在对世界进行观察和作出行为前都有所谋划，犯罪人也一样，其犯罪行为也是理性选择的结果（参见 Rock，1989：5）。这个理论制定并公开了完整的研究计划，且得到长时间的，有充足资金支持的大力宣传，因此其在英国内政部的制度性研究中占据了举足轻重的位置（参见 Clarke，1995）。所以，该理论也与英国政府的犯罪预防政策的发展紧密联系在一起。

这一自觉性的实用主义思想的两个主导“技术手段”就是“目标加固”和“监视”。目标加固意在使犯罪人实现犯罪目的更为困难，常常是通过非常实际的“具体细节”措施来进行，如提高日常生活设施的制造技术，以增强安全性，如门或自动投币电话等。监视，是指人们在日常生活中实施的正式或非正式的监督和控制。例如，人们注意了对环境的设计，以及如何通过对其内部构造的调整或重新设计来帮助人们控制自己的环境。美国的雅各布（1962）和纽曼（1972）对监视进行了早期研究，英国的埃利斯·科尔曼对居民区结构的重新设计的研究中也集中体现了这一观点（参见 Coleman，1985）。

约克·杨曾经指出，在英国20世纪80年代的背景下，情境犯罪预防需要被理解为新“行政犯罪学”的主要组成部分。根据约克·杨的观点（1994：91），情境犯罪预防理论范式面临的主要攻击在于，它回避了对犯罪原因的探索，认为犯罪原因对于犯罪预防来说，既不具有重要的必然联系，也不是一种明智的可以有效解决问题的办法（参见 Wilson，1975：223，其中有与此相似的论述）。还有一点值得注意的是，这一理论范例还回避了关于刑事司法的无休止的争论问题。

美国的启示

无论以内政部为依托的犯罪学研究在国际上享有多么大的影响力，仅仅以情境犯罪预防理论在英国的发展状况，就试图将该理论说成是一种国家主导型模式，并在国际范围内具有普遍性，不能不说是一种误导。事实上，许多情境犯罪预防技术首先是由私营部门开发出来的，而并不是由国家开发出来的。而且，自 20 世纪 60 年代末期以来，我们看到在美国出现了来自于颇有影响力的保守主义和新自由主义对于实证主义关于犯罪原因和犯罪预防策略的论述进行的批判，并且这一批判的潮流与日俱增、甚嚣尘上（参见 Wilson，1975；von Hirsch，1976；Murray，1990）。批评者们特别指出，在第二次世界大战后，随着经济快速发展和社会福利不断提升，犯罪率也在持续地攀升。此外，越来越多的统计研究表明，在对犯罪人进行矫正方面，任何手段都是不起作用的（参见本书第 3 章）。

基于对社会改革者和实证主义关于犯罪预防理论的不满，一种新的犯罪预防策略在美国出现，特别具有影响力的是一种强调“策划”犯罪的理论。在 20 世纪最后的 20 年中，我们在美国目睹了“通过环境设计实现犯罪预防的理论”（CPTED）的兴起，这一理论是建立在“防卫空间”（参见 Newman，1972）、“邻里监视”（参见 Jacobs，1962）以及被称为“环境犯罪学”等概念基础之上的，其关注的重点是对空间的研究（参见 Brantingham and Brantingham，1991）。例如，纽曼和雅各布等学者特别强调，“领地”这种意识在政府为低收入者所建的公共住房中被忽视，而通过对建筑进行规划和设计来培养人们的“领地”所有权意识具有相当大的潜力。

霍普认为（1995：41），这类研究范式催生了一种新型的犯罪预防模式，这种策略建立在“居住防卫”理论的基础之上，包含了两种主要的策略：一是有意识地重新组织社区监督，二是通过对环境的改造来激励更多的人自觉监督。这一环境预防策略把一般的人类行为和特殊的犯罪行为都看做是物质结构所带来的机会和约束之间此消彼长的产物。纽曼（1972）认为，在这一研究范式中，“居民防卫”的原因及其行动都不存在任何问题。“防卫”被认为是在全体人类所共有的、深藏于意识之中的一种“领地倾向”的基础上产生的。然而，霍普认为，一些住宅环境的设计（尤其是政府为低收入者所建的公共住房计划）妨碍了“自然监视”和“自觉防卫”发挥其应有的作用（参见 Hope，1995：52）。雅各布（1962）也指出，当今时代的城市发展计划往往破坏了居民控制他们自己环境的能力。在美国城市中，之所以会出现这一令人担忧的趋势，是与国家将居住环境同用于其他用途的土地划分并隔离开来的做法密切相关的（如商业用地和交通用地）。雅各布就解决这一问题的办法提出了自己的建议，即一种社群主义的控制模式（参见本书第 6 章），在这一模式中，居民将重新获得在公共场所进行非正式的行为控制权，特别是在大街上。根据雅各布的观点，公共秩序的安宁主要依靠的是由民众自觉组成的社会控制网络，这种控制网络是错综复杂的，而且往往是无意识的（p. 41）。正如霍普所指出的（1995：43），雅各布的理论是在城市环境对侵害行为的遏制失利时，意图加强社区的非正式防卫作用。这也即是“邻里监视”的意义所在，同时还影响了“邻里守望”策略的产生。“邻里守望”策略是 1974 年首先在西雅图由美国警方发起的，并在接下来的 20 年里传遍了美国和英国（参见 Bennett, 1990）。鉴于情境犯罪预防在美国有许多重要的发展，这对于帮助我们解释后现代社会中情境犯罪预防理论至关重要。

澳大利亚犯罪学家帕特·奥马利准确地观察到，情境犯罪预防是世界上增长速度最快的犯罪控制技术手段之一（参见 O'Malley，1992：253）。在 20 世纪 70 年代这一犯罪预防模式出现之前，大多数围绕犯罪预防进行的犯罪学研究都把注意力集中在犯罪人身上。与之相反，情境犯罪预防理论特别关心的是对犯罪发生的空间和时间方面进行考察。它关注的是实施犯罪的机会，因而是以犯罪（而非犯罪人，译者注）为基础的。让我们来审视一下工业化的世界里公共领域中出现的一些发展（如闭路电视的使用不断增长，无论是在城镇和市中心，还是在私人领域中，如大型商业街这种消费主义导向的新场所），这使我们很难不接受奥马利的观点。也许我们可以更进一步地说，在 20 世纪末期，情境犯罪预防理论成为最具影响力和占据主导地位的犯罪预防理论（如果我们不将大量的通过监狱来进行监禁的情形计算在内的话）。究其原因，可能是由于它同时关注了公共领域和私有领域这两个彼此交叉的领域。奥马利抓住了这一策略的本质，把情境犯罪预防看做是“风险管理”的一种形式（p. 262）。在第 7 章里笔者将进一步深入讨论社会控制中的这些可比较的发展趋势。

理性选择理论

科尔曼和莫伊尼翰（1996）指出，“纯粹”的犯罪情境分析所关心的只是犯罪本身和犯罪所发生的情境。由于纯粹的犯罪情境分析观点不注重对犯罪人的分析，所以它不能对犯罪人在遇到预防措施时会如何表现作出独立的判断。根据科尔曼和莫伊尼翰的观点，“理性选择理论”通过对犯罪人在特定情境中作出犯罪决定的方式进行考察，弥补了这一缺憾，通过对收集到的有关犯罪和犯罪人的数据进行打分，以对不同的具体犯罪类型进行个案分析（p. 139）。自 20 世纪 70 年代以来，情境犯罪预防已经同众多理论联系起来，如当前众所周知的“理性选择理论”或者“控制理论”。为了表述得更加清楚，我们主要讨论的是理性选择理论，但当谈到有关学者时，他们可能把自己的理论称为“控制理论”，对此我们也一并讨论。

根据社会学家巴巴拉·米兹太尔（1996：77）的观点，理性选择理论因其“动机模型”的高雅和简洁而引人注目，也就是个体行为者所作出的理性选择。对理性选择理论的最佳理解是，它是对先前宏观结构理论和功能主义理论的一种回应，该理论的主要特点是，从社会学视角出发对犯罪原因和犯罪预防提出犯罪学思想。同时，理性选择理论开始在政策与政治领域中流行，这是对 20 世纪 70 年代中后期在英美等国家中出现的一系列问题的最简洁有力的回答。它从非常实际的问题开始回答。正如罗克（1989：4）所指出的：

> 它与我们一般性的理解是相同的，与我们对犯罪和不良行为的日常解释保持了一致。这有助于它保持其优雅、有效、和吸引人的力量。它冲破所有社会学理论的庞杂结构和限制条件，取而代之的是简单的原则。

正如笔者前面所指出的，这一研究模式的产生是出于对先前研究的不满，即认为先前研究关于犯罪动机和犯罪控制的思考是徒劳的。根据这一理论，没必要考虑犯罪动机和犯罪前因；关键是某一个体在特定的直接情境中所作出的行为选择。不仅如此，这一理论还认为，如果特定的时间、地点、侵害对象等情境条件发生转换，相应类型的犯罪就不会发生。理性选择理论的倡导者们，如克拉克和科尼什（1983），因此而认为“转换”的设想（这是一个涉及潜在犯罪人在面临预防措施的时候将采取何种行为选择的问题）倒退到了具有错误倾向的理论渊薮。因为这意味着首先假定犯罪是在犯罪人个体内驱动力的驱使下实施的，所以，如果犯罪人在某一时间、某一地点实施犯罪时受到了预防措施的阻却，则他会继续寻找其他的某一时间、某一地点来实施犯罪。然而，根据理性选择理论，大多数犯罪都是因一时的冲动而造成的。所以，我们可以说，认为通过情境犯罪预防措施不会真正降低犯罪行为的发生率的观点是毫无理由的。

可以说，理性选择理论是作为当代社会科学中关于人类行为的最具普适性、最为详尽的，也最具相对独立性的理论。我们回顾第2章的内容时，可以看出它与古典主义理论的密切联系是显而易见的。无论是理性选择理论还是古典主义理论，“理性”都可以从功利的角度上理解为是对个体经过计算之后对某选项偏爱的满足。这样，理性的构成在于选择最有可能创造出（对于自己而言）最大效益的行动。引用夏普兰德的话（参见 Tonry and Farrington，1995），人被认为是“收益和风险的去道德化的计算者”。借助于对“理性选择”和“理性计算”等词汇的强调，奥马利认为，情境犯罪预防理论冲毁了将对特定个体的研究作为犯罪学核心研究类型的知识体系。具体犯罪人（或作为实证主义理论研究对象的犯罪人，Homo criminalis①）被抽象的个体所取代，即理性的行为选择者或“经济人”（Homo economicus）②（参见 O'Malley，1992：264）。

---

① 译者注：参见 Pasquale Pasquino, Criminology: the Birth of a Special Knowledge, in The Foucault Effect: Studies in Govermentality. Ed. By G. Burchell, C. Gordon and P. Miller, The Univ. Chicago Press, 1991。

② 译者注：经济人（希腊语：homo economicus），又称为“经济人假设”，即假定人的思考和行为都是目标理性的，唯一试图获得的经济好处就是物质性补偿的最大化。这常用做经济学和某些心理学分析的基本假设。在给定的约束条件下，人们力图以最低的成本获取最多的回报。按说，如果回应者单纯考虑自己的利益，无论提议者提出怎样的分配方案，只要给他的那份不等于零，那么他选择接受方案的所得总是大于选择拒绝方案。那么，作为理性计算的自利者，应该总是选择接受提议方案。

情境犯罪预防理论并不要求学术上的纯洁性。自20世纪70年代以来其影响力不断上升，对其非常有利的是，许多与其志趣相投的理论也广泛地流行起来，成为它的“同路人”。皮丝（1994）据此争论说，情境犯罪预防思想在事实上已经不再仅仅局限于单一的理性选择理论，而是越来越倾向于采用三种主要的并且密切联系的理论模式。这三种理论模式是：

1. 前面提到的“理性选择理论”与英国内政部犯罪学家们的研究有直接关系（参见 Clarke and Mayhew，1980）；

2. 产生于美国的赫希（1969）的“控制理论”①；

3. 由辛德朗的“生活形态理论”② （参见 Hindelang et

① 译者注：控制理论最初源于生物学。19世纪末，拉马克、达尔文的生物进化论风靡一时。生物进化论认为，自然界存在着一种对生物个体的控制机制，通过自然选择使生物物种不断变化和进化。这一思想对社会学产生了重要影响，从而导致社会控制思想的提出。第一个提出此名词和见解的是美国社会学家E. A. 罗斯（Edward Alsorth Ross，1866—1951）。1901年，他出版了论文集《社会控制》，“社会控制”一词就源自于此，从而使这一概念得以流行，并成为社会学的一个重要范畴。在罗斯之后，伦姆雷（LamLey）又著有《社会控制的工具》，把社会控制的概念推广到人们相互间的制约。控制理论在1969年之后开始涉及犯罪学研究，其主要关注于个人与其社会化过程中相关权威之间的关系，如父母、教师、传教士、教练、导师以及警察等。犯罪学控制理论主要研究这些权威是如何影响社会成员个人的，使社会成员个人与社会保持一种什么样的关系，或使社会成员个人游离于社会法律控制之外。

② 译者注：生活形态理论（Life - Style Theory）起源于心理及社会学，其理论根据是Kelly（1975）的个人认知结构理论（Theory of Personal Constructs）。此理论主要在解释一个人是如何在其内心组织自己的世界，以及随着环境改变，如何改变其内心世界，从而使其外在行为与内在认知结构取得一致性。因此，生活形态理论即是将生活形态视为认知结构系统（Construct System）。每一个人都有其特定的生活形态，即有其特定的认知结构系统，个人行为因此而来。而生活形态研究就是要找出每个人其生活形态的共同构面，据以分析、了解，进而预测其以后可能的行为。Kotler（2000）则认为，生活形态就是个人在真实世界中，表现个人的活动、兴趣与意见上的生活模式。其代表与周遭环境互动之个人整体，在某一方面反映出超越社会阶级，或另一方面超越人格的特质。

al.，1978）和费尔森的“日常活动理论”[①]（参见 Felson，1986）相结合而形成的“日常生活形态理论”（参见 Pease，1994：664）。

这三种理论关键的共同之处在于，他们都关注于对犯罪事件的时空分布的解释。按照地域、时间、季节等因素的变化对犯罪进行有效的、科学的“追踪”，受害者和犯罪人似乎在向我们招手示意。

“有些因素在起作用”：犯罪预防实用论

情境犯罪预防策略对于政策的制定者和实施者、政治家和实务工作者的意义并非主要在于其理论上的综合性抑或单一性，而在于它公开承认了犯罪学的导向从理论研究到“技术定位”的转变。这一理论的“成功”，还与它出于对国家和其他社团利益的考虑而进行的重要的意识形态和组织的研究有着不解的联系。它给了我们希望，让我们相信“我们”所能做的努力能够带来不同的结果（与 20 世纪 70 年代相比，译者注），从而可以促使我们从 20 世纪 70 年代犯罪学的悲观主义中摆脱出来，并继续向前。我们也许会问，什么事情能够像这一观点甚至比这一观点更简单、更明白呢，即大多数人的行为都是他们理性选择的结果，比如说购物抑或偷盗的行为。其结论就是，最明智的预防犯罪的方法首先是改变环境，其次是增加犯罪被发现的风险。在这一理论模式的经典

---

① 译者注：“日常活动理论”（Routine Activity Theory）由美国犯罪学学者 Lawrence Cohen 和 Marcus Felson 于 1979 年提出。该理论企图将生活形态理论具体化及正式化，并认为犯罪动机和犯罪者是一个常数，亦即每一个社会总有某些百分比的人会因各种理由而犯罪。同时，暴力性犯罪的总数和分布与被害者及犯罪者的日常活动和生活形态有关。具有某些形态的日常生活方式，其犯罪发生率（及被害发生率）可能较高。犯罪和合法活动与生活是连在一起的，如进出游乐场所、夜归、远离家庭等，都是合法活动，但也在其中孕育了犯罪的机会。该理论认为，犯罪对于可能的犯罪者而言，是最有利的时机和选择，既不会损害自我利益，也可极大化自我利益，所以该理论可说是古典犯罪理论的延伸。

表述中，克拉克和梅休（1980：1）对情境犯罪预防措施作出了如下界定：

（1）针对具体犯罪形式来制定相应的预防措施；（2）预防措施的制定要关注于对该种犯罪所发生的直接环境进行设计或控制；（3）尽可能采取系统化并且可持续性的措施；（4）从而减少该类犯罪发生的机会。

克拉克（1995：109）还罗列了到目前为止所使用并且有效的12种情境犯罪预防技术。克拉克把这些技术归为3组，即增加犯罪困难度的技术、提升犯罪风险的技术、减少犯罪收益的技术。现在我们来简要地浏览一下这12种技术，对具体的措施我们将用事例来加以解释。

在涉及“增加犯罪困难度的技术”方面，克拉克列出：

1. 目标加固（例如，对小汽车增设防盗警报装置，银行增设防盗玻璃）；

2. 出入限制（例如，围以栅栏的庭院，出入某个工厂企业或机构进行身份登记）；

3. 让犯罪者转向（例如，把酒馆和酒吧限定在一定的地域范围内，通过默认一定区域内的违法犯罪行为，以维持其他区域的治安）；

4. 限制促进犯罪的手段（例如，枪支管制，信用卡照片）。

在涉及“提升犯罪风险的技术”方面，克拉克列出：

1. 入口/出口检查（例如，机场行李检查，自动验票大门）；

2. 正式监视（例如，安全警卫，一些高速路的记速摄像机）；

3. 雇员的监视（例如，公园工作人员，闭路电视系统）；

4. 自然监视（例如，街道照明，邻里守望计划）。

最后，在“减少犯罪收益的技术”方面，我们有：

1. 目标消除（例如，汽车可拆装的高保真收录机，电话卡）；

2. 财物标志（例如，财产标记，办理汽车执照）；

3. 消除诱因（例如，清洗乱刻乱画，“防游民”长椅）；

4. 制定规则（例如，关税申报，个人所得税申报）。

有明显证据表明，这些基本的情境犯罪预防措施在减少犯罪方面取得了切实的成效（可参见 Pease，1994，1997；Graham and Bennett，1995）。例如，皮斯曾经指出，对于犯罪发生的直接环境的关注，在犯罪预防观念的形成方面的作用是卓有成效的，如对有哪些因素导致了犯罪的发生这一问题的关注（参见 Pease，1994：664）。此外，尽管有时相对简单，但降低犯罪发生概率的策略（正如上述克拉克所指出的那样）仍备受重视。以至于现在，我们可以从犯罪预防技术手册中轻易地获知这些策略，同时也被公共机构和私营机构所广泛采用。用皮斯的话说，最基本的犯罪预防措施往往也是最有效的，而且，往往也是最简便的办法（参见 Pease，1997：987）。

对于政策的制定者和实施者而言，情境犯罪预防措施的另一个颇具吸引力的特征在于，对其可以进行量化的评价，而且能对其所发挥的效用进行客观的感知。克拉克（1995）曾经指出，对情境犯罪预防措施进行评价的真正开始是 20 世纪 70 年代末期。一个尤为引人注目的早期成功事例就是，在伦敦地铁中那些最易受攻击的站台安装了闭路电视摄像系统。1975 年，在所有的 19 个站台中有 4 个安装了摄像系统。在对这一措施的效果进行考察的时候，我们把安装了摄像系统的 4 个站台安装前后的犯罪情形进行了对比，同时也对其中 4 个安装了摄像系统的站台与其他未安装摄像系统的 15 个站台的犯罪情形进行了比较，结果显示，同安装前的 12 个月相比，此 4 个站台盗窃行为的发生率降低了 27%。同时，其他几个站台的犯罪率也有了明显的下降（尽管这一点没有引起足够的重视），这也许是由于在特定的站台安装了闭路电视摄像系统的“光圈效应”所发挥的威慑作用所致。我们也许在无意中注意到闭路电视摄像系统的检测功能，可以称之为后现代版的边沁的“圆形监狱”。现在，它已成为现代城市中司空见惯的风景。在某种程度上说，这是一个典型的“成功范例”。

情境犯罪预防以及其他与其志趣相投的理论，无论是在对犯罪行为进行监控的过程中，还是对犯罪对象进行“加固”的过程中，都将“公众”视为一个至关重要的角色。例如，警民合作对于提高警方对犯罪案件的侦破率被认为具有关键性的作用。非正式的“自然”监视措施往往优于正式的警方措施，由警方倡导的“邻里守望计划”就可以被定义为“由居民在自愿的基础上组成非正式组织，大家均同意对彼此的财产进行看护，并将嫌疑分子的活动及时地向警方报告”（参见 Hope，1995：44）。仅从这一计划的参与人数来看，在英国，进行初步的估算，大约已达到了 15 万人，邻里守望计划也许可以看做是又一个成功的范例，尽管这一计划在犯罪预防和犯罪监控方面的效能还存在很多问题（参见 Bennett，1990）。根据情境犯罪预防模式的设计，公众可以依靠自身的力量通过对自己住宅实施有效的保护措施（当然还包括上文谈到的其他预防措施），也即实现社会责任的分担来对犯罪进行更加直接的预防。此外，情境犯罪预防理论的研究者和实践者们都相信，面临对犯罪的恐惧，我们是完全有可能采取一些有效的措施的。他们认为，恐惧本身的危害性甚至比犯罪行为本身的危害性更为深重。该理论除了强调通过技术手段进行“目标加固”外，还同样认同那个非常流行的政治观念，即“在犯罪预防方面，我们不一定要完全寄希望于国家和政府，事实上，我们还可以通过社区来采取一定的有效措施”。从某种程度上说，最后所谈的这一点进一步证实了将后现代社会中涉及犯罪预防的“情境犯罪预防”、“多机构协作预防”和“社区预防”分割开来而进行单独的研究是不明智的。

批评性评价

约克·杨（1994）曾经指出，现代一般意义上的行政犯罪学和作为遏制犯罪的技术手段的情境犯罪预防理论实际上都产生于一个共同的原因，即传统的实证主义犯罪学在理论上和实践上的失败，它既没有合理地解释第二次世界大战后在经济迅速发展、生活日益富足的背景下，为什么犯罪率仍然不断攀升的问题，也没有设计出能够有效遏制这一上升趋势的措施。约克·杨承认，情境犯罪预防理论和理性选择理论在理论层面或许还存在一些瑕疵，但同时他认为，这丝毫不影响其成为一种十分重要的创新型研究范式。不仅如此，它把研究的旨趣沉溺在对特定空间内的现象和特定时间下的经验进行粗略的考察上，自我陶醉使其在进行深入研究并进一步抽象化的道路上驻足不前（p. 91）。有一点非常值得注意，对这一研究是从不乏其批评者的。例如，罗克指出，虽然“理性选择—控制理论”是高效的，并且富有挑战性地揭开了特定环境下的犯罪之谜，但是，该理论的研究范围是有局限性的，其对犯罪历史、犯罪环境、犯罪动机和犯罪认知等问题没有给予应有的重视。至少，其所谓的理性并未脱离现实的社会环境（参见 Rock，1989：6）。约克·杨注意到，在政府的政策性鼓励之下，情境犯罪预防理论非常重视“目标加固”问题，而忽视了催生犯罪的条件，并由此导致干预手段的失衡。特别是情境犯罪预防理论忽视了犯罪的社会结构根源，如失业和住房供给不足等问题，这些社会问题会引起犯罪（参见 Young，1994：95）。这一点是非常关键的，我们将在本书的后面章节中对此进行深入的讨论。

还有一点非常值得注意，情境犯罪预防理论的研究规划中缺失了一些十分具体的研究对象，如家庭暴力、虐待儿童、国家犯罪和法人犯罪等。情境犯罪预防理论研究的典型特点被认为是把关注点特别局限于街头犯罪。犯罪学家贝蒂斯·

斯坦克（1990）特别指出，由于情境犯罪预防思想及其措施主要是针对街头犯罪和公共场所犯罪的，相比之下，对家庭内部犯罪和诸如妇女与儿童等潜在的犯罪对象关注甚少，这不能不说是该理论的一处败笔。犯罪和犯罪人都是存在性别倾向的，私密空间中存在的危险和暴力所带给女性的威胁与公共领域中的犯罪所带来的威胁同样大，有时甚至更为严重。斯坦克（1990：4－7）指出：

> 关于犯罪预防的建议很多，其中包括不少建议是关于如何避免性侵犯的，但大多都只集中于公共领域。例如，我们很容易想到，应注意检查车后座，以避免侵扰者混入，最好不要站在光线微弱的公车站等车，但却很少想到建议妇女不要随便相信所谓的“值得信赖的男人”的方法……人们或许认为，外在世界所存在的危险，可能对于私密空间中的暴力犯罪问题会起到一定缓解作用，认为可以依此而寻求到一些慰藉，但事实并非如此。太多的情况下，威胁同样存在。男女之间亲密关系的破裂在女性的经历中是广泛存在的，对于成年女性而言，来自于其男性密友、熟人和朋友的潜在和现实的性侵害的危险越来越受到人们的关注，以及成年人对儿时所遭受的身体虐待和性虐待的记忆打破了其对安全家庭的幻想。

法人犯罪也没有被情境犯罪预防理论列入其研究范围之内（参见 Box，1983）。我们也许会问，为什么情境犯罪预防理论会忽视了法人和商人对竞争对手、股东、雇员、消费者和大众所实施的犯罪行为？对于政府犯罪的研究也面临同样的问题，如违反人权的犯罪和对“第三世界”国家的掠夺，情境犯罪预防理论也保持了沉默（参见 Cohen，1993；McLaughlin，1996）。更为普遍的是，这一研究模式几乎没有关注国家机构中的惯常性犯罪，如警察腐败等。情境犯罪预防理论对于权力持有者犯罪的漠视必定存在其深刻的原因，其研究范围主要是根据其赞助者的需求而设定的，而这些赞助者正是国家和私营公司。情境犯罪预防研究可能会走上这样一条危险的道路，即它会成为“操纵市场计划”得以生根发芽并茁壮成长的一块沃土，在这片沃土上，该研究的赞助者设定研究对象的范围，这很有可能使其将研究成果据为己有（参见 Hughes，1996c）。然而，这并不是说情境犯罪预防理论及其技术手段就不能被发展以解决像私营公司那样的权力持有者的犯罪问题（参见 Braithwaite，1996）。

更为普遍的是，情境犯罪预防理论受到了“被害人责难”理论的广泛非难（参见 Walklate，1996），主要是因为该理论将犯罪被害的责任归结于被害人。根据理性选择理论，理解犯罪被害的关键在于，被害人个体、社区或环境对犯罪行为的“促成”，如夜间独自在无人的街道上行走就容易导致犯罪被害，有学者提出“被害人促成”① 这一术语用来描述这一解释。

此外，也有人指出，情境犯罪预防理论的研究规划对“目标加固”和“阻止犯罪的设计方案”等以环境为中心的技术策略的过度重视也许会加速社区隔离趋势，造成对公民自由的侵害和社会排斥思想的产生，还可能进一步使以前的公共环境私有化，从而鼓励了人们日常生活中的“堡垒思想”的形成。诺里斯和阿姆斯壮（1997）所作的利用闭路电视摄像系统对有关“被怀疑人群”和“干预措施”的社会结构的开创性研究，为对社会排斥的恐惧提供了经验主义的证明，同时，据推测，这也是由用来降低犯罪、被害和侵犯隐私权的纯粹技术性“定位”所导致的。与大多数关于闭路电视摄像系统的情境犯罪预防技术的“评价”不同，诺里斯和阿姆斯壮并不十分关注犯罪率降低的结果，而更关注由闭路电视

---

① 译者注：“被害人促成”这一概念是美国犯罪学家 Marvin E. Wolfgang 在 1958 年提出的。

摄像系统的操作者选择和构建“嫌疑人群类型”的过程。换句话说，诺里斯和阿姆斯壮要解决的问题是，对什么人和什么事进行监督以及由什么人和什么手段进行干预。他们的研究有力地表明，闭路电视摄像系统不只是一个仅仅对其所能观测到的事物进行记录的中立性技术，而且还是一个由闭路电视摄像系统操作者进行选择和鉴定并作出决策的过程。城市中心的闭路电视摄像系统所带来的结果也许更多的是“差异性”和“歧视性”治安措施的扩大，而不是通过降低被害率而对社会公正作出贡献。在第7章里，笔者会更为深入地探讨有关闭路电视摄像系统这一策略所带来的更为广泛的影响。

情境犯罪预防理论和理性选择理论最为重要的是，重视从将被害人和犯罪人都作为行为人的角度来对犯罪预防诸方面进行理解。然而，它忽视了决策过程背后的更为广阔的背景环境，也许是因为预防技术的操作者将预防策略定位在对直接环境进行的、具有实效性的预防。此外，笔者赞成科尔曼和莫尼汉的设想，即通过模拟犯罪产生的广阔的“政治经济”背景，来绘制一幅关于犯罪预防的壮阔图景。例如，在20世纪90年代的英国，我们需要对那个时代进行深入的考察和理解，即建立以自由市场为主导的政策和对（福利）国家的重建。同样重要的是，抓住某些潜在的关键性因素，如理解某些地区的高失业率和日益不平等的收入，占有财富的悬殊和生存机会的差别等（参见 Coleman and Moynihan，1996：139—41）。最后，但并非不重要的是，我们不应低估对一个“零犯罪率”城市空间的允诺所带来的危险（参见 Sutton，1994：11），如可能对公民自由造成的损失，私有空间的大众共享，犯罪预防技术负面效应的容忍，等等。

情境犯罪预防理论的主导地位

加里·马克斯（1995）、戴维·加兰（1996）和帕特·

奥马利（1992，1994）曾经提出了一些引人注目的关于在后现代社会中新自由主义的情境犯罪预防理论占据了主导地位的社会学原因。这些社会学评论者特别指出，情境犯罪预防理论的成功应归结为当代社会进程中的更为广阔的文化和政治运动。

加里·马克斯曾经指出，我们正目睹着由于新技术革命而导致的一个“工程化社会”的出现，情境犯罪预防技术就是其中的具体表现之一（参见 Marx，1995）。根据他的观点，“电子技术、计算机技术、人工智能、生物化学、建筑学、材料科学以及许多相关领域的发展支撑了以技术为基础的犯罪控制和犯罪预防事业的繁荣兴旺”（p. 226）。这一事业的目标是，通过控制物理环境以根除或限制违法行为的发生。加里·马克斯（p. 228—35）提出了 6 种社会工程化策略的理想类型：

1. 目标消除（例如，“无币化社会”或餐厅里的大型胡椒粉研末机，这是出于一种预防窃贼的观念。译者注：本处意指通过实现对象的不可盗窃性，以避免盗窃的发生）。

2. 目标贬值（降低或者消除对象对除有权使用者之外的其他任何人的价值，如自毁电台）。

3. 目标隔离（例如，保护行人远离“危险街道”的人行天桥，如卡尔加里为购物者而建的连接 110 栋大楼的长达六公里的人行天桥）。

4. 限制犯罪人能力（例如，通过使用如毒气弹的麻醉器）。

5. 犯罪人排除（例如，通过电子定位装置）。

6. 犯罪、犯罪人和犯罪目标的辨认。

在加里·马克斯看来，这些技术非常流行，并具有很强的政策吸引力，因为它们似乎为 20 世纪 60 年代的电视《孤独骑士》（The Lone Ranger）中对付牛仔男主角的犯罪找到了相当于“撒手锏”的解决办法。在存在可能超越阶级和其他社会等级之间的技术中立的假设下，加里·马克斯承认这样的技术时常可以导致公正的结果。然而，它们同样也会导致预料之外的危险后果。例如，使用设备来选择（存）取码也许意味着犯罪人的罪名将从盗窃罪转变为抢劫罪或绑架罪，因为犯罪人如果不事先获得财产所有者（被害人）的顺从和配合找到打开设备的密码是无法盗取该财产的（参见 Marx，1995：243）。

加里·马克斯继而又主张，根据这一新的犯罪预防策略的思潮，刑事司法系统被理解为是一个时代的错误，其职能仅是在战斗结束后射杀伤者[①]（参见 Marx，1995：227）。因此，这不同于实证主义和古典主义关于犯罪预防的策略，这一新事业和其理论避免了对人类主体进行“干预”。有点讽刺意味的是，这一分析模式与情境犯罪预防理论最著名的倡导者罗·克拉克本人就“情境”犯罪学未来研究的推测正好吻合。克拉克预言了犯罪预防专家与私营部门技术人员将产生更为广泛的联系，并指出这将带来挑战：如果他们在这一领域中成功了，他们也许需要聘用问题的解决者来充当顾问，如交通工程师和公共卫生专家，而不是社会学家和学者（参见 Clarke，1995：139）。与克拉克不同，加里·马克斯对作为犯罪问题解决办法的目标加固技术持怀疑态度。“对撒手锏的企盼表现出了对造成社会混乱的更深层原因的探寻的失败”（参见 Marx，1995：246）。

现在我们来审视一下戴维·加兰（1996）对“刑事现代主义思潮的危机”作出的诊断，以及我们对当今情境犯罪预防策略取得“成功”的理解背后所蕴涵的意义。根据加兰的观点，犯罪作为现代生活中的一个突出的现实问题，现在已经不能再被看做是社会失范或社会失常的行为，相反，其已

① 译者注：战斗，是指在案件侦破过程中的战斗，射杀伤者，是指处决罪犯。

经成为“现代人们意识中的日常组成部分”，是“一种无时无刻不存在的危险”，对其进行处理的手段与我们处理道路交通问题的方法非常相似（p. 446）。对犯罪已经成为一种日常生活中普遍存在的事实的认识导致了一系列深刻变革的发生，如官方对犯罪的理解，政府对有关犯罪的行为模式、刑事司法机关的指导原则和实践等。一个新的犯罪预防策略已经从这一系列的变革中出现，这与之前的实证主义理论倡导的“刑罚制裁—社会福利”预防策略相比，不能不说是一个创新(参见本书第3章)。推动这一新策略产生的动力是出于以下目的，即对处在社会边缘的人做适度的改变，对犯罪危险和犯罪根源做更为有效的管理，降低社会民众对犯罪的恐惧，减少刑事司法活动的支出，以及加强对受害者的支持。用加兰的话说，这些“不算是英雄的壮举”（p. 447），而其发展却是与情境犯罪预防理论深深契合而演奏出的和谐音符（在后面第6章和第7章中，笔者认为加兰也许忽视了一个问题，即“英雄主义”的复活并可能实现回归的重要性，它是围绕有关社区和公共安全的“社群主义”而发展起来的)。

加兰指出，情境犯罪预防理论代表了“日常生活新犯罪学理论”的最主要的组成部分。在这一新的官方主导的策略中，犯罪被看做是一个可被控制的危险。加兰继而认为，当犯罪从一种进步的角度被视为一个群体的危险，而不是从保守的犯罪惩罚的角度被视为一种个人的错误行为，重要的道德影响随即产生。加兰特别指出，这一新预防技术的发展是通过作用于犯罪问题的实践行动计划而实现的，这一计划超越了国家机构，并进入市民社会中的私营机构和个人生活领域（参见 Garland，1966：451）。我们接着看到了犯罪控制策略对人们日常生活的进一步渗透和吸收，这些犯罪控制策略主要是针对“处于危险中的”和“危险的”公民或被称之为“情境人”的日常生活（参见 Cornish and Clarke，1986：4）。

最后，奥马利（1992）提出了一个关键性的问题，即为什么情境犯罪预防理论能够如此迅速地在英美等国家变得如此流行？他的回答是，我们无法解释情境犯罪预防理论作为一种预防技术为何会在效用上胜过其他犯罪学理论，因为尽管克拉克（1995）提出了上述观点，但该理论的“成功”也绝不是毫无异议的。根据奥马利的观点，经过证实，发现其并非反对“社会犯罪学”的观点，如芝加哥学派。相反，奥马利认为，情境犯罪预防理论的巨大影响力必须通过它与更广泛的政治计划和策略之间的联系加以解释。奥马利特别指出，这也是“情境犯罪预防理论对经济理性主义、新保守主义和新右派的吸引力所在”（1992：263）。因此，奥马利认为，情境犯罪预防理论直接与新右派在意识形态方面的核心假设有着直接的联系，同时，与人群控制的两个导向密切相关：一是增加对违法者的惩罚力度，二是对被害人用奥马利所称的“私人化谨慎主义”来替代“社会化风险管理”（p. 263）。让我们进一步揭示这一复杂的观点。“社会化风险管理”，是指使某个局部区域的整个人群降低风险、减少支出和降低犯罪被害风险的集体参与，如通过征税来满足为社会提供适当的公共服务的资金需求，以维护社会治安和对缓刑者的监督。相比之下，“私人化谨慎主义”，是指每一个体（如果有可能的话）通过一定方式来对犯罪被害风险进行谨慎的控制，如购买家庭安全设备、个人警报，甚至是雇用私人警卫保护其居住环境等方法。

根据奥马利的观点，后面这一过程的影响将会把犯罪控制政策从更广的社会调整问题中分离出来，甚至更远，以致达到完全脱离的程度。现在我们认为，个体有选择犯罪或不犯罪的自由（与实证主义所主张的犯罪原因减少责任的观点形成鲜明对比），有在犯罪被害风险中选择自我保护或不保护的自由。因而，在这一理论中，改变将犯罪原因作为犯罪学关注的核心问题的倾向得到了推动。这个理论恢复了责任在犯罪控制政策中的核心地位，这对刑罚惩罚产生了显著的影响。从新右派的意识形态角度看，情境犯罪预防理论的逻辑必然结果就是“废除”对犯罪人的刑罚惩罚。相应的，犯罪预防又被重新归结为被害者的责任，而犯罪预防的支出也转移到了私人领域，带来了“使用者支付治安维护保障系统费用”（参见 O'Malley，1992：266）的可能性。这一理论和新右派的意识形态之间似乎存在着密切的一致性。笔者认为，这一理论之所以能够如此迅速地创造如此大的影响力，原因即是自 20 世纪 70 年代以来英美等国新右派的思想和新自由主义的政府占据了主导地位的作用。然而，正如左翼现实主义计划所显示的（见本书第 6 章），我们不应认为左翼倡导建立的犯罪控制策略在这种犯罪预防模式中便没有其位置。

由马克斯、加兰和奥马利提出的情境犯罪预防理论的社会学解释为我们提供了一个极为重要的研究视角，目前它在新自由主义“市场社会”中处于支配地位（参见本书第 7 章）。至少，我们自始从社会学视角出发研究犯罪控制问题，强调经济、文化、政治环境以及犯罪预防理论和实践带来的对意识形态和政策的影响。所以，尽管情境犯罪预防理论取得了切实的有目共睹的成功，以及它有可能同其他政治经济构成建立联系，在这一点上要远胜于新自由主义，我们也许还是会对情境犯罪预防理论所主张的非政治化技术型定位表示怀疑，尤其是在其面临解决那些迫在眉睫的问题的时候，如犯罪和骚乱、犯罪化和犯罪被害等。特别应指出的是，对于情境犯罪预防理论来说，更多的非难来自于其研究结构的缺陷，即在其研究规划中对犯罪被害重要性的关注显然是不够的。然而，对犯罪被害问题的关注，在整个关于犯罪的犯罪学调查中，以及我们将在第 5 章、第 6 章、第 7 章中所论述的所有犯罪预防策略都受到重视。

结语

本章考察了后现代社会中犯罪控制理论和实践领域的重

要发展之一的情境犯罪预防理论。具体而言，本章首先探讨了有关英国内政部“行政犯罪学”和在美国诞生的以“目标加固”和“监视”为中心的犯罪预防理论的历史根源。接着考察了这一理论的主要概念性基本原则和理性选择理论的具体影响。然后将关注点集中在这一理论所带来的政策和实际的影响上，强调了其预防策略的显著成功。最后，本章介绍了其他理论对情境犯罪预防的批判性评价，批评者大多指出，情境犯罪预防理论应该将其自身置于政治意识形态的环境之中。

拓展阅读

Clarke, R. (1992) Situational Crime Prevention: Successful Case Studies. NewYork: Harrow&Heston.

Clarke, R. (1995) 'Situational Crime Prevention', in M. Tonry and D. Farrington (eds), Building a Safer Society: Strategic Approaches to Crime. Chicago: University of Chicago Press.

O'Malley, P. (1992) 'Risk, Power and Crime Prevention', Economy and Society, 21, 3: 251—68.

第五章

多机构协作：实现一体化犯罪预防

引言

本章主要分析多机构协作犯罪预防计划的主要特征。也许有人会认为，这样一个计划在很多方面和英国 20 世纪 80 年代至 90 年代由中央政府倡导的自上而下密切协作的“经理主义[①]计划”相类似。然而，这项计划还包括一些通过“多机构协作”来实施的地方自治性犯罪预防模式，所谓多机构协作，是指国家职权机构（如警察机构、地方政府）、私人企业之间的合作，有时还包括在各种不同的监督计划中发挥作用的类似“社区”这样的公共组织。不论是在学术研究领域，还是在政策制定领域，“多机构协作”犯罪预防模式和“社区”犯罪防控体系通常可以被相互替换使用。这在大多数情况下是可以理解的。首先，在对犯罪预防进行研究和探讨的过程中，“社区”都是一种发挥着积极作用的因素，因此“社区”一词便成为一种惯用的、合理的，并且贴切的表述。其次，略带讽刺意味的是，现实中，确实有一些多机构协作犯罪预防计划采用了一些社会犯罪预防方法，因此在某种意义上说，这些计划中确实融合了很多地方社区力量。然而，笔者必须指出的是，“多机构协作”犯罪预防和“社区”犯罪预防的混同多多少少是存在一些问题的。这种混同掩盖了多机构协作犯罪预防模式的关键特征，多机构犯罪预防主要是一种自上而下的中央政府和地方政府相结合的新型合作计划，并且这一计划是组织管理最严密的。在这项计划中，依从高到低的顺序来安排犯罪预防活动（情境犯罪预防）是居于主导地位的，很少有自下而上的公共实践的参与，也很少有现在流行的民主权利的参与。故而，笔者将对多机构协作犯罪预防模式和社区犯罪预防模式之间的细微差别进行比较研究，并将它们分别作为两个独立的章节来论述。“社区”犯罪预防理论的主张，尤其是在当代，看起来与反国家主义的社群主

① 译者注：经理主义理论（managerialism）兴起于20世纪70年代，该理论以向大企业的经理提供管理当代企业的经验和科学方法为目标。它重点分析成功管理者实际管理的经验，并加以概括、总结出他们成功经验中具有的共性东西，然后使之系统化、合理化，并据此向管理人员提供实际建议。经理的目标除收入最大化外，还包括权势、地位、名声等。其中的代表人物有彼得·德鲁克、欧内斯特·戴尔（Dale）等。

义的预防方法有些相像，这一问题将留待第6章去讨论。需要再次强调的是，这样的区分并不意味着否认情境犯罪预防、多机构协作犯罪预防和社区犯罪预防之间的联系，也并不牵涉当代关于后现代社会中犯罪与社会风险之间的争论。

本章拟讨论的内容将按照如下结构进行安排。首先，笔者将研究如何定义多机构协作犯罪预防模式，并将之与其他犯罪预防模式相区别。其次，对20世纪80年代至90年代在英国中央政府的倡导下，多机构协作犯罪预防计划的产生和发展进行梳理和介绍。再次，是对多机构协作犯罪预防模式的学术批判相关言论的综述。最后，是对英国20世纪90年代关于多机构协作犯罪预防模式的发展潜力和地方犯罪预防及社会安全策略的综合特点的研究进行细致的检视和思考。

什么是多机构协作犯罪预防

差不多大部分地方社区中的犯罪都可能是由一系列因素引起的——如住房、教育、娱乐等。因此，那些有义务或有能力对这些因素进行控制或影响的机构和组织应当参与到犯罪预防系统中来，在这其中，他们有着共同的工作目的，不会因彼此之间的冲突而导致犯罪势头的加强。

（参见 Hope and Shaw，1988：13）

多机构参与，是指由主要的社会机构进行的有计划的、相互协调配合的处理犯罪和社会不良问题的模式。在工业社会中，社会控制的本质问题就是多机构参与。

（参见 Young，1991：155）

以上两段论述分别出自内政部行政犯罪学家和主要的左派现实主义犯罪学家的观点，这两段陈述证实了多机构协作犯罪预防模式目前在英国已经理所当然地占据了一席之地。多机构协作犯罪预防模式的主张之所以具有如此巨大的政治吸引力，就在于它突出的“显著效果”和“简单而有力的判断”。犯罪预防模式向多机构而非单一机构的方向发展，意味着社会、家庭、个人还有警务人员都将在丰富的犯罪预防系统中起到一定的作用，包括缓刑监督、教育、雇佣、社会工作；家庭服务，身体状况、居住环境；个人的慈善活动或商业经营行为；警务活动等。举例来说明，这些多机构参与的内容既包括地方政府的活动，也包括私人运营组织的活动，诸如闭路电视摄像系统、学校假期的运动或活动计划、为青少年犯罪人安排的行为矫正计划、毒品教育计划等。在本章中，我们将清楚地概括出多机构协作犯罪预防模式的整体轮廓，但不会涉及这些方法是否成功的问题，因为这一问题仍然会多多少少有些模糊不清。

20 世纪 80 年代，英国最有影响的，也是最先倡导对多机构协作犯罪预防模式进行研究的是由兰开斯特大学和米德尔塞克斯理工大学组成的一个研究团队（参见 Blagg et al.，1988；Sampson et al.，1988；Pearson et al.，1992）。研究者一开始就对两种传统的却未经验证的关于多机构协作的定义进行了鉴别与统一。这两种定义分别由多机构协作的支持者和批判者提出，分别被称为“善意型”定义和“恶意型”定义。从善意的观点看，即多机构协作的支持者所主张的观点，认为由多个通常有着不同的考虑和目标的不同机构，在协商一致，达成共识的前提下，所生成的结果毫无疑问是“好事情”。相反，恶意型观点则与左派激进主义批评论相联系，指出这些所谓的协作性发展的背后隐藏着政府的强制和微妙的意识形态的控制。这项研究由其实际负责人皮尔森主持，他负责在伦敦部分地区和一个北部城镇执行这一犯罪预防计划。面对这两种截然相反的观点（善意的和恶意的），皮尔森主持的研究质疑了这两种极端相反观点的充分性和适当性。因为在犯罪预防工作中，既强调参与其中的主要政府机构的不同权力的高度集中，也强调在“多机构协作”中保持各地区之间“主体身份”差别的重要性。

总的说来，皮尔森等（1992）发现，多机构协作犯罪预防模式在许多领域可能存在问题。特别是警察机构在处理犯罪预防相关问题的日常安排中起着决定性作用，主导着其他机构的活动，如缓刑监督。多机构协作模式也可能向其他机构作出严重的妥协，当然比较多的是向社会工作等福利性机构妥协，也会向有关的社团征求一些意见。这里涉及一个日益重要的问题是使用“社区”这个词的适当性，在对多机构协作犯罪预防模式进行回顾并阐释的过程中，选定这一词汇来形容可能更为准确一些。笔者将在后面解释“一体化”的含义。这一开创性研究必将为继此之后的对这一犯罪预防领域的探讨留下了一个深深的疑惑。

解读英国多机构协作犯罪预防走向

到目前为止，我们几乎还没有作出任何尝试，来向大家描绘这一被美其名曰为“多机构协作”犯罪预防的模式是如何对英国的大部分地区产生影响的，在接下来的内容中，我们将开始这样一个相关的描述。在某种意义上说，这一工作可能看起来非常简单。然而，笔者将指出的是，这样的评价必须深深植根于社会理论之中，因为任何一种研究和评价都不可能剥离其理论的外衣。进一步说，在英国，如果忽略了对有关市民社会和公共领域与国家权力的运行方式之间的关系的发展变化这一争论问题，那么对于多机构协作犯罪预防模式或是现在讨论得越来越多的社区安全问题，我们就失去了进行讨论的基础。的确，我们目睹了政府在不改变其角色的前提下，通过各种新颖的方式以各种形式分散自己的权力，而形成了权力“分散型”国家这一过程，在此背景下，国家的权力不是在萎缩，而是在以各种特殊的形式扩大，所谓地方和中央政府的概念也变得越来越模糊了（参见 Clarke，1996a）。国家权力可以通过由各机构间接行使，而并非由一个机构直接掌控的模式来实现，这样一个事例对政府的发展过程给予了很好的说明。因此，现在协作犯罪预防这一模式在英国颇为流行。

在这一新时代，在基层建立和运行多机构协作犯罪预防计划的责任逐渐被下放给“执行人”，由谁充当“执行人”是由竞争者投标竞争所决定的。在英国，这些竞争者通常是私人公司或者是慈善团体。例如，“犯罪关注组织”① 和“全国犯罪人关怀与重新安置协会”②，这两个团体都是由内政部发起设立的。然而，政府机构、第三部门、企业和社会公众之间共同合作关系的建立并不意味着必须要减损中央政府的权威和影响。实际情况可能恰恰相反。

如果我们推断这样的情形在英国是独一无二的或特有的，那就可能会造成误导。多机构协作的社会犯罪防控模式将引起一种社会现象的出现，即一个新时代已经到来，并将可能在世界舞台上发挥作用。这一犯罪预防模式在全球得以推行的现实可以在如下的启示性论断中得以明证，那就是美国犯罪学界的领军人物丹尼斯·罗森鲍姆所断言的，我们进入了社会犯罪预防的全盛时期。在此之前，公民参与犯罪预防的观念从未得到如此广泛的支持（参见 Rosenbaum，1988：323）。如此夸张的论断并非只有罗森鲍姆说过，在其他有关犯罪预防的学术文章和政策性文件中也有提及。美国国会于1990 年实施的关于犯罪预防和犯罪矫治的改革进一步证实了这一点，在犯罪控制的全球化背景下（尽管这可能只是一种修辞性表述而非实际情况），多机构协作犯罪预防和社区犯罪

---

① 译者注：犯罪关注组织（CC）成立于 1989 年，是英国一个从事预防犯罪工作的慈善组织。

② 译者注：全国犯罪人关怀与重新安置协会（National Association for the Care and Resettlement Offenders，NACRO）是 1966 年在英国成立的非政府组织，从事恢复性司法研究和实践工作，总部设在伦敦。该组织旨在通过不同途径，如散发信息资料、通过互联网设立信息库等方式向罪犯或其亲属提供就业、住房、训练、救济等方面的信息服务，从而使出狱人能够利用国家、社会所提供的福利、慈善资源，并直接向出狱人提供一些服务，如紧急住房服务等。

预防的重要地位尤为显著。这项改革的目标是，将对家庭和健康、就业和培训、住房和社会服务、休闲活动、教育机构、警察和司法系统等内容的计划和发展负有责任的机构联合起来，从而将可能诱发犯罪的各种因素控制妥当（参见 United Nations，1991）。附带说一句，我们可能注意到了，这项改革中融入了多个机构的协作。多机构协作是为了寻找犯罪的根本原因，而非为了论证情境犯罪预防模式的抽象的理论基础（参见本书第 4 章）。

在英国，自 20 世纪 80 年代以来，一种鼓吹多机构协作优势的主张在一些场合开始被政府官员和机构所支持并采纳。让我们简要地分析一下 20 世纪 80 年代至 90 年代在英国由中央政府正式出台的多机构协作犯罪预防政策，然后分析这些政策在 90 年代是如何对英国各个地方产生影响的。

犯罪预防的运作

1979 年，英国保守党靠打“法律”和“社会治安”牌获得多数选票而上台。该党在其宣言中提到，“我们在为扩大其他领域的经济增长的同时，将投入更多的精力治理犯罪问题”（参见 Conservative Party，1979）。然而，大部分评论者一致认为，虽然作出了这一关于法律和社会秩序的承诺，但十多年之后，我们却很难避免它的失败，不仅仅是职务犯罪率会上升，甚至重新犯罪率也会提高（参见 Downes and Morgan，1994）。尽管存在这些失败，但在英国关于法律和社会秩序的争论中，通过剥夺资格（资格刑）来实践刑事政策和犯罪控制仍然占据主导地位（参见 Bowring，1997，关于新《劳工法》的硬性执法议程）。与这一令人振奋的人民党的政策出台相伴而来的是，管理主义[①]观点在刑事司法系统的重构过程中显得越来越重要。的确，管理主义理论开始影响到警察部门和其他刑事司法机构的组织和运作，影响到采取前所未有的新型预防犯罪策略的制定和实施。麦克劳林和曼西策划了一系列措施，在英国，这些措施曾经在《贝弗里奇报告》[②] 中提出的关于福利政府与社会保险建议中出现过，如实行私有

---

① 译者注：新管理主义有两大分支：一支是管理主义，另一支是新公共管理理论。管理主义是古典管理主义的承继与发展，它仍从政府的视角来构建公共管理的模式，不过，更多地借鉴了私人企业的管理方式与精神。波立特（C. Pollit）是管理主义的代表人物，他在《管理主义和公共服务：盎格鲁和美国的经验》一书中将管理主义的特征概括为以下几个方面：第一，管理主义追求不断提高效率；第二，强调管理技术在公共领域中的利用；第三，强调以有组织的劳动力来提高生产力；第四，强调专业管理角色的运用；第五，给予管理者以管理的权力。波立特认为，公共部门和私人部门之间没有什么区别，管理就是用来组织和激励雇员的人事机制，在公共部门和私营部门同样适用。鉴于私营部门在第二次世界大战后取得了长足发展，而政府部门却问题丛生，因此可以将私营部门的先进经验引入到公共部门中来。管理主义就是要用私营部门的管理经验来武装公共部门。

② 译者注：《贝弗里奇报告》，全称《贝弗里奇报告——社会保险和相关服务》，是社会保障发展史上具有划时代意义的著作，也是现代从事社会保障研究和教学工作者的必读书，它对英国、欧洲乃至整个世界的社会保障制度建设和发展进程产生过重要的影响。1941 年，英国成立社会保险和相关服务部际协调委员会（以下简称“调委会”），着手制定战后社会保障计划。经济学家贝弗里奇爵士受英国战后重建委员会主席阿瑟·格林伍德先生的委托，出任“调委会”主席，负责对当时的国家社会保险方案及相关服务进行调查，并就战后重建社会保障计划进行构思设计，提出具体方案和建议。第二年，贝弗里奇提交了题为“社会保险和相关服务”的报告，这就是著名的《贝弗里奇报告》。英国政府基本接受了《贝弗里奇报告》的建议，于 1944 年发布了社会保险白皮书，并制定了《国民保险法》、《国家卫生服务法》、《家庭津贴法》、《国民救助法》等一系列法律。1948 年，英国首相艾德礼宣布英国率先建成了福利国家。贝弗里奇也因此获得了“福利国家之父”的称号。报告的发表和其理念在英国的实施，对欧洲其他国家产生了巨大的影响。瑞典、芬兰、挪威、法国、意大利等国家也纷纷效仿英国，致力于建设福利国家。

化、减少国家对经济的干预、公共服务合同出租制[①]等项目。从结果上说，“预防”成为一种使国家从全部责任中摆脱出来的方法：因为犯罪是由我们自己的过错造成的。到20世纪90年代中期，刑事司法系统和其他更多的社会控制机构都未能避免管理主义之风的洗礼，纷纷开始接受并采纳该理论。一种全新的犯罪预防策略呈现在人们面前，这种策略将犯罪问题的责任重新予以界定，并提出管理上的解决之方（参见McLaughlin and Muncie，1994：117）。

波利特（1993：1）将管理主义定位为“一整套信念和实践，其核心思想建立于一个很少被检验的假设之上，即某一领域中具有良好效益的管理模式同样能广泛地应用于广泛的经济和社会领域，并能有效地解决各类问题”。这一管理模式已经被应用到了刑事司法机构的很多重要的领域。例如，“警务工作目标制”即成为20世纪80年代英国流行的警务工作模式。当前，在英国警务工作中出现了诸如“任务宣言”、“行动指示”、“目标测量”、“顾客调查”等各种思想的困扰，管理主义思潮的兴起使其从中脱颖而出。

在20世纪90年代中期，英国政府作出了为警务工作确立一个可测量的国家目标的决定，这成为影响犯罪预防和社区安全计划前途命运的特别重要的因素。这项决定可能进一步使社会犯罪预防策略边缘化，因为根据已经量化的工作指标去衡量社会预防措施是否成功有一些困难，相比而言，传统的反应型警务行动和情境犯罪预防的技术化措施反而更容易衡量。由此，对于英国的警务工作而言，将来社会公共治安的维护可能会不惜任何社会服务及公共预防的成本，集中

① 公共服务合同出租制（contracting－out），是当代西方国家公共服务市场化改革的主要形式，它们被广泛用于政府的公共服务领域。其优势在于：一是政府与市场的功能优势互补，可以实现公平与效率的统一。二是可以在公共服务的供给主体之间引入竞争机制，控制住生产成本，约束公共服务的内在膨胀趋势，提高公共服务的供给效率和供给质量。

力量对公共秩序控制和严重犯罪的调查实行半军事化管理。

在过去的十年里，警察机构在实现工作目标的压力之下提高了工作效率并集中精力认真工作，与此同时，内政部越来越重视警察机构和其他社会控制机构之间的合作，并努力和社会公众一起构成犯罪防控合作体系。附带提一句，应该注意到这里有一个乍看起来似乎自相矛盾的问题，即“社区警务”和“社区安全”与前面提到的警务工作发展趋势之间，以及与第1章中关于多机构协作策略以实现报复性刑事政策之间的矛盾。琼斯等人（1994）谈到，他们关于犯罪预防的理论可能要进行部分的修正，因为已经看到近年来许多犯罪预防新模式的出现。沿着这样的思路思考下去，得出的结论是，如果我们还未意识到报应主义和刑罚主义对于降低犯罪率的总体水平而言效果甚微，以致使旧有的犯罪预防模式仍然出现在学术文章和官方文件中，那么它必将受到挑战。因为在旧模式下应对犯罪问题的唯一合理的方法就是惩罚。继而，减少犯罪必然被仅仅看成是惩罚犯罪人的目标之一。当前，对这一旧模式已经实现突破，也即当下流行的关于犯罪预防和社区安全的新范式。琼斯等人继续指出，相对而言，这种新范式对流行文化的影响还是很微小的，“所有政党的政客们都发现，沿着原来的思路去思考问题更为方便和容易”(pp. 302—3)。因此，在新的犯罪预防主张被提出的同时，旧有的报复性刑罚的预防方法仍然在英国的法律体系和秩序政策以及其他的新自由主义社会领域中占据重要的地位。

回到关于协作模式的讨论，这种警察部门、社会公众和其他机构之间在犯罪预防和咨询方面的合作关系可能被看做是在英国过去的20年中所谓的“政府责任包袱”（参见 Morgan，1992）。实质上，这一包袱规避了政府承担责任的民主结构基础，反而深入其本质，将警察的责任界定为一种服务，这种服务体现为警察在作出决定之前会向社会广泛征求意见，事后会对其所做的事情作出全面的解释（参见 Morgan and

Swift，1988：427）。

《摩尔根报告》的发表和协作模式

1984年，保守党政府发布了一个名为“犯罪预防”（参见Home Office，1984）的通讯（8/84），这个通讯被看做是犯罪预防政策的一个分水岭。因为它强调无论是中央政府还是地方政府，犯罪预防必须被设定为公共政策中一个具有重要意义的、不可缺少的目标。通讯中讲道：“所有的公民和所有的机构，只要他们的政策方针和实践能对犯罪发生产生影响，那么都应该为犯罪预防贡献一份力量。预防犯罪是全社会的任务。”（p.1）通讯特别强调了多机构协作模式和共同联合对抗犯罪的必要性。虽然这还只是一种通讯，而非当下国家的实践活动（见下文），但是多机构协作预防犯罪的思想已经确立，并开始在英国得以迅速发展。

不到几年的时间，内政部又发布了一个名为“打击犯罪”（参见Home Office，1989）的通讯，这一通讯反映了在内政部的理论研究和政策制定过程中，多机构协作犯罪预防理论和以社区为导向的犯罪预防模式得到了进一步的发展。该通讯特别关注刑事司法系统内部各机构之间缺乏沟通或协调不顺的问题。该通讯逐一对一些核心问题进行了说明，比如说如何改善人部分地方政府的核心观念，如何改善多机构协作模式等。在20世纪90年代中，这一在表面上看起来类似“社会”犯罪预防策略的模式，也就是所谓的1991年《摩尔根报告》（参见Home Office，1991）。

《摩尔根报告》的正式名称是《内政部犯罪预防常务会

议①关于“使社区更安全”的报告：地方政府参与多机构协作犯罪预防模式计划》②。《摩尔根报告》主要指出，“犯罪预防”的概念有些限制了其适用范围，而总是由警察机构居于主导地位，其他机构只处于边缘地位。报告指出：

> “犯罪预防”一词通常被狭义解释，这强化了一种观点，即它只是警察的责任。相反，对“社区安全”一词的解释范围却非常广泛，能够调动社区各个部门的社会力量参与到打击犯罪的活动中来。
>
> （参见 Home Office，1991：3）

实际上，“社区安全”作为一个指导性思想，其作用在于使犯罪预防突破其在特定情境下的限制，而向更广泛的社会性概念引申。《摩尔根报告》列出表 5.1 和表 5.2 清楚地说明，它关注的重点是推进社会犯罪预防措施来提升社区安全。表 5.1 是一个对“社区安全行动”进行平衡组合的例证，其中有的是短期行动，有的是长期行动（参见 Home Office，1991：31）。表 5.2 则提供了一个关于地方多机构协作体系对于青年人和犯罪的特别事项采取的行动进行平衡组合的例证。《摩尔根报告》承认，这些多机构协作模式的案例很难被检验，但奇怪的是，它却同时指出这些协作模式的案例几乎是不容置疑的。它也强调在报告发布的时候，“犯罪预防”仍被某些主要机构看做是其职责之外的事，而非其真正的本职工

---

① 1965 年 Cornish 委员会提交了一份报告，建议成立内政部犯罪预防常务会议（The Home Office Standing Conference on Crime Prevention），不久，该会宣告成立。1983 年，这个组织得到了加强，其主席开始由内政大臣担任。同年，又成立了内政部犯罪预防司（The Home Office Crime Prevention Unit）。这两个机构是英国犯罪预防政策决策的重要部门。

② 1991 年，内政部预防犯罪常务会议发起了“使社区更安全”活动，发布《内政部犯罪预防常务会议关于“使社区更安全”的报告：地方政府参与多机构协作犯罪预防模式计划》。其主旨是，在更长的时期内，地方政府应与警察机关一道，在发展和促进由多机构参与的社区安全及犯罪预防项目方面，肩负起明确的法律责任。会议还要求地方政府制定专门的实施法案，规划具体的活动内容。

作。为了纠正现在规划中的这一主要弊端，报告提出，为提高多机构协作犯罪预防模式的组织和协调，需要强调六个关键的因素，即结构、领导、信息、一致性、持久性和资源。

表 5.1　一份关于“社区安全行动”的通讯：一些典型事例

来源：内政部（1991）

抑制犯罪的原因

- 家庭支助倡议
- 青年计划
- 社区发展计划和邻里倡议
- 学前计划
- 预防滥用酒精和毒品计划
- 以学校为基础的教育计划
- 对犯罪人及其家庭的工作计划
- 就业及培训计划
- 犯罪人心理辅导计划

减少犯罪机会

- 加强家庭、公共场所和工作场所的安全
- 改善街道和公共场所的照明条件
- 提高居住区域、城市中心和停车场的安全并改善其设计
- 注意公共交通规划和管理中的安全因素
- 加强对持照经营行业的安全管理
- 优化地方机构的管理和运转
- 预防性巡逻的充分安排

打击具体的犯罪

- 入室行窃
- 家庭暴力
- 汽车犯罪
- 种族歧视犯罪
- 侵害儿童的犯罪
- 侵害老人的犯罪

帮助犯罪被害人、减少对犯罪的恐惧感

- 受害人资助计划
- 自我保护措施
- 积极展开对有效安全举措的宣传

表 5.2　社区安全行动通讯

来源：内政部（1991）

青年人与犯罪
• 改善青年人犯罪高发地区的休闲和娱乐环境 • 设计一些具体的项目，使那些“性格孤僻”的青年人参与进来 • 审查所有与青年人有关的组织的经营政策和经营状况，确保预防措施的范围明确，并且有效 • 设计相关项目以加强青年人个体和社会责任感，特别是在高犯罪率和高危险地区 • 确保为所有的青年人提供充足的教育资源，以及职业培训和就业机会 • 应对一些青年人面临的具体问题，如无家可归、吸毒 • 处理一些青年人实施的具体犯罪，如商店盗窃、自行车犯罪、蓄意破坏

《摩尔根报告》进一步指出，地方政府是这一协作关系中天然的中心，其应加强和警察机构的合作，协调各方面广泛的行动，提高社区安全……任何有意义的地方性犯罪预防体系都必然要和地方民间团体相联系（参见 Home Office，1991：4）。《摩尔根报告》因而支持了这样一种观点，即地方政府负有法定的职责（即整合相关资源），协调其辖区内的犯罪预防和社区安全策略。报告进一步指出，促进这一政策性变化和发展的全部政策必须首先出自于中央政府的支持。我们注意到，在 20 世纪 90 年代，关于地方政府法定角色定位和政策性建议都没有被保守党政府采纳，这可能是因为政府关注成本，也可能是因为它在思想观念上就对地方政府持有本质上的敌意。20 世纪 90 年代末期，英国劳动行政管理部门提出了一项建议，认为警察部门应和地方政府合作并形成一种法定关系，而非摩尔根建议的由地方政府充当领导的角色。劳动行政管理部门的建议成为 1998 年《犯罪与扰乱社会治安行为法》法案的一部分。建议同时指出，对于地方政府肩负的关于犯罪预防新的法定职责无须其他更多的政策性支持。有一点需要注意，《摩尔根报告》中众多“协作关系”原理、多机构协作和稽查等内容，在劳动行政管理部门提交的关于当

前的犯罪预防的政策性建议中居于显著地位（参见 Home Office：1997）。

和过去许多重要的报告一样，《摩尔根报告》也在20世纪90年代被保守党政府搁置了，或者最多也就是被选择性地适用。当然，这并不能否认自其公开后给地方政府带来的重要影响。大部分地方政府现在开始欣然接受多机构协作和公共安全这样的说法，越来越多的地方政府致力于公共安全的治理工作（参见 Hughes，1997c）。《摩尔根报告》中的大部分内容被地方政府和警察机构的职员在其撰写的报告中引用，并相互传阅。特别是关于这些不同国家机构如何与民间团体的职责相互联合起来进行犯罪预防的讨论实际上还非常粗略。

“多机构协作”和“社区安全”这些用语和修辞手法受到英国所有的主要政党的欢迎，在内政部发布的关于犯罪预防的通讯和小册子①中也开始占据了突出的位置。例如，1994年发布“内政部关于协作打击犯罪的小册子”，就可视做是一种倡议或者呼吁，通俗地说，就是将犯罪控制市民化，或如加兰（1996）所说的，是一种责任制的犯罪预防策略。换句话讲，按照这一呼吁的要求，市民应该通过他们的行动在犯罪预防中起到关键的作用。这一如在其他社会政策领域中那样，在这样的情境下，无论是在对犯罪的监督过程中，还是在治理的过程中，都会吸引一批自负但又认识模糊的“积极

① 译者注：在英国，发送犯罪预防宣传品的历史可以追溯到20世纪50年代。当时，在内政部的关心下，保险业为了提高公众及商业社区的防范意识，发起了宣传运动。到80年代后期和90年代，随着人们对情景预防的日益重视，发放的犯罪预防小册子等宣传品的种类、数量和质量均有提高。目前，无论是英国公民还是外国人，均可免费从地方警察局犯罪预防处或内政部公共关系部得到以下宣传手册：《击败盗贼》、《永久的编号》、《外出时的心境安宁》、《保护你的汽车安全》、《怎样购车并安全地保有它》、《买车人指南》、《减少摩托车盗窃——关于摩托车安防的建议》、《锁上它登记它不要失去它——关于自行车安防的建议》、《邻里守望——成功计划指南》、《地方协作预防犯罪实用指南》、《行政手册——关于怎样设立一个犯罪预防小组的建议》、《欢迎尝试邻里守望》、《对付犯罪的伙伴》、《有怀疑吗？不要让他们进门》，等等。

公民”参与其中，充当一些重要的角色。内政部在小册子中踌躇满志地断言，打击犯罪的协作组织的力量将会大大加强，并且除了现在已经确立并打下坚实基础的“邻里守望计划”、“街头监督计划”和“睦邻巡逻计划”等市民监督计划外，1995年还将另外启动三项补充性协作计划，这将会进一步增强全社会的安全感。“街头监督计划”旨在犯罪预防过程中充分发挥“社区协作关系”的作用，这是一个存在争议的计划。小册子中的标题非常具有警醒作用，尽管有些批评者担心在单词的后面多加一个“e”会导致重大的风险。也许在内政大臣关于这项计划简短的发言中，我们会发现这一计划的含混性特点（麦克尔·霍华德），“街头监督计划”的倡导使参与其中的市民在走路的时候都带着某种特定的目的。也许内政部发起的这一系列计划中最值得一提的特色是所有的计划都是自愿参加的，并且是低成本的。类似的，洛夫德已经注意到，中央政府提出的许多社区犯罪预防倡议都表明，应以自觉的公共行动取代统一安排的行动，从而造就一个自觉监督的社会（参见 Loveday，1994：193）。

中央政府的“混合经济措施”

如果将中央政府的犯罪预防倡议全然解释为对一支由肩负着监督和巡逻任务的邻人组成的新市民社区防卫志愿军进行的总动员的话，那将是一个误导。在英国20世纪的最后十年间，这项计划已经取得了许多重要的进展，这些进展吸引了许多重大的、可选择的力量通过成功竞标而参与到多机构协作社区安全计划中来。在英国，这一投标和选择的过程类似于其他的“城市复兴计划”和“社会治理计划”（参见 Hughes and Lewis，1998），有时甚至还要高于中央政府的其他政策。举例说明，如内政部于1986年发起的“五城计划”，以及于1988～1995年提出的“创建更安全城市计划”，在其第一阶段就集中表现为，中央政府倾向于以地方为基础，以中央为指导的多机构协作犯罪预防计划（广泛地融合社会预防和情境预防的因素）。其中，“创建更安全城市计划”在英格兰和威尔士共实施了3600项子计划，总计耗资2200万英镑。然而，即使是这样在中央政府指导下实施的计划，也在中央政府权力范围之外，存在一定程度的“相对自治”。我们注意到，人们日益感受到自己正置身于“犯罪预防”这一保护伞之下，在为当前城市复兴计划提供资金支持的竞标程序中，已经有了明确的“胜者”和“败者”。例如，兼具慈善机构和商业机构特点的半官方机构“全国犯罪人关怀与重新安置协会”，1995年引以为豪并大肆宣传的成功是，赢得了30项“创建更安全城市计划”中的14项计划的管理权（全国犯罪人关怀与重新安置协会新闻，1995年，第14期）。

“五城计划”和“创建更安全城市计划”都出于内政部官员和研究人员的一种期望，即提升多机构协作犯罪预防的社会影响和社会效果。鉴于私营部门管理主义盛行，以及对地方民主政府缺乏信任，政府放弃了新右派主张的以“监禁”为导向的犯罪预防信条，而广泛地将“情境预防”和“社会预防”的策略应用到这一计划中来（参见Tilley，1994）。结果是，我们所讨论的两项计划，内政部中央部门均居于主导地位，而地方政府居于第二位。在20世纪最后的十年中，在英国中央政府发起的许多政策倡议中，营利机构被授予了“几近神使的地位”（参见Loveday，1994：185）。从长远发展的角度来看，中央政府当然希望“创建更安全城市计划”能够得到地方营利机构提供的资金支持。行文至此，就到了介绍“创建更安全城市计划”的第二阶段的时候了，地方政府再一次被排斥在协作体系的核心地位之外。直接成功操控这项计划的权力被授予两个慈善性半官方机构，即“关注犯罪组织”（CC）和“全国犯罪人关怀与重新安置协会”（NACRO）（参见Loveday，1994：198）。这再一次证明，在公共领域，政府权力被广泛地改写了。这带来了“资金控制”和

“目标环境”的更集中化，而通过层层分包授权，出现了机构权力的分散化。最后的结果是，在地方机构和中央机构，以及公众之间建立起以新的规则规制的关系体系（参见 Clarke et al.，1998；Hughes et al.，1997）。

不要夸大其功效？对于多机构协作犯罪预防的学术批评

20 世纪 80 年代和 90 年代初，出现了一种更为普遍的犯罪社会控制的趋势，特别是产生了一大批关于多机构协作犯罪预防问题的学术著作，这些著作对上述新型的犯罪控制策略的“成功”和“进步”表示了怀疑。这一讨论主要有两个学术阵营，即怀疑多元论和激进的极权主义批判（参见 Hughes，1997a）。在这部分内容中，我们首先对处于主流地位的怀疑多元论对多机构协作犯罪预防模式的评价与批判进行讨论。接下来，讨论激进的极权主义批判这一以“全球化”为主题的更加野心勃勃的论断。

怀疑多元论

在大多数社会学和犯罪学领域中，有关犯罪预防的处于主流地位的研究都对如多机构协作犯罪预防这样的政策制定和实践的可行性表示怀疑。同时，它们放弃了所有对单因理论的坚持，而更倾向于探寻潜在的可以解释犯罪问题的多元的途径。对于英国和世界范围内出现的关于多机构协作犯罪预防、社区治安和公共协商等策略的发展趋势，学界进行的研究大多是建立在以经验性认知（如果不是那些更为激进的批判者所主张的“不可知论”那样的话）为中心的基础上的，大多数人在怀疑论这一点上都持有明显一致的观点（可以参见 Weatheritt，1986；Bottoms，1990；Morgan，1992；Pease，1994）。依据这一观点，社区治安和多机构协作犯罪预防模式就具有了相当的局限性，其成就至多仅限于是对其特点进行华丽言语的修饰，而不是可见的实际成果。正如第 4 章所说的，某些评论者，如博特姆斯、威尔斯（1994）和皮斯（1994），确实特别强调了特定情况下多机构协作情境犯罪预防模式所取得的成就是非常脆弱的。这也就是说，所有的信息都反映出一个问题，即更进一步证明，更加理想化的"社会预防"和人为构建的"多机构协作预防"在众多的犯罪预防机构的工作当中仍然处于边缘化的位置，同时，它也未能被证明是一种成功的模式。这一结论反映出怀疑多元论分析方法中存在的密切相关的问题：它假设理论分析和现实情况之间存在不可逾越的界限，这样的话，理论分析就没有了实际意义。

艾科鲍姆和皮斯（1995）说，所谓多机构协作社区犯罪预防，实际上就是综合了"情境预防模式"和"以犯罪人为导向的预防模式"的一种提法。他们注意到，大多数所谓的"社区犯罪预防"的可评价目标都含混不清，捉摸不定。诸如"社会"和"社区"这样的用语，其所指的含义都是极其宽泛并且不尽如人意的，并且很难被准确地界定出来……将犯罪预防计划描述成为"社会性"或"社区性"的模式，通常会标示出一系列的价值，以及与之对应一系列的原因机制和对策方法（p. 601）。然而，反过来，很多评价通常都显得苍白无力，用艾科鲍姆和皮斯的话说，他们只是赢得了一个"安慰奖"，比如说减少了人们的恐惧感，提高了社会文明程度，但却并非从根本上减少了犯罪（p. 598）。然而，"社会预防"和"多机构协作犯罪预防"等计划的初衷却正是为了减少犯罪本身，这也成为人们讨论的一个焦点。皮斯（1994：688）以20世纪80年代至90年代在英格兰和威尔士推行的"创建更安全城市计划"为例，说明了这一趋势（现象），在这些城市中，有2/3的城市实施该计划的目标从根本上与预防犯罪无关，而是为了降低人们对犯罪的担心和恐惧，创造商业发达、经济繁荣的安全城市。尽管我们注意到，"创建更安全城市计划"宣传的首要目标就是降低选定区域的犯罪率。

艾科鲍姆和皮斯同时指出了问题的所在，即如何使多机构协作社会犯罪预防的实际效果从那些诸如住房计划、环境改善计划和贫困救助计划等责任中解脱出来。据说这些都是“公司必须面对的”问题（参见 Ekblom and Pease，1995：608）。

以一种更为疑惑的眼光来审视艾科鲍姆和皮斯的观点，值得提出质疑的是，对伪科学实现其所提出的目标的局限性进行的评价，他们是应该有清醒认识并接受的。而对其评价的研究所采用的主要方法仍然是类似于自然科学实验的研究模型。在这个模型中，犯罪预防措施（例如，交通缓压装置、闭路电视，改善街道照明，等等）实施前后都要进行评估测量，通过对比可以发现，任何明显的差别都应归因于这一新的犯罪预防措施的实施。坚持在政策领域也采用这种量化的测评方法，是对科学测量方法崇拜的反映，麦克·马吉尔（1994：236）将其形容为“数字的力量”。

同皮斯曾经提出的观点相同，一些评论者对该犯罪预防计划表示了同情，这些观点承认在怀疑论和悲观主义的氛围之下，这一犯罪预防计划有破产的风险，结果可能产生一种新的“无用论”的思想。其明显的失败可能是由于其并没有发动起人们对犯罪预防的热情，如以前汽车公司就没有因考虑到为避免汽车被盗而加强其设计的复杂程度的观念。我们可能还会发现，20 世纪末，在英国警务力量中用于犯罪预防的资源是非常低的，尽管当时这项预防工作被认为是警务政策的主要目标。这种失衡状态致使韦瑟瑞特提到现在关于犯罪预防的两个不同版本的故事：一个是政府报告和声明中所呈现的美丽的故事，另一个是现实中日复一日的常规警务活动，其中犯罪预防只是在主要活动之外的一种附属性活动（参见 Weatheritt，1986：49）。相当多的机构协作犯罪预防机制，不过是公众之间的一种联系活动而已。

在第 4 章中笔者曾提到，一些预防犯罪措施确实发挥了实际的作用。例如，关于地方政府在住户室内安装操作标志和磁卡性燃气仪表，致使在英国一些地方的入室盗窃犯罪的数量大为减少。以皮斯（1994，1997）为代表的一些人，否认了极度的悲观主义论调，并指出，在洛奇代尔实施的“科克豪特夜盗预防项目”（参见 Forrester et al.，1988）取得了一些成功，这项计划将“多机构协作犯罪预防模式”和“社会犯罪预防模式”熔为一炉，从而降低了入室盗窃犯罪的犯罪率，同时也减少了人们对犯罪的担心与恐惧。下面，让我们对这一成功的多机构协作的犯罪预防模式进行进一步的深入分析。

“科克豪特夜盗预防项目”几乎已经成了“成功”的典型，这表明在面临重重困难的现实之下，有一些措施正在发挥着作用，如在为期三年的时间里，科克豪特地区入室盗窃发生率降低了75%，往往被我们忽视的重复受害率也有了大幅降低。这个著名项目的核心目标如下：降低目标地区内入室盗窃的发生率；通过多机构协作模式实现“减少犯罪机制”的传播；保留该项目的最终的地方经营权。“科克豪特夜盗预防项目”同时也引发了针对“重复受害”问题而展开的重要的和不断增长的研究和实践（参见 Farrell，1995）。这一项目的研究人员发现，降低高犯罪率社区的犯罪危害的一种有益的、高效的策略是，集中力量努力解决生活在这一社区的“重复受害者”在数量上不成比例的问题，同时这也是该项目的目标之一。现在已被广泛接受的观点是，在大多数犯罪多发地区重复受害率是最高的（参见 Hope，1995：62）。这一系列计划的目标都集中于这些多样的受害者，包括提高经常受害者现有住处的安全防卫水平和移除预付公用仪表等技术性措施，以及当地的“居民联合会”和功能机构等通过社会预防措施来打击本地区内的侵害者。最终，这项计划确立了隐蔽性很强的监视系统，即由距离受害家庭比较近的邻居组成的小团体（参见 Forrester et al.，1988）。有一点是非常重要的，这是一项具有雄厚的资金支持的由内政部赞助的示范性项目。回顾这项计划的发展历程，一些社会学家提出的建议非常具有警示意义，即要当心试图将这一计划应用于其他地区，如将科克豪特模式复制或转用到有着自身特殊背景的其他不同地方时，一定要慎重（参见 Crawford and Jones，1996）。

多机构协作犯罪预防模式的另一个突出的问题是“目标加固”技术所导致的“转换”问题（即通过“目标加固”将犯罪行为和犯罪人的侵害对象从此地此对象转换到彼地彼对象，同样会对其他地区的其他受害人实施侵害）。犯罪学家通常对转换问题进行四重分类，即：

时间转换，即侵害行为会在其他时间发生；

空间转换，即具有某一共同目标的犯罪类型会在其他地方发生；

战术转换，即应用不同的方法和手段实施某一犯罪；

功能转换，即实施和最初预谋的犯罪不同类型的犯罪。

（参见 Pease，1997：977）

皮斯已经指出，转换本身有它的有益之处。我们来做个比喻，这就像把比拉鱼[①]从河的一处转移到另一处，那么如果一条河内只在某一部分集中有比拉鱼的话，那么，这可能对人们的安全总体来讲是有益的。用皮斯的话说，传统的文献都关注比拉鱼将会袭击哪些撑船者。换个角度，是关注为什么在河流的某个特定的部分会有更多的比拉鱼（参见 Pease，1994：676）。因此，转换可能是有益的，如大家都了解的那个著名的事例，在阿姆斯特丹地区设有红灯区，而在城市的其他地方却都是安全的。进一步说，在多机构协作犯罪预防

① 译者注：比拉鱼（piranha），学名锯脂鲤，也称为“食人鱼”或“食人鲳”，并非指某一种特定的鱼，而是一个类群，包括近 30 个品种，属脂鲤科中的锯鲑脂鲤亚科，主要分布于安第斯山以东至巴西平原的诸河流中。比拉鱼本为南美地区瓜拉尼语 piranha 的音译，原意为魔鱼。

模式之下，可能产生的结果是沮丧的商店扒手现在也许只能去打篮球了。然而，巴尔和皮斯（1990）也承认，转换所带来的影响在某些情况下也可能是有害的，如上述情形下沮丧的商店扒手还有可能去持械抢劫。倘若转换过程有某种公共规则的话，那转换就有可能被接受。如果没有程序保障的话，那么皮斯关于比拉鱼的比喻就可能受到攻击而不被接受，特别是那些面对接受这些转换而来的“比拉鱼”却没有任何选择余地的地方。

以更为乐观的态度来看，博特姆斯（1990：9—10）曾指出，英国20世纪80年代最富有挑战性的多机构协作犯罪预防计划，作为一种社会预防模式是和全国犯罪人关怀与重新安置协会相联系，并由内政部发起建立的。全国犯罪人关怀与重新安置协会建立了一系列在居住区实施的社区安全计划，其中曾经包括有超过80项的地方计划同时实施或逐次实施。居住区的选定大体都是那些饱受各种不安全因素的影响，并且犯罪率较高的社区。全国犯罪人关怀与重新安置协会采用的策略是其与提供地方服务的核心机构相互协商实施的行动之一，至关紧要的是，通过任意选出的居民代表组织小型会议，从而通过与会者对目标区域的认识和了解寻找出解决问题的可行方案。从中我们可以看出，也许应当开始考虑从对某一项目实施前后的特定结果进行对比评估，转移到如何对实施过程的最优设计和组织进行优先考虑。

布赖特（1987：49—50）已经勾画出了全国犯罪人关怀与安置协会的组织架构的关键特征的轮廓：使当地的组织参与其中；为犯罪被害人提供服务；为高被害风险人群提供保护（如儿童、妇女和少数民族）；为警务活动制定计划；为不同居住区域制定适合其需要的计划。根据沃克利的观点（1996），与全国犯罪人关怀与安置协会相关的社区安全框架体系已经超越了到目前为止本章所介绍的多机构协作犯罪预防模式的许多关键特征。首先，社区安全框架体系的基本出发点是，以应对犯罪受害及与之相关的对犯罪的恐惧为前提，肩负起这一社会责任是其建立广阔社会基础的必要条件，并非仅仅指正式的机构，同时非正式的机构和更多重要的社区关系网也是如此。这种模式意味着社区参与不仅仅是一种保障措施，而且还是一种积极的推动力量和典型的代表力量。其次，社会安全框架体系包含了对犯罪问题的定义，即犯罪问题融合了对犯罪受害的理解，其中犯罪受害主要涉及年龄、性别、种族（笔者还会加上社会阶层的关键性变量）等结构性变量。最后，这一框架体系提议建立一种真正的犯罪预防的合作模式，因此使其更加接近于对协作组织“授权”的想法（参见 Walklate，1996：316）。在本章的后面，笔者将回到对从犯罪预防向社区安全问题转移这一话题的讨论上，并对这一“散漫”的转移过程可能具有的意义进行讨论。

激进的极权主义批判

从不同的政治及文化批评观念出发，而非怀疑多元论所主张的经验性的或技术性的评价，有越来越多的研究开始关注犯罪预防的政治和社会成本，这也就是我们标题所说的“激进的极权主义”。激进的极权主义，是指一批主张激进地处理犯罪问题的学者所提出的观点或成型的著作，特别是指那些最初受到马克思主义的影响，后来又越来越多地受到福柯主义[①]影响的学者（见 Foucault，1997；Cohen，1985；and

---

① 译者注：福柯主义的主要观点是，现代历史的进展并没有兑现人类解放的启蒙承诺（这是许多抗议运动共同持有的观点）；现代社会的种种压抑并非缘于社会落后的遗迹，而是缘于在现代历史中产生出来的新的压迫机制（这一点与马克思主义相近）；这种压迫机制不是一种总体性的社会机制，而是由弥漫于社会网络中的复杂多样的社会控制机制所组成；社会控制在表面上是由法律、政府或经济组织等强制性体制对以作为法律主体的个人实施的，其实是在军队、监狱、工厂、学校、医院、精神病院乃至其他各种社会组织中实施规训技术。因此，现代社会秩序是以规训为基础的弥散性微观权力控制体系（这是后现代主义的独特见识）。

Poster，1990）。将这些作品归结在一起，它们共同关注的是社会控制机制的泛化趋势。与此相一致的是，20 世纪后期，人们见证了一个前所未有的深刻的、全面的（通常也说成是全方位的）社会监督系统的建立和发展。就这一点而言，在我们关于激进的极权主义的讨论过程中，简单地将这一激进的“规则”应用于“多机构协作犯罪预防模式”和“多元犯罪预防计划”也许会有帮助。

有学者主张在西方民主社会实行分散化的犯罪预防模式和其他明显的非制度化犯罪预防模式，这一趋势实际上已经拓展到社会控制网络的诸领域了。其中，斯坦利·科恩是此观点最具影响力的倡导者。在吸取福柯一些早期作品中关于“监督社会”① 的观点（参见 Foucault，1977）的基础上，科恩提出了著名的论点：“社会控制的出现是对监禁等传统方法的一种补充，而并非取而代之”，比如说监禁（参见 Cohen，1985：44）。“网状扩展”是经常用于形容这一过程的词语。“网状扩展”这一概念被定义为针对犯罪人制定精密完备的程序以对之采取相应措施的发展过程，以及将那些或者被忽略，或者匆忙而又简单的策略体系纳入其中，当然也包括生活在这一体系中的人。

约翰·普拉茨等学者进一步继承并深入探讨了“网状扩展”这一理论。约翰·普拉茨提出，我们发现非但没有改变制度中的不人道和不公正的因素，相反的是，这些作为监狱

---

① 译者注：关于“监督社会”，福柯认为，20 世纪后期“我们的社会就不是一个景观社会，而是一个监督社会；在图像的表面下，深深掩盖着身体；在交换的大抽象背后，继续着有生力量细致具体的操练；传播环路是知识积累和集中的支柱；符号游戏界定了权力的停泊池；不应说个体的那种美妙的总体性被我们的社会秩序所肢解、压抑和改变，而应说在这一社会秩序中，根据种种力量和身体的一整套工艺，个体被仔细地制造了出来”。在福柯的观念中，现代社会就是一个超级全景监狱，现代人就是在没有围墙、窗子、塔楼和狱卒的系统监督下生活的庸众，而这种监视系统就是由发达的大众传播媒介与先进的电子信息技术所构成的。

系统的特征现在被重新应用到社区计划中去了，在那些计划之中，这些因素往往被认为是制度中的替代性选择（参见 Pratt，1989：252）。在此观点下，假定的“替代选择”未能脱离社会控制系统正式的一面，相反，只是持续扩展的（多机构协作）社会控制网络中新增加的一部分内容。该理论认为，多机构协作犯罪预防模式并未减弱国家的社会控制系统的地位，而是增强了其力量，因此在其控制网络中，对其行为始终偏离社会的人更多地使用诱捕。根据批评者的论述，这些所谓的“网状扩展”的主张看起来并没有得到太多的实证性论据的支持，而更多的只是有赖于比喻性的说明，并以此唤起人们对这一概念的认同（参见 McMahon，1990）。

对多机构协作犯罪预防计划的激进的批判也与一种缺乏公允性的理论相联系。这一理论显然与上文所提到的让更多的人参与到多机构协作预防的社会控制系统中来的主张相关，同时与这一对分散性社会控制策略进行的批评又有着特征上的差别。普拉茨又指出，20 世纪 80 年代，一种“管理正义”的社会控制形式在社团主义者、多机构协作预防模式、分散型控制策略之门关闭后开始占据了主导地位。根据普拉茨（1989：245）的观点，以及罗伯茨·安格（1972）具有开拓性的洞察，社团主义是一种产生于先进的福利社会的趋势，在此趋势之下，通过集中各种因素，如政策的制定和实施，增加政府干预，加强具有共同的目标和旨趣的专业机构和利益集团的合作等途径，以形成一股合力，使得社会冲突和破坏行为发生的机会减少。普拉茨指出，在社团主义的组织安排中，有很多特点是类似于英国 20 世纪 80 年代的多机构协作预防模式的基本特征的，如青少年联络办公室和陪审小组等，其关键点是强调政策所产生的结果，而并非实施对象的权利（参见 Pratt，1989：248；Hughes et al.，1998）。

更抽象地说，使用“网状扩展”或与之类似的概念是为了清晰地说明一些机制的一般运作过程，如多机构协作犯罪预防、社区警务和公共社会控制机制等，这些社会机制扩散、渗透、延伸至以前通过官方的正式的控制与预防模式所未能触及的社会领域（参见 Gordon，1987）。因此，20 世纪 90 年代，“协作预防”思潮可以被看做是在不断扩展的社会控制机制之下，市民社会浸没的一种表现，更证实了科恩（1985）广泛宣传的“社会控制扩展”的重大论断。

这一重大的理论具有难以抵御和拒绝的吸引力。只要看一眼这个糟糕的世界，就会产生强烈的诉求，无疑，这并不仅仅是针对那些处于社会边缘获得了替代性满足感的智者来说的，与之相比，那些被认为是终日浑噩的人亦是如此。伴随着颓废主义[①]的产生，开始关注明显日益严重的社会混乱问题和非个人的控制机制问题，这并非仅仅限于激进主义犯罪学的主张（参见 Reiner，1994：757）。事实上，如果取消了激进极权主义的分析，那么这一理论设想便是存在缺陷的。然而，在社会控制计划中采用激进的方法将会面临一些困难，会使其自身的优势在对多机构协作犯罪预防计划的某些典型事例进行的社会学研究中受到限制。首先，关于对马克思主义的庞大理论和福柯主义的分析与论述的特定解释有着理论上的排斥，在其对诸多问题的回答中并没有经过实证方法的检验。当然，大部分内容中，也会有少许特定的细节相同，但在其决定性理论中还是存在广泛差别的，比如激进的极权主义（参见 McLaughin，1994）。激进的极权主义理论在其论著中的宏伟计划既夸大了反面乌托邦的发展趋势，也夸大了社会控制机制的干预力量，同时低估了特定地区的阻力，简

① 译者注：颓废主义，是 19 世纪下半叶欧洲的资产阶级知识分子对资本主义社会表示不满，而又无力反抗所产生的苦闷彷徨情绪在文艺领域中的反映。颓废主义或称颓废派，源自拉丁文“Decadentia”，本义是堕落、颓废。最早表现在法国诗人波德莱尔和象征主义者马拉梅等人的创作中，因而后人往往视象征主义与颓废主义为一体。颓废主义的思想基础是主观唯心主义、非理性主义。颓废派在稍后的英国唯美主义运动中得到了进一步的发展。

单地认为，只要对特定地区给予补偿就可以对其进行操控和协商。简单地说，社会控制机制在现在和将来的发展趋势，当然也包括多机构协作犯罪预防，可能会比激进极权主义所论述的景象更为复杂和不可确定。在接下来的部分中，我们将更为详尽地展示20世纪90年代中期，在英国流行的地方多机构协作犯罪预防计划的图景。

在中央政府控制范围之外生活？地方社区安全策略

在这部分内容中，我们将重点讨论当前学术界的主要前沿性研究成果，同时对20世纪90年代在英国关于地方公共安全策略和计划的学术争论进行讨论。以上综述的内容隐含着一种设想，即使中央政府倒台了，但赖于《摩尔根报告》中所说的多机构协作犯罪预防模式以保障“社区安全”的途径，在地方政府管辖范围内，人们仍然能够和平安宁地生活下去。尽管多机构协作犯罪预防计划在维护“社区安全”方面总是自鸣得意，但我们应该清楚地看到，对其本质属性的准确界定仍然有些谬误与含混。

尼古拉斯·蒂利（1994）曾写下一份最有趣的文章，简要记述了多机构协作犯罪预防模式中关于“创建更安全城市计划”的发展历史。蒂利一开始就论述到，基于犯罪率的不断攀升，而更多传统的应对措施（如威慑刑、监禁刑）表现出的无奈，使得在英国过去的15年中，多机构协作犯罪预防模式和社区安全计划日益占据了重要的地位。蒂利将“创建更安全城市计划”视为这一政策的一个突出表现。正如前面所提到的，这项计划包含三个核心目标，即在经济和商业繁荣的同时，实现减少犯罪；降低人们对犯罪的恐惧；创建更安全的城市。所有的计划都是由中央机构统一调控而由地方机构具体执行的。在这一计划中，“协作”这一用语再一次被提到政策表达及实践活动的最前端。在简要论述了这项计划的概况以后，蒂利试图解释“创建更安全城市计划”的表现形式。此时此刻，分析开始变得有趣了，因为在这一计划中，对中央和地方两个维度之间权力关系的复杂性进行了揭示。

蒂利认为，任何一个单独的因素都无法解释这项计划的出现及其表现形式。事实上，蒂利主张，内政部内外的“行政管理”犯罪学学者在这项计划中扮演了很重要的角色，他们将犯罪预防计划的表现形式控制在当时保守派政府主张的特定框架之内，与其组织架构和意识形态保持了一致（参见Tilley，1994：42）。蒂利的分析强调，具体的政策和个人参与在这项多机构协作犯罪预防计划的建设中发挥了重要作用。同时，蒂利意识到，“创建更安全城市计划”受到主流（新右派）思想的限制。他谈道，“只能在其已经给定的政策框架内进行选择”（p. 44）。然而，蒂利并没有简单地去认识这一问题，他认为，这项计划并没有完全受制于中央机构和右派势力而成为其手中的傀儡。而且他谈道，在众多不同的地方性计划中普遍地存在着一些“共同特征”（p. 46）。他进一步指出，强调营利性组织和商业生活的重要性只是为了充充门面而已。这是在营利性组织盛行时期的一种自觉的表达，以借此来取得政府的财政支持（p. 46）。

作为一个公允的持怀疑论的社会学家，蒂利更多地强调行动造成的不可预知的结果，这一点并非仅仅局限于政策的制定和实施过程。考虑到该计划既有内政部之内的参与者也有之外的参与者，其间存在着复杂的关系，蒂利继而指出，简单地将多机构协作犯罪预防模式看成是右翼势力——撒切尔主义的政策性表达，这种解释有些似是而非（参见Tilley，1994：50）。与20世纪80年代关于犯罪预防政策的评论者不同，诸如金（1989）所评论的那样。在强调了该计划复杂的“原因论”之后，蒂利接着列举了决定和影响地方计划相对自治的因素。例如，协作预防计划的参与者可能来源于不同种类的职业和领域。当内政部的中央控制力较弱时，地方自主决断的现象就可想而知了，随之不同地方之间差异的出现也就可以料想了。蒂利在“创建更安全城市计划”的实践中广泛地采用了“情境预防”和“社会预防”的犯罪预防方法，尽管蒂利错误地认为，在情境犯罪预防模式中被普遍使用的类似做实验的量化分析的方法可以很容易地应用到这一计划中来，但这一设想需要一定的资金支持（参见 Tilley and Pawson，1994：292）。

蒂利对“创建更安全城市计划”的总体评价是，它是一个在某种程度上较为脆弱的、临时性的现象，它能否保持并生存下来值得怀疑。在对这一计划的前景进行预测时，蒂利（1994：55）指出：

> 这一“创建更安全城市计划”破产的原因之一也许正是内政部犯罪预防小组的成功之处，其成功之处在于，提高了地方机构对犯罪的政策性关注，表现出这一计划的徒劳无益（也就是说，其实施是没有任何有益的效果的）。犯罪预防获得的普遍支持使得诸如“创建更安全城市计划”成为多余的举措。

蒂利对多机构协作犯罪预防模式中中央和地方相互结合关系的研究作出了一定贡献，其贡献的重大意义在于，他强调这一由内政部主导的计划的综合性起因以及其意想不到的结果。尽管非常清楚的是，右派关于法律和秩序的政策性规划是一个至关重要的因素，但由其所导致的全部结果却并非均应归功于撒切尔主义。通过对政策的制定及其运行过程中形成的复杂关系网络进行探讨，以及对其中由地方和中央这些关键因素组成的关节点进行研究，使得学界不仅对地方和中央这两种角色之间的辩证关系的认识更为开阔，而且对整个计划的认识也更为深入。从怀疑多元论角度进行的评判总是把偶然性的意外事件作为论据来使用。在蒂利的分析中，这种打破旧习的思想既有其优势，也有其弊端。因此，国家权力看起来只是一个大大的空壳，而充斥其间的是各种相互竞争的营利性组织。尽管过去的“政治架构”在总体上是受限制的，受到既定原则的限制，但是差异性是逐渐扩大的，这也正是我们未能给予充分关注的问题，即权力维度的变化，由此设置的议事日程都并不关注这一决定产生的过程。蒂利的分析将矛头指向那些偶然事件和意外事件。然而，确实有必要将“创建更安全城市计划”予以概念化和明确化，那就是其作为新右派国家的犯罪预防计划的一部分已经被分散化了，甚至在实践中不得不允许基于地方自治而形成的差异性和层级性。

马克·利迪泽和洛林·格尔茨（1994a，1994b，1994c）将他们的注意力集中于多机构协作犯罪预防模式在多大的范围内吹响了“战斗的号角”，这一点在内政部通讯（44/1990，内政部，1990）和1991年的《摩尔根报告》（参见Home Office，1991）中都有所体现，这一点同时也在影响着英国地方犯罪预防计划的理念、形式和主导力量。他们的研究特别强调《摩尔根报告》中提到的六项要素，即所谓的结构、领导、信息、一致性、持久性和资源，认为这些要素是多机构协作犯罪预防模式至关重要的内容。由于这一计划的研究范围如此宽泛，使得英国在关于犯罪预防的研究领域中提出了一项独特的计划，利迪泽和格尔茨明确提出，相对于“机构间犯罪预防”这一用语，他们更偏爱“多机构协作犯罪预防”这样的用语，因为多机构协作蕴涵着合作以及参与者之间的平等关系等含义。

在这一地方性犯罪预防计划中，利迪泽和格尔茨以时间为序对其结构的变化（从正式的到非正式的）、领导模式、外部机构的参与、地方政府和中央政府之间的关系等问题进行了详细的记述。作者没有对其模式的变化进行肤浅的评论，而是更倾向于对现实存在的或者也可以说是正式的结构（只是针对结构本身，而很少甚至并不关注这一计划具体的实施状况及实施结果）及其相关内容进行写实性的描述。然而，也有可能从这种一般性的观察中窥其一斑，在利迪泽和格尔茨关于地方多机构协作犯罪预防模式的一般性描述中，我们仍可以发现这一计划在实践过程中其成功的或失败的细节。总而言之，作者是支持建立正式的结构体系的（反对非正式的设计），所谓正式结构体系应该有相关机构的最高领导的“高层”支持。利迪泽和格尔茨同时还注意到，在被考察的众多计划中，正式参与的成员中很少有代表某一个集团利益的，尽管他们也承认有些利益的产生是与成员的参与相关的（如倾向于享有“所有权”可能导致更好的资源支持），作者明确表示对以下论断仍持保留态度：多机构协作犯罪预防所产生的收益与地方民主结构密切相关（这种观点可能出自于对政府官员的访谈，因为地方政府选举的从政人员的观点不能作为研究项目的一部分）。他们特别指出，如果政客将这一计划视为一个政治事件并攻击它，那么这项计划就可能有很大的危险。作者表达了对该计划的这一易损性特点的关注（参见 Liddle and Gelsthorpe，1994a：16）。

尽管中央政府可能有不同的主张，但利迪泽和格尔茨仍然支持蒂利所描述的模式，即地方的差异性和非一致化：“总体来说，特定领域的真正进步在很大程度上确实应归因于地方的历史性特质，或是某一偶然的将犯罪预防责任的重担扛在自己肩头的特定个体，主要是其责任感和才干。”（1994a：27）正如蒂利所认为的那样，如果不能实现对这种国家权力分散化的新形式进行理论化的注解，就可能意味着在对多机构协作犯罪预防模式进行广泛的描述性解释的时候，疏漏了对该计划的地方性信息进行统一的规制，因为所有的表象都表现为地方的差异性。可以肯定地说，如果离开了前面所提及的福利国家中的这一国家权力的新的运行模式，那么多机构协作的“关系”是不可能持久存在的。

利迪泽和格尔茨（1994c）将“以计划为导向”和“以程序为导向”的犯罪预防工作之间的差别作出了重要界定。

“以计划为导向”的工作是受短期目标驱动的，通常是追求快速的、短期的“重大收益”的结果，然而“以程序为导向”的工作却创造了稳定的结构和工作的安排，这些可以持续很长时间，往往要依赖于长期的资金支持，而其资金的来源又往往是那些主要机构的财政预算。后者看起来好像是英国常规模式的一种例外（参见 Hughes et al.，1998）。“以计划为导向”的犯罪预防工作的实效受到了质疑，它可能侵蚀地方的主管权，同时其可能如风中的一片云彩，飘忽而过，转瞬即逝（参见 Liddle and Gelsthorpe，1994c：9）。尽管利迪泽和格尔茨之前对政客参与此项工作持保守态度，但在支持“以程序为主导”这一点时，他们又反过来表现出对地方民主政治机构的需要，以及使其承担重要的责任，这一点表明，以程序为主导的工作模式的发展更依赖于政治层面的所有制主观权（1994c：9）。这看起来就像是他们早先因为担心地方政客会对这项计划施加影响而做了一个蛋糕，现在又把这个蛋糕给吃掉了。利迪泽和格尔茨最终提出的核心焦点是资源问题。他们指出，总体资源的短缺是该计划的参与者所面临的最重要的问题。用他们的话说，无论是国家财政还是特定的地方政府的财政，其前景看起来都是支离破碎、参差不齐的（1994c：14）。当然，这种情形本身也肯定是一个重要的政治问题。

利迪泽和格尔茨所负责的研究得出了一些有价值的结论。大部分以前的和现在正在进行的关于这一领域的研究都局限于某一个地域、某一项计划，最多也不超过两项。放眼整个国家，这种“考察”也有它的价值，即它是对某项计划进行评价的一个“最诚实的记录者”。然而，利迪泽和格尔茨的工作却远不止这些。他们对“以程序为导向”的工作模式的价值进行了探讨，这在犯罪预防政策领域中有着至关重要的意义。作者对当前实施的多项犯罪预防计划的描述再一次证实了英国犯罪预防事业有着多种复杂的构成，当然，对这种情形的理论化总结可能是存在局限性的。尽管如此，我们需要对关于犯罪预防工作与地方民主政治的关系的重要讨论给予更多的关注。最后指出，这项由内政部发起的研究其主要局限性在于，对多机构协作犯罪预防的政治表达、授权模式、参与状况和民主责任等问题缺乏充分的讨论和深入的理解。

丹尼尔·齐林曾经指出，多机构协作犯罪预防模式中隐含的“协作”的逻辑看起来是不可或缺的。齐林进一步建议，要谨慎地对待“协作”问题，当各合作机构围坐在桌子周围进行协商时，他们通常会对犯罪预防的策略进行激烈的争论（参见 Gilling，1993：146）。齐林特别关注警务工作和缓刑监督工作，以此为例证来警示那些对犯罪预防怀有不同的理解却赶潮流似的投入到多机构协作犯罪预防中来的机构，使他们意识到这项工作的危险性。齐林追溯了每一机构的历史起源（在这一例子中，是警察机构和缓刑监督机构），说明这种思想包袱是如何继续影响各机构在当今时代的理论架构和实践模式的。

齐林指出，在警方（而不是犯罪预防组织）关于犯罪预防的模式中占据主导地位的仍然是古典主义犯罪学派的传统（参见本书第 2 章）。这种犯罪控制模式既强调事先威慑也强调事后制裁。与之相对的，从历史性发展的角度来说，缓刑监督机构的主要特征是积极的重塑与改造。因此，缓刑监督策略的主导性观念是矫治和福利性政策，这一点可以从心理学和社会学实证主义理论中得到提示（参见本书第 3 章）。齐林（1993）又指出，警察工作的主导性观念应该部分归因于他们对法律和秩序的态度，同时也归因于他们容易实现对信息的掌握（犯罪统计数据），这使得他们能够准确揭示哪些犯罪的机会是最应该预防并消除的。

齐林进一步发展了这些认识，他指出，当没有确切的论据来证明多机构协作犯罪预防模式是一种“包治百病的万能药”的时候，太过匆忙地将各种机构联合起来的做法不过是一种潮流而已（参见 Gilling，1994：246）。他主张，各机构被拉入“协作网络”是存在许多原因的。部分缘于这项主张将自己妆饰成一个不证自明的“好想法”，使其具有一个“美丽”的形象，证明它是值得追求的，并以此为宣传口号来吸引各机构参与其中（p. 247）。“协作”是一种良好的公共联系方式，它可能会获得各种资源，而非仅仅是对中央政府命令的服从。在实际的合作情形中，齐林指出，其吸收了情境犯罪预防模式的优点，与以长远效果为目标的社会犯罪预防模式相比，使它的实施效果具有更容易量化评价的优势。内政部的评估压力也导致了政治学家所说的“偏倚动员”[①]，即支持新自由主义的情境犯罪预防策略。

总体而言，当前英国多机构犯罪预防的实践对齐林的论述没有任何影响。他对传统的技术型研究作出了有益的修正，在传统的技术型研究中，是将犯罪预防视为已经被预先设定了相应的评价标准，并着手对其可衡量的结果进行评价。而齐林的研究将我们的注意力引向情境预防和社会预防之间的矛盾之上，他提倡犯罪预防策略的制定和实施要更为紧密地围绕以“问题”为导向，并坚持从全局着眼的观念，要改变当前实施的大部分社会犯罪预防工作的软性特征（参见 Gilling，1996）。以此为基础，齐林对多机构协作犯罪预防和社会

---

① 译者注：“偏倚动员”（the mobilization of bias）的概念最先由 E. Schattschneider提出。E. Schattschneider 曾经指出：“任何形式的政治组织，都含有一种偏倚，一方面有益于披露出某种冲突，另一方面则有助于压制其他冲突，因为组织就是偏倚的动员。某些议题被组合以进入政治范围，而其他议题则被排除在外。”（cited by Bachrach and Baratz，1970：8）显然，此处所说的“偏倚”，不是意指个体之主观好恶的“偏见”，而是指政治组织中价值分配经常偏袒特定成员的“固定模式”。依照 Bachrach 与 Baratz 的解说，政治系统所发展出来的“偏倚动员”，乃指系统中占据优势的一套价值、信念、仪式及制度程序；它们有条不紊地持续运行，以至于在牺牲其他个体或团体之下，助益了特定个体或团体。这两位学者指出，维持特定的“偏倚动员”的一个基本方法，就是“非决策制定”。参见郭秋永：《对峙的权力观：行为与结构》，载我国台湾地区《政治科学论丛》2004 年第 20 期，第 30 页。

安全计划的争论作出了关键性贡献。他关注于对多机构协作犯罪预防模式概念的本质进行澄清，这同时也是亚当·克劳福特研究内容的主要特征。

克劳福特（1994，1995，1997；参见 Crawford and Jones，1995）已经清晰地指出了一些值得关注的重要内容，即将法律和秩序推向独裁主义，与之相伴而生的是，多机构协作社会犯罪预防框架下的新社团主义制度实践在英国的出现。通读克劳福特的著作，我们发现他首先强调多机构协作预防实践的综合性、自发性以及协商性的特征；其次是对多机构协作预防实践中社区的作用进行了严格的审视；最后是重新考察普拉茨（1989）提出的关于多机构协作犯罪预防讨论中有关社团主义的话题。下面，我们对这些话题进行更为详尽的讨论。

克劳福特主张的理论基础来源于皮尔森等人（1992）对多机构协作犯罪预防的早期研究，主要是他们持赞同意见的批判性评价，这一点我们在前面的内容中进行过相关的讨论。皮尔森等人的著作的核心内容是对多机构协作犯罪预防计划的参与机构之间在权力和资源方面的重大差别和冲突进行了探讨。以此为基准点和出发点，克劳福特和琼斯（1995）指出，多机构协作犯罪预防模式中的一致性和冲突性都是其本身所固有的。更为重要的是，他们一致同意权力关系一定是多机构协作模式中需要解决的首要问题，但是他们认为，皮尔森等人（1992）对权力进行了一个狭义的、限制性的界定，其讨论忽略了多机构协作模式中参与者的行为所具有的创造性本质（参见 Crawford and Jones，1995：20；同时参见 Hughes，1994）。

尼尔克（1985）的观点符合激进的极权主义的传统主张，将我们的注意力吸引到一些重要的概念性和政治性的问题上，这些问题主要是关于“社区”在犯罪控制策略中的作用。克劳福特对多机构协作社区犯罪预防的研究在很多方面都是建立在尼尔克的研究工作的基础上的。与此相应，值得注意的是，在英国广阔的政策体系中，对“社区”的需求，其目的在于补偿法制系统的缺陷。他接着继续指出，在关于法律和秩序的处于支配地位的政治性策略中，对社区的需求本身就是一个蕴涵高度选择性的有说服力的设计。克劳福特注意到，有一个假设（错误的），在社会的主导性犯罪预防策略中如果缺乏了必要的社区因素，那么这一预防策略的作用就会下降，反之，对于犯罪本身的情况则是，更多的社区因素意味着更少的犯罪发生。更进一步说，社区被假定是用以对抗外部侵害的一种防卫措施，社区本身所具有的同质性特征大于其异质性特征（参见 Crawford，1995：105—7）。按照社会学怀疑论长期以来的传统，对使用“社区”这一含义捉摸不定的用语，克劳福特认为，我们要谨慎地对待“排外主义者”及“多数主义者”的立法模式，这是英国当代有关多机构协作“社区”犯罪预防的主要策略的特殊作用导致的结果。

克劳福特指出，与犯罪预防中以社区为导向的多机构协作模式的出现相伴而生的是职务与责任的转变。在这个过程中，许多法定机构推卸了责任，而许多社区便成了替罪羊。进而言之，社区参与被视为一种操纵和控制其预期结果的途径（参见 Crawford，1995：112—13）。附带性地谈一点，克劳福特明确谈到，无论如何掩饰或表达，中央政府在犯罪预防活动中向社区推卸责任的行为确实对中央政府存在着危险，而且这种危险并非仅仅产生于那些充斥着不稳定活动的空间，如“治安维持会活动”那样。治安维持会的出现证明了一点，即在英国 20 世纪 90 年代，社区把持了法律以自主对抗诸如“恋童癖者”和“惯习犯罪者”。总体来说，克劳福特刻画了一副反乌托邦式的图景，其中新的多机构协作以对抗犯罪的“关系”给民主政治带来了典型的危机。他主张，求助于社区意味着在地方冲突中出现了一种特定形式的“管理主义”（参见 Crawford，1995：121）。我们将在第 6 章中对社区这一话题进行更深入的探讨。

克劳福特（1994）进一步将多机构协作犯罪预防模式融入广阔的政治背景中进行讨论，他引用普拉茨（1989）在其关于多机构协作模式的讨论中提出的观点，以之为例对上述讨论的在现代资本主义国家中社团主义的发展趋势进行了说明。在20世纪后半期国家权力在本质上转型的大背景下，对同时期的犯罪预防策略的分析自然变得更为开阔。特别是克劳福特着重强调关于犯罪预防和犯罪控制的多机构协作模式与诸多因素之间存在相互的连通性，如构建福利国家的理想的破灭，理想社会福利的下降，地方政府实行的新的管理机制及政府和市民社会之间复杂易变的关系等问题（参见Crawford，1994：497；关于政府和市民社会之间关系的发展趋势的更为全面的讨论，可参见Hughes，1998b）。

克劳福特继续论述道，这一“社团主义”的犯罪预防策略隐含着一些固有的危险。因此，在实现参与者之间进行联合的目的中，标准化规则的缺失就被看做是对“正当程序”和犯罪嫌疑人的“合法权利”的一种威胁（参见Crawford，1994：505）。克劳福特还认为，多机构协作“社区”犯罪预防模式是一个界限含混的、开放的结构体系，具有很强的管理色彩和注重实效的特点，同时他认为，作为一种干预形式，其更多地受到短期目标的影响，具有情境化的特点（参见Crawford，1994：506）。更为明显的是，他指出多机构协作犯罪预防计划有可能被推向更为广阔的以法律和秩序为主导的体系之中。这一过程意味着“社会危机”可以通过“犯罪化阻断”这种社会政策的相应方式处理，即只要我们将一些基本的公共事件定义为具有诱发犯罪的性质，那我们就可以通过相关的社会政策将其边缘化。

最后，克劳福特回到对这一协作性多机构预防模式对公正和民主造成的威胁这一问题的讨论上。他特别强调，这些新出现的“新社团主义灰色地带”有可能成为高度强制性、独裁性的管理形式，在这一计划的实施过程中，实用主义和效力主义已经取代了标准化规则（参见 Crawford，1994：511）。

20 世纪 90 年代，笔者曾对北安普敦郡的社区安全政策进行了研究（参见 Hughes，1994，1996b，1997a），证实了以克劳福特为代表的评论者所提出的担忧，以及激进的极权主义研究者进行的相关研究。这项研究集中于地方警察局的社会民主政策的发展状况，主要是关于在地方以民主责任为导向的背景下，社区安全策略和警察/社区咨询计划的融合。这项政策过程反映了地方政府当中的行政机构和地方委员会之间的冲突和联盟，以及地方政府和中央政府的规划之间同样复杂的冲突。对地方的犯罪预防和社区安全的争论被当然地政治化了，对其缺少民主措施的关注也被严格限定，然而，很明显，对多机构犯罪预防的讨论往往仅是局限于学术研究领域。正如约翰·克拉克（1996b：10）曾提到的，“在特定的背景之下，特定的言语往往要被迫去解释与自己相反的内容”。20 世纪 90 年代，北安普敦郡即开始了倡导建立民主化的社区安全策略的进程。这将再一次使人们错误地认为，任何社区策略只要被很好地设计和执行，就可以成为能够解决一些社会问题的“万能药”，如与后现代相关的历史性变革，以及在风险社会中“文化忧虑”的不断增长等问题（见本章引言）。然而，也许正是基于社区安全概念的模糊性和空泛性——尤金·麦克劳夫林（1994）将其称为“自由漂流的符号”——为符合地方、联盟和网络发展要求的创造性思想的产生提供了机会和空间，而其对于一向以法律和秩序为导向的地方和中央集权政策的回归式发展趋势无疑是一个有力的挑战。作为对使人麻木的以管理为导向的犯罪控制策略的一种反作用力，对于地方参与者而言，以为对社区安全理想的追求是为一种道路，一种能重新燃起对广阔的社会环境进行集中的社会控制的关注的道路，这是一种幻想吗？在英国的不同地区，其情况看起来变动颇大，尽管地方和中央政府的博弈有着明显的不平衡性，在撒切尔夫人之后，也不应该过高地估计关于法律和秩序的“日益强硬”的计划的支配能力。

在这个充满数字的时代，这种类似地方多机构协作社区安全策略的政策性计划面临的最大问题是如何去衡量它们的成功？最典型的衡量方法可能是，犯罪数量的减少，相应的安全措施的增加，以及人们安全感的提高，同时避免了右派势力通过道德说教阻止多样性和差异性的存在。我们的困难当然不是必须以短期的方式来进行衡量。至关重要的是，要认识到人口统计学、文化和技术等各方面因素的交织融合而形成的综合标准，已经开始用于解释一些问题，诸如安全与不安全的意识的变化，犯罪与无序的客观事实等。结果，受这种可以量化的衡量标准的影响，社区安全/多机构犯罪预防策略对犯罪率的影响很难被正视。然而，对将来的研究者来说，更合理的“衡量标准”可能是要去审视多机构协作社区安全工作的“美好理想”是否以切实的、实际的反专制的结果表现出来。例如，有一些证据表明，一些特定地方的多机构协作犯罪预防策略和减少对犯罪恐惧感的策略，其目标旨在满足妇女和少数民族的需要。一些地方政府十分关注多机构协作犯罪预防的一些特别主张，如公共场所犯罪被害中的性别差异问题，以及引入受虐妇女避难所、女士专用计程车和妇女夜间公车服务系统等措施（参见 Comedia，1991）。

时至今日，对地方的主导性地位的强调并不意味着国家的计划就可以被简单地解读为中央政府是在充当着毫无意义，或者是百害而无一益的角色。据此，我们应该注意到，在 20 世纪 80 年代的法国，统计学学者设计出“波尼梅森策略”的成功事例。这项策略并不像英国政府 20 世纪 80 年代的政策，它不是以个别计划为基础的，而是寻求将犯罪预防策略寓于正在运行的社会制度和程序之中。这项策略要通过社区这一层次去执行，而社区这一层次的成员又要接受主要的中央机构和地方政府的代表的领导。它的特点在于，有效地沟通国家政府和社会党的精英们之间的关系，那些社会党精英一方面有能力和中央政府进行协商谈判，另一方面也能协调地方计划之间的差异性和多样性。正如萨顿（1997：23－4）所强调的，“波尼梅森策略”的成功有赖于一些政治原则的出台，这些政治原则基于共同的意识形态而形成，并借助于在中央和地方占据统治地位的社会党人的力量而使之成为可能。它超越了具有实践性的实用主义，而是高举法国社会党政府的“方便旗”①，在社会所有事务中贯彻犯罪预防思想。我们发现，这项策略中贯穿着两条主线，即团结与合作（不像英国中央政府实施的政策中的消费主义②、个人主义③和自助主义④的思想）（参见 King，1991：90－1）。“波尼梅森策略”将居住在同一个社区的人比做“内部人”，与此形成对照的是，在英国中央政府发起的“社区犯罪预防计划”，其中将这部分人比做“外部人”。这一事例清楚地说明，中央政府主导

① 译者注：“方便旗”（flag of conwenience）系船舶登记制度中的概念。在实行开放船舶登记制的国家注册，取得该国国籍，并悬挂该国国旗，该种国旗就称为方便旗。

② 译者注：消费主义（consumerism）最初产生于19世纪末，第二次世界大战后，美国首先成为消费社会，消费主义成为其主流价值取向；20世纪60年代起迅速波及西欧和日本。伴随着经济全球化时代的来临，发达国家不仅将消费品推向世界各地，更将消费主义的意识形态推向世界。消费主义，主要是指以美国为代表，在西方发达资本主义国家普遍存在，也在不发达国家出现的价值观念或生活方式，它是一种有明显的价值诉求的意识形态。它追求和崇尚过度的物质占有或将消费作为美好生活和人生目的的价值观念，以及在这种价值观念支配下的行为和实践。消费主义坚持这样的看法：第一，消费是促进经济增长的最有效的活动和手段；第二，消费是自我精神满足和物质满足的根本途径；第三，消费也是人生的根本目的，人生的意义就体现为消费的质和量：物欲的满足、感官的享受乃人生追求的最高价值。

③ 译者注：个人主义（individualism），最早明确提出“个人主义”概念的是法国政治学家托克维尔，他试图用这个概念来概括其从未见到过的一种社会制度，包括政治制度、经济制度和文化制度。

④ 译者注：自助主义（self-reliance），该理论的基本立场是提倡个体之间的自助关系。

的社会犯罪预防政策仍然是可行的，总是假设中央政策和地方策略之间存在冲突是一种误解。

这一部分内容的主要目的是，通过对各地当前关于犯罪预防计划的多样性研究进行回顾，以对英国多机构协作犯罪预防和社区安全计划的关键发展作一综合论述。在这一回顾中，我们发现，克拉克的“权力分散型国家”的观点，即国家权力只是被分散而并非被削弱，很好地抓住了中央与地方之间在犯罪控制策略方面的关系的本质（参见 Clarke，1996a：15）。因此，中央政府的约束性权力和其影响，以及诸如内政部的中央各部门分属的权力及其影响，在对任何关于地方联合的多机构协作策略的考察中都是不能被忽视的。确实，诸如齐林和巴顿（1997）这样的批评者也曾谈到，抛弃对犯罪预防概念的狭隘理解，使之倾向于社区安全领域，由于它在围绕法律和秩序以及城市重建等内容而进行的一系列计划中明显的失败，故其可能被更好地理解为是过去十年中重新合法化的中央政府命令的一部分。从最坏的方面考虑，社区安全可能演变为另一种策略，一种对社会中处于底层的阶级的管理和控制的策略，其目的并非是要实现社会的一体化，而是要保持社会的两极分化状态（参见 Gilling and Barton，1997：78）。然而，现行的“社区安全计划”和“多机构协作犯罪预防计划”无论在其起源还是在其结果方面可能都不会被简化成为一个为“新右派”所主张的法律和秩序规划。这个近来出现的规划，其影响在对很多程序和结构方面进行考察的过程中都是很明显的。对于克劳福特所强调的政府型管理的新形式，蒂利对城市重建策略进行的讨论，齐林、利迪泽和格尔茨描述的团结合作模式，谁会提出否定的意见呢？所有这些都可能发挥其潜在的作用，使弱势群体或边缘化的力量让出他们的权利，使现有的社会机构之间的联合进一步巩固加强，使各种形式的规则继续对社会和民主责任等问题保持沉默。更进一步说，有证据表明犯罪预防在不断地向管理化和私营化方向发展，其中多机构协作的参与者之间通常是具有共同利益的。

萨顿明确指出，多机构协作社会犯罪预防的概念界定是非常模糊的，在这个主题下包含着各种不同的策略。“犯罪预防成为一个‘无所不包’的用语，为很多利益团体所利用，通过它在情感上容易被人接受的特点，去吸引资金支持。”（参见 Sutton，1994：10）克劳福特以类似的形式谈道，“这种开放式结构的本质使得犯罪预防有着很大的伸缩空间，在某些情况下能够包容任何‘先进的工作形式’，以致其被视为与任何可能带来有益影响的工作形式都具有内涵上的相通性”（参见 Crawford，1994：328）。然而，前面提到了关于社会控制在国内和在国际上的发展趋势（参见 Cohen，1985），与之形成鲜明对照的是，笔者认为在英国同时期的地方多机构协作犯罪预防计划有时也会吸收或者创造一些超越中央控制以外的规划或方案。在对多机构协作犯罪预防模式的发展趋势所进行的调查研究中，应对背景因素以合适的定位，本章已经试图突出地方环境的特异性的重要作用，尤其是在解释该计划在特定地方的总体发展趋势过程中的重要作用。

在这一部分着墨甚多，但又确属必要的论述中，向大家展示了一幅关于在英国实施的地方多机构协作犯罪预防模式和社区安全策略的复杂画面，其中有被动服从，也有协商沟通，有时甚至和英国中央政府当前实施的刑罚民粹主义政策与强力相抗衡。当然，我们还面临着许多重要的亟待解决的问题，如地方多机构协作社区安全项目如何才能处理各种实际的犯罪原因？其主要原因可能在于，大部分青年人之间相对较为疏离，这可能缘于学校教育的失败，以及在现代经济社会中找不到适合他们专业的工作，以至于使其所掌握的技能无用武之地（参见 Sutton，1994）。如此大量问题不能完全留待地方去解决，作为在后自由主义[①]时代肩负重任的公共力量的代表，中央政府应制定出积极政策，并发挥关键性的作用。这些关键问题将留待第6章和第7章加以讨论。

结语

本章一开始就介绍了多机构协作犯罪预防模式的理论和实践，在英国，自20世纪80年代开始，这一模式就在政策制定和学术研究领域中开始出现。然后，我们集中讨论了在过去20年中，多机构协作犯罪预防模式与中央政府的犯罪控制规划之间的关系。接下来的内容，考察了关于多机构协作犯罪预防模式评价的两种主要观点（多元怀疑论和激进的极权主义理论）。在本章的最后，展示了一幅在当代英国多机构协作犯罪预防模式从学者的研究领域走向地方政策性实践领域的过程的全景图。在接下来的一章中，我们将会把注意力投向所谓的“非国家”的社群主义在犯罪预防领域中的可能性和局限性。

拓展阅读

Bottoms, A. (1990) ‘Crime Prevention facing the 1990s’, Policing and Society, 1: 3—22.

Crawford, A. (1997) The Local Governmance of Crime. Oxford: Clarendon Press.

---

① 译者注：后自由主义（post liberalism），主要表现就是前文涉及的“社群主义”（communitism），或称“社团主义”或“共同体主义”。其以批判的面目出现，二者理论观点对峙。后自由主义是自由主义过分发展的一种反思。其对新自由主义的批判主要集中于以下几点：一是由于过分的自由使每个人把追求个人权利作为主要目标，导致了道德视野的消退。二是过分自由主义导致了社会联系纽带的断裂。三是过分自由正在摧毁自由社会本身。

第六章

社群主义：社会犯罪预防的回归

引言

在前面的章节中，我们集中探讨了多机构协作犯罪预防事业的发展。在分析的过程中也曾涉及对“社区预防”的诉求，但这种诉求主要是一种在国家推动和控制下的模式。在本章中，我们将对有关当代社群主义犯罪预防理论的各种不同观点进行深入的分析和探讨。本部分内容首先要在大众语境、政治语境和学术语境三种场域内对“社区”的基本含义做逐一梳理与界定。然后，将对以遏制犯罪为目的而构建的“自下而上”的以社会运动为基础的公共授权策略进行考察，并对与之相关的争论进行分析。本章还将着重分析保守社群主义和各种左派激进社群主义，并对这两种理论在犯罪预防的政策层面和道德层面的相互冲突进行考察。

社区犯罪预防的诱惑

在很长的时间里，在广阔的社会领域内，在一般性的常识中，社区观念一直是作为一种对各种社会问题和社会经验进行综合性概括所不可或缺的一部分。正如犯罪预防的概念一样，“社区”往往被视为一个褒义词。这意味着首先存在一个假设，即从本质上来说社区是一个“好东西”。无论是一般性常识还是政治学研究，社区的观念都具有相当的流行性和吸引力，这是毋庸解释的，其可以用于对重要的社会发展进行描述和分析。例如，现代社会中普遍流行的“社区缺失”的说法，我们就没有必要为其给出一个明确的定义和解释。毕竟我们都清楚什么是社区，难道不是吗？即便社区的观念在其悠久的历史发展过程中，有时非常含混，但它确实具有深远的影响，且只要条件具备，就会生长并发挥其作用。这使得即使是其最强烈的反对者也感到奇怪（参见 Hughes and Mooney，1998）。

从 20 世纪 70 年代后期开始，新右派倡导的新自由主义思想便在英国的政治争论中占据了主导地位。这一主张断言，每一个个体的存在都是自治的、独立的、理性的，每一个个体都必须受到保护，以避免国家权力的侵犯，同时也不受“公共力量”的干预（参见 Gray，1995）。然而，这种观念也并非不存在任何争议。无论是在政治理论方面还是在社会政策方面，新自由主义的主导地位已经受到了一些质疑和批判，这些批评者主张我们应该更加强调“社会”的地位，而不是“个人”。鼓吹社群主义的学者特别强调，无论是对现实社会还是对主流价值体系进行分析，“社区”观念与“个体”观念（或者国家观念）相比无疑更居于核心地位。随后，在 20 世纪 90 年代“自由主义”与“社群主义”之间的论战通过媒体得以广泛传播，这使得人们再次对社区在预防犯罪和各种违法行为方面的潜能产生了浓厚的兴趣，并从新的角度对一般的道德价值体系、家庭与国家之间的关系以及国家存在的前提条件产生了新的认识。

20 世纪 80 年代末至 90 年代，在英国和美国，“社区参与”和“社区授权”的理念在人们关于“城市重建”或者“城市复兴”的言论中越来越成为核心的议题。在艾伦·卡克伦（1986：51）看来，政府（以及在城市复兴事业中其他日益臃肿的机构）已经把“社区”看成一个“喷雾器”，其喷洒的范围可以覆盖任何社会活动，使社区越来越成为一个具有进步性和凝聚力的标尺。在 20 世纪最后的几十年中，英国的保守党和工党在宣扬其政治主张以及政策性实践的过程中，诸如医疗、教育和犯罪预防等，“社区”都充当了关键性的角色。这一策略可以被视为一种经过深思熟虑的选择，其目的是减轻政府在这些事务中的压力（参见第 5 章）。桑德拉·沃克雷特指出，有一点非常重要，那就是我们应该还记得 20 世纪 80 年代早期，社区这一主张在犯罪预防领域中所发挥的重要作用，其作为众多的政治策略中的一部分，遍布于所有的政策性领域，这充分表明，以社区为基础的犯罪预防策略都是有效的（参见 Walklate，1996：294—5）。然而，看上去具有讽刺意味的是，这一用语也许是一种对政治平衡政策的探索，但同时又要求严格贯彻减少公共开支的政策。

正如沃克雷特所指出的那样，本章一开始就开宗明义地指出，社区在犯罪预防过程中确实起到了关键性的作用。正是由于社区的“瓦解”才会造成犯罪和违法行为的大量滋生，甚至可以说是主要原因。在特定时期将社区排除在“主流”社会生活之外，会造成两种结果：一是社会两极分化日趋严重，二是社会不平等日益加深。对这些问题的论述将成为本章内容的核心主题。本章也将关注基于这种分析而催生的犯罪预防措施。此外，慎重地对待这一新生的思想是很明智的。例如，著名的工党政治家安纳林·贝文曾对第二次世界大战后英国的社会隔离政策深表不安（性别、种族、阶层、宗教信仰和医疗），并对此发表了回应性的言论：这一做法在根本上阉割了社区的作用，并会建立起低收入人群的集中营。隔离是彻头彻尾的罪恶行径——使原本在心理上和生理上都是一个整体的社区内产生巨大的冲突（转引 Hughes and Mooney，1998）。

在第 3 章中我们看到，在 20 世纪 20 年代至 30 年代，产生于美国的芝加哥学派就曾提出，应当认识到社区的无组织性和贫困与犯罪的产生和犯罪率的不断攀升之间存在着本质联系。在这一实证主义犯罪学派看来，社会共同规范的缺失是理解犯罪的关键所在。反过来，犯罪预防的关键是社会组织性和凝聚力的加强，以及社区的开放。因此，在不同的社会历史背景下，往往会出现对社区的相似的主张和论述，突出社区观念的持续性力量。本章的目的就是要探讨社区的某些运行方式，以及有关社群主义的争论和主要观点，在 20 世纪后期的英国和其他国家，这些主张已经越来越成为指导未来犯罪预防政策和福利政策的核心理念。

社群主义的基本原则

从学术谱系的角度进行分析，社群主义思想在来源上具有多元性和复合性的特点。除了与早期亚里士多德的市民共和主义思想以及犹太—基督教的共融思想有着重要的关联之外，社群主义所追求的目标还与早期理想社会主义者以及无政府主义者的思想之间存在着密切的联系（如 Robert Owen and Peter Kropotkin）。此外，社群主义理论的哲学结构也与费迪南·特尼斯主张的“保守型”社会学传统相联系，从更小的范围来讲，会发现还与埃米尔·涂尔干对启蒙思想运动的批判密切相关（参见 Lasch，1995）。由于其具有非正常的谱系，社群主义也被认为是“打破”了传统的“左派”与右派之间的界限。因此，在大多数社群主义者看来，无论是市场还是（福利）国家，都被普遍地看成是对充满活力的、有组织的社区的一种潜在的威胁。持自由主义论的学者不得不面临一种批判，即在他们对个人权利和抽象的“强调自我利益”的理念进行关注的同时，却忽视了人类内在的社会性本质以及人类社会普遍存在的群居性特征。

对于试图研究社群主义这一再度复兴的理论，以掌握其本质的学者来说，拉斯奇、布雷斯韦特和斯皮格对社群主义的理论传统的形成与发展进行的阐述就具有非常的意义：

> 社群主义……发现社会凝聚力的根源在于人们日常的生活之中。这种共同社会责任的观念根深蒂固，因此没有必要将其明确表达出来：它存在于社会习俗、社会传统、社会认知之中，也存在于我们内心的习性之中。
>
> （参见 Lasch，1995：92）

在社群主义倡导的理想社会中，个体被深深地嵌入相互依赖的关系之中。这种相互依赖关系具有相互扶持、相互信任的特质。这种相互依赖关系的标志就是对群体文化的忠诚，这种忠诚可以凌驾于个人利益之上。

（参见 Braithwaite，1989：100）

社群主义观念可以被视为人类高度社会化的表现。在社群主义中，人们的道德定位只有在他们所处的社会关系中才能得到解释。

（参见 Spicker，1994：7）

因此，对于现实的、特定的人群来讲，社群主义希求将社区建立在由道德搭建的基础之上，而不是抽象的自由观念和个人权利观念，此处表达着这一理论的诉求具有强烈的保守性。但同时，社群主义理论也设想出了一个社会主义社会，在这一社会主义社会中，集体和社会正义比个人和“资本主义”形态的自由具有更高的价值。所有的社群主义者再次将其关注点投注到了对广泛的市民社会所肩负的道德义务和社会责任上，而不再是个体的自由和权利。因此，社会的规范力量主要建立在社会日常关系中的非正式的文化约束之中。

保守的泛道德化社群主义

埃兹额尼论伦理，犯罪与社区

阿米泰·埃兹额尼（1994，1995，1997）既是社会学学者和民粹主义者中的“领军人物”，也是保守社群主义运动最主要的倡导者。他勇敢地扛起了重构社会“道德系统”的大旗（他在美国的情况）。用埃兹额尼的话说，“社群主义者呼吁重塑公民美德，在其所构想的社会中，人们快乐地承担起共同的社会责任，而不是仅仅关心他们自身的权利，并共同支撑起社会的道德基础”（1995：ix）。上述引文表达了埃兹额尼自觉意识的精髓，也提供了一些简单的信息，即通过公共策略以对抗犯罪。并且，在《社区精神》一书英国版本的序言中，埃兹额尼指出，在美国、英国和欧洲其他国家，在越来越多的不同派别的政治人物的言论中，可以寻到社群主义思想的踪迹。关于社群主义理论之所以对政治人物能产生影响，并且这一趋势日益明显，由此而明显地打破了传统的政治派别和意识形态的理论范式，埃兹额尼的解释非常简单，“如果我们设想存在这样一种社会境界，在这一社会境界中充斥着这样一种观念，即人们把权力普遍地视为一种令人信服的力量，那么这一社会境界的实现将是一种幻想”（1995：ix）。在英国，埃兹额尼的观点曾经激起了“新工党”领导人托尼·布莱尔和内政部长杰克·斯特劳特别的兴趣，这体现在其一系列的相关政策中，如大力宣扬对街头不文明行为进行干预，对缺乏家庭教养的人进行帮助（参见下文）。

为埃兹额尼所大力宣扬的社群主义思想的主要论点是什么呢？用埃兹额尼的话说，社群主义的主要目标是帮助重建社区，而不受清教和压迫的影响（1994：2）。作为一种被自我宣扬的社会运动，埃兹额尼的社群主义思想就是要实现这一目的，要通过重新唤醒市民间的道德义务观念来实现。更确切地说，埃兹额尼（1994）所宣扬的理论集中关注了以下三个相互关联的方面，即：

1. 民间机构（如家庭、学校以及志愿组织）对于重建道德体系的支持；

2. 使“太多的权利，太少的义务”这一问题得到解决和改变；

3. 强调在政治生活中社会公共利益的重要性，而不是特定的个人利益。

有时，埃兹额尼非常明确地表达，他渴望回到20世纪50年代，回到那个稳定的、有序的和法制化的社会。那时，“大多数的美国人用一种口径说话”（1994：22）。埃兹额尼也承认，在过去的时代里对妇女和少数民族存在歧视，然而，埃兹额尼也表示出对一种现象的关注，即先前人们在道德层面上的共同观念并没有被物质所取代，只有一点是例外的，即

“权利意识的空前膨胀”和“义务观念的极度萎缩”。20世纪80年代，在以金钱和市场为基础的社会中，这直接导致了倡导自由论的个人主义的出现，宣扬“以自我为中心”的主张（1994：3，27）。

同时，埃兹额尼也提出了一些关于犯罪预防和“公共安全”的具体建议，进一步强化了民众的义务观念，以及对共同的社会“道德基础”的支持（1994：11），除对在社区中实施的社区政策和邻里守望计划的支持以外，埃兹额尼提出的关于法治和秩序的主张似乎更为有力地支持了布雷斯韦特（1989）的“耻感重建”计划，包括这一计划所具有的严苛和公开的特点（参见下文）。因此，对于初犯者来说，应当提供一个耻感重建的公共策略，这将“有助于强化人们对惩罚犯罪的认识，即惩罚犯罪实际上是社会对于犯罪行为本身的否定性评价，而并不是针对犯罪人的。通过正当的程序，及时、公开地对犯罪嫌疑人进行审理，看起来是一个合法的社区重构机制”（参见 Etzioni，1994：141）。有时，埃兹额尼要求以公共利益的名义，对酒品和麻醉品进行随机的检测。在埃兹额尼看来，对公共安全最大的威胁不是警察权力的膨胀，而是来自于公众日益凸显的“极端主义”倾向。我们可以设想，如果当权者没有采取适当的维持法治和秩序的措施，义务警员和分裂团体则会出现。埃兹额尼在对犯罪问题和社会失序问题进行“诊断”，并提出相应的预防手段时，其主张有一个基本的概要，即要诉诸一个紧密联系的同质的社区。因此，他主张，公共网络在很大程度上对犯罪水平产生着深刻影响。他将犹他州——一个传统的、高度宗教化的、具有文化同质性的一个州——比喻为美国普遍被犯罪行为所破坏的法治与秩序沙漠中的一片绿洲。“那里家庭联系紧密，学校教授道德，社区非常完好，善良备受尊崇。”（1994：190）在美国的浪漫主义小说《牧场是我家》（Home on The Range）[①] 和《大草原上的小房子》（The Little House on The Prairie）[②] 中也对这种社会作出了回应。它们描述了美国真实的精神世界，而并不是海岸边的一个大都市。

通过对下述假定的综合考虑，这一研究可以称为“道德权威主义”或“保守社群主义”：

以牺牲后现代社会中对身份复杂性和多样化的认知为代价，强化道德社区意识；

渴望回到传统的、令人怀念的过去；

忽视人类社会中的权力结构，至少要排除等级关系的引入；

批判对个体权利的追逐，呼唤对公共义务的承担，但不反对财产权利；

极力对团结的传统社区进行赞美，同时不去计较在建立集体主义社区过程中我们为了反抗压迫所进行的坚苦卓绝的斗争；

最后，在政治层面和道德层面上大肆宣扬实现对“传统”家庭的回归，并以此作为预防社会病态（包括犯罪）的手段。

---

① 译者注：《牧场是我家》是一首诗歌，关于这首诗歌的来历有两种不同的说法。一种认为它是由堪萨斯州的布鲁斯特·希利博士和丹·凯利所作；另一种则认为它是由哪位不知名的作者创作的一首牧童曲。据传，堪萨斯州哈钦森的希利博士于 1873 年写下诗歌的歌词，而他在堪萨斯州史密斯县的一位开商栈的朋友丹·凯利为它谱了曲。这首诗歌出现在第二次世界大战之前，在美国可以说是家喻户晓，在美国早期的拓荒过程中，它表现出浓厚的田园情怀和浪漫的西部精神令人心动，这首被广为传唱的歌曲最终被美国堪萨斯州定为州歌。

② 译者注：《大草原上的小房子》是一部小说，小说生动地刻画了罗拉爸爸那种勤劳、勇敢和善良的品性以及他在与大自然斗争中所表现出来的独立谋生的精神，真实地反映了一百多年前美国的移民生活，该书是美国儿童最喜爱的书籍之一，现已被译成很多国家的文字。该书在美国曾多次获得儿童文学奖，并已被拍摄成电视剧。

总而言之，在这一个广为流传的社群主义的变体形式之内，通过对道德体系的大力倡导，通过对单元文化主义的赞美和构建，来创建一个具有整体性和同质性的社区。尽管有时较为含蓄，但这一设想在本质上却是要把那些被边缘化了的和行为失常的人排除在社会之外，只不过这只是一种道德性的表达而已。

正如凯利（1995：21）所指出的，对埃兹额尼的观点进行这样的阐释颇具诱惑力，这是一种美好的、别致的美国式的幻想，对过去时光的追忆与向往使人们不顾一切地想回到曾经生活过的“小镇”，尽管这样的解释低估了其对美国的实际影响。此外，这一理论面临着一些不得不关注的问题，即个人主义和新自由主义在市场化背景下的影响，以及在市场环境中尊重消费者自由选择的权利，这作为社会存在的基础可能导致的一些新生的观念。基于此，这将会导致在埃兹额尼的社群主义和美国的查尔斯·默里（1990，1996）主张的新自由主义的解决途径以及英国的新右派主张之间产生一道裂痕。在英国，默里在社群主义领域的影响力的再度兴起表现为一种适当的组合形式，即将埃兹额尼泛道德化社群主义与默里对自由主义学术观点的批判进行整合，这在一些民族社会学家的著作中得到了证实，诸如诺曼·丹尼斯以及英国经济事务研究会（IEA）中的其他学者（参见 Dennis，1993，1997a；同时参见 Green，1995；Himmelfarb，1995；Phillips，1996）。民族社会主义是英国工党“左派”的传统主张，倡导在（信奉基督教的）民族和道德团体的基础上构建社会主义，这一点与马克思主义不同。

泛道德化社群主义在英国

丹尼斯最近关于家庭和犯罪的研究著作（参见 Dennis，1993，1997a；同时参见 Dennis and Erdos，1992）的中心论点是，在所有的人类社会中，一夫一妻制的异性家庭是维持人类社会稳定最为关键的基本构成单位，因此，这也同样是有效控制和预防犯罪的关键手段。他进一步指出，家庭的稳定已经受到了资本主义的削弱，尤其是受到自20世纪60年代以来在知识界广为传唱的以“我，我，我”为中心的文化的削弱。在丹尼斯看来，正是由于这种自由主义文化，才造成了在社会最脆弱的部门中出现道德滑坡，这些部门主要是社会地位较低的劳工阶层。在丹尼斯看来，近来社会地位较低的劳工阶层已经成为一个“下层阶级”。与激进的左派自由主义所面临的困境不同，丹尼斯从常识性的角度指出，单亲家庭中的非婚生子女的行为要比婚生子女的行为更具反道德性。他尤其指出，单身母亲（社会底层）抚育的小男孩由于缺乏男性的积极教育与管束，往往更容易滑向犯罪以及发生违法行为。犯罪和违法行为的日益增加正是由于缺乏道德权威和良好习惯的产物。默里（1996：127）在先前关于同样论题的研究中提出：“在没有父亲的社会中，孩子容易成长为野孩子。”

丹尼斯以非常谨慎的态度并没有把犯罪率的提高和破坏法律及秩序的行为一味地归责于贫困和失业。相反，犯罪率不断上升的根源在于丢弃了关于婚姻家庭的正确的道德标准，特别是对孩子进行抚育和培养的行为。对于默里的关于“青年男性对自己婚姻的粗鲁无礼……是一种必不可少的文明化的力量”（参见 Murray，1996：133）的主张，丹尼斯再次给予回应并讥笑道：实际上在当今的英国，整个关于构建和维持父权社会的技术和动力的计划已经被丢弃了（参见 Dennis，1993：7）。按照埃兹额尼的观点，丹尼斯指出，在过去的30年里，由于社会凝聚力和个体自我控制的丧失带来了巨大的危险，与以前相比，在他的家乡——20世纪30年代英国东北部的森德兰——过着平静的工薪阶层的生活，当时的社会控制体系深入基层，并且建立在各方自愿的基础上，因而出现了软控制的、和善的、高效的结果（参见 Dennis and Erdos，

1992：21）。由此可见，一般情况下的社会秩序和特别情况下的犯罪防控的基础恰恰在于市民社会中形成的非正式机制。

在非官方的社会领域，自由意味着社会秩序将建立在自我控制的基础之上，而并非国家机构的控制。如今社会犯罪率不断上升的趋势正是由于社会自我控制机制的弱化造成的，它失去了一种能力，恰恰是这种能力不断再生并维持一种能够有效地实现人们相互尊重、相互信任、相互克制的文化力量。

（参见 Dennis and Erdos，1992：85）

很明显，泛道德化社群主义在英国至今仍然具有旺盛的生命力，且不仅仅存在于英国经济事务研究会（IEA）中的右翼势力的智囊团的言论中。

当然，埃兹额尼主张的社群主义社会控制途径并非仅仅限定在英国政界的新保守主义右派势力的言论中。德摩斯谈道：智囊团与新工党之间存在着密切的联系。查尔斯·李贝特（1996：1）提出了同样的观点，将犯罪预防机制建立在社会自我监控的基础之上：设置治安警察的目的无非就是创建一个安全的社会，而通过社区的自助型自我监控可以更好地实现这一目标。李贝特认为，关于当前的犯罪预防政策到底是应该选择“软控制”还是“硬控制”的争论现在毫无结果。相反，他呼吁在社区中引入惩罚机制，很明显，其既不关注“软控制”也不关注“硬控制”，而是把焦点放在其性质和实际的运作上。同时，李贝特认识到：

如果我们创建起有助于维系社会秩序的公共性的、集体性的组织，社会只会朝着越来越和平安宁的方向发展。如果期望着仅仅依靠个体力量的协作就能自发地创生出一个秩序化的社会，那这简直是一种天真的幻想。如果盼望着依靠国家这只烦琐而且笨重的“大手”来提供一个秩序化的社会也是太过牵强的。

（1996：11）

李贝特提出如下方案：通过在个人和国家之间的层面上重新建立一个中间性的组织，并能够有效地协助国家权威，实施惩罚。基于此，对于当前犯罪现象在恶劣的公共环境中不断滋生的情况，他倡导建立一种依靠“守法公民和文明价值观”在公共领域的不断传播与复制的机制，这不失为一剂良药（1996：13，19）。总而言之，李贝特的回答发展了非国家主义者的主张，倡导建立一种集体性的组织，来实施对公民“自己的”社区的治安管理，在社区中实施公开的惩罚措施，诸如建立不同程度的“公共耻感”机制。

新工党、社群主义和“零度容忍”

20 世纪 80 年代，在自由主义者和社群主义者之间展开的学术论战，在 90 年代诸如英国这样的国家中走进了政治实践领域。正如乔顿（1996：21）所指出的，社群主义的应对方案为社会提供了一种新型的“黏合剂”，其对政治人物的吸引力并不仅仅在于其为缓解社会冲突提供了明显廉价的选择，还在于其为社会提供了一种维持和谐、相互信任的机制，构建起遵守公众共同的认知和规则的理想。在英国，当前工党政府的行政管理机构在很大程度上吸收了泛道德社群主义的主张，主要是由埃兹额尼在“道德社群主义”的宣言中明确提出，并得到英国经济事务研究会和德摩斯的赞同的一系列主张。这一点在英国内政大臣杰克·斯特劳于 1997 年提出的一份名为“零度容忍”的政策中体现得淋漓尽致，其中对社区内和街头的粗野行为进行了关注（参见 Dennis，1997b）。正如达伦·帕尔默（1997）所言，“零度容忍”政策是对 20

世纪80年代由威尔森和凯琳（1982）提出的“破窗理论”[①]的发展演变。“破窗理论”认为，如果各种形式的不文明行为、骚乱行为以及轻微的犯罪行为未被加以阻止和处罚，那么随着时间的推移，这一社区将会变得越来越可怕、士气消沉、七零八落。对于社群主义所倡导建立的社区关系进行如此的潜在性破坏，将会进一步使这一遭受打击的社区变得越来越无序，犯罪行为日益增多，因此而陷入一个恶性循环之中。最后，将会使社区在这一恶性循环之中摔入底谷，法律不再被尊崇，从而使刑事司法不能再度进入这一领地（参见Palmer，1997：234）。“零度容忍”政策吸收了“破窗理论”对轻微的不文明行为和失序现象进行关注的主张，尽管该政策仍然将关注点放在一些锋芒毕露的政策上面，或者说如保守社群主义者所倡导的“强硬政策”（参见Dennis and Mallon，1997）上。“零度容忍”政策被认为将会对一系列社会状况的改善提供帮助，如重新建立邻里之间的相互尊重，培

① 译者注：“破窗理论”（Broken Windows Theory）由美国政治学家威尔森（James Q. Wilson）和犯罪学家凯林（George L. Kelling）在实验的基础上提出。之后凯林又与凯瑟琳合著了一本关于破窗理论的著作《Fixing broken windows：Restoring order and reducing crime in our communities》。破窗理论认为：如果有人打坏了一个建筑物的窗户玻璃，而这扇窗户又未得到及时维修，当窗户破了没人修理，路人经过后一定认为这个地区是没人关心的，没人会管事，别人就可能受到暗示性的纵容去打烂更多的窗户玻璃，破掉的玻璃造成一种无序的感觉。因此，这就会引发更多的人打破其他的窗户，于是从这栋大楼开始蔓延到整条街，近而扩散到其他邻近街道。久而久之，这些破碎的窗户就给人造成一种无序的感觉。结果在这种公众麻木不仁的氛围中，犯罪就会滋生、蔓延。

养公民的守法观念，克服恐惧文化[①]（参见 Furedi，1997）综合征，这些都是后现代社会城市环境的基本特征。

在政策性规划中，对“家庭价值”的夸大的、模糊的观念在重建“良好社会”或者说“团结社区”的过程中发挥着关键性作用。如果有些父母没有达到这一标准的要求，诸如对其子女产生犯罪倾向负有责任，将允许对其进行惩罚。因此，“零度容忍”政策提出，通过下达“社区安全指令”来改变邻里嘈杂、骚乱的家庭状况，从而促成高级警察机关和/或地方政府官员发现问题的关键所在，遏制公众滑向“反社会行为”的深渊（参见 Palmer，1997：233）。此外，采取有力措施清除街头的一些不文明现象，诸如夜不归宿、涂鸦破坏、咄咄逼人的乞丐、对商户的压榨等，同时建议对青少年实施宵禁令（参见 Hughes，1996b：21）。

显而易见，新工党对社区的华丽描述是受到了一种旨在面对危险的排他性观点的左右，也即所谓的与曾被广泛支持的社群主义的特定表现形式（泛道德化社群主义）相一致的主张。这一排他性策略以强制力为代价，并且这一趋势在将来会日益升高。新工党采取泛道德化社群主义并制定出相应

---

① 译者注：弗兰克·菲雷迪在其《除了“恐惧文化”外，什么都不足惧》一文中对“恐惧文化”进行了深入探讨。他指出，诸如“政治恐惧”、“犯罪恐惧”、“未来恐惧”等术语的兴起证明了当今恐惧文化的意义。我们中的许多人好像通过描述恐惧而认识到我们的经验。恐惧不单单和大肆宣扬的灾难威胁相联系，如恐怖分子袭击、全球变暖、艾滋病，或者可能的流感病毒，而且正如许多学者指出的，还存在日常生活中的“静悄悄的恐惧”。按照费尔·哈伯德（Phil Hubbard）在2003年的文章《后工业化城市的日常焦虑：多种多样的恐惧和厌恶》，周围的恐惧渗透在日常生活的社会空间内。布莱恩·马苏米（Brian Massumi）用他的“低级恐惧”概念附和了这个说法。近年来，恐惧和焦虑的问题已经被提出并和各种不同议题联系起来：风险意识的统治地位，如城市环境的恐惧，犯罪恐惧，他人恐惧，通过媒体将恐惧放大，恐惧作为独特的文本，恐惧对法律的影响，恐惧和政治的关系，恐惧作为一种“文化”，恐惧是否构成“独特的文化形式”的问题。21世纪恐惧文化越来越被作为本身的力量而正常化。在这样的情况下，恐惧成为人们用来认识世界和对世界作出反应的工具。

的政策恰恰与比尔·鲍令所称的研究相一致，即“对社会中那些造成社会关系日趋冷漠的权利和压力进行的研究”（参见Bouring，1997：110）。按照这一观点，社会危机产生的根源在于家长的责任感缺乏（从埃兹额尼的家庭教育趋势理论发展而来）或者是一些团体或个人实施的恶毒的、不负责任的行为，也就是那些所谓的下层阶级。这一形势在逻辑上的必然结果就是遭到社会的责难，那些不负责任的或者冥顽不化的继续实施反社会行为的人必将被排除于社会之外（参见Bowring，1997：110）。

对泛道德化社群主义的批判

上述对社群主义所进行的讨论不得不面对一些严厉的批判。例如，该理论的主张在逻辑上导致了对不同观点的压制，具有道德上的封闭性。主要是对反对意见的压制，以及排斥异端观念的普遍制度化，均是以道德、法律和秩序为名进行的。按照约翰·克拉克的观点，在泛道德化的社群主义的背景下使用“社区”这一概念，听起来似乎存在固有偏见或者说门户之见。通过所谓“理想人的回归”主义改造意识形态的措施，其试图协调日益多元化社群中异常复杂的、具有对立性的关系，当然，诸如外国人、单身妈妈和下层阶级应被排除在归化进入的阶级之外（参见Clarke，1996b；同时参见Young，1990）。由上面的分析可以看出，其是将依赖福利的下层阶级作为“替罪羊”抛了出去。

根据芭芭拉·米兹太尔（1996：213）的观点，在这一保守型策略之中，社群和社会凝聚力是其最鲜明的标语，在表达上将该理论与社会和谐、社会稳定、社会秩序、低犯罪率紧密联系起来，同时还宣称填补了一项空白，即人们在心灵上的安全感和在情感上对往昔的归属感的缺失，而这一点是新自由主义和个人主义所未能达到的。然而，这一策略的危险在于，这种所谓的社区情感的形成可能是基于共同的冲动，而这种冲动很可能扮演另一种特殊的角色，更加重了人们对不可预知的、不同往昔的未来的恐惧，从而导致将封闭性的恐惧转化为道德原则（参见 Sennett，1977：217）。团结背后的宗派主义也许正是为消除人们对犯罪和不文明行为的恐惧而发起这场运动所付出的代价。

上述的许多关于保守的社群主义的讨论均体现出了“唯意志论”的色彩，“自力救济”被视为赋予社区的权力（参见 Hope，1995），并且避免对权力关系进行分析，特别是在欧洲国家在为争取社会公平与正义而进行的战斗中所充当的关键的、积极主动的历史角色。库特（1995）也曾经指出，这一社群主义的分支理论没有很好地解决围绕性别、阶级、种族、代际的划分而进行的权力的平衡分配问题。

坎贝尔（1993）作为女权扩张论者，曾经对“泛道德化社群主义”进行了猛烈抨击。对 20 世纪晚期发生于英国“高危地区”的不合规范的行为和男性犯罪者，坎贝尔给予了可选择性解释，以及她在构想应对措施过程中将“女性”的角色定义为“社区的创建者”，这似乎并不能使她（无疑）被称为“女权扩张论社群主义者”。坎贝尔强调，许多学者都忽略了一个非常重要的因素，那就是男女之间的性别差异，这并不仅仅限于以前的工人阶级（也包括现在越来越多的无业者）。很明显，坎贝尔迎合了“反女群主义者”丹尼斯（1997）的主张，她一针见血地指出，在英国许多失去房屋的人群中，许多青年男性所表现出的自私的、富有侵犯性的不负责任的行为，其根本原因在于其深受“男子气概”观念与强力的影响。这表明，其与丹尼斯之间存在差别，坎贝尔对一些相互影响的具体因素根据其作用力的大小进行了先后排序，诸如失业、贫困、政治上被边缘化，还有在警方对这些粗野的“家伙们”进行规制的时候，他们彼此之间的相互倾轧。

当他们认为自己无懈可击的时候，往往表现得目空一切。他们所信仰和维护的是在犯罪当中形成的所谓的“哥们儿义气”，最让他们厌烦并且也深受其害的是社区的观念。很明显，这种现象完全是由性别造成的。

（参见 Campbell，1993：244）

通过比较，坎贝尔指出，在这一阶层中，由公民的积极参与而形成的这一“城堡”是由女性创立的，她们那简单的自助系统使其丢掉了不好的名声，即曾被认为的“她们是居住在窝里的一群满身惰性的下层阶级”（坎贝尔，1993：247）。这一社区计划以及这一渐进式的社群主义观念，在英国许多贫困的、高犯罪率的阶层中，用以对抗犯罪和社会失序的可能效果，完全依赖于女性们的双手。

团结和自助的系统一直得到一些理论的关注……开放主义、对外扩张主义、平等主义和早期民主主义。对于这一系统而言，他们所面临的挑战是该系统对当地的生活造成了压力。犯罪和高压政治是由男人造成的，团结和自助系统是由女人来维持的，现实就是如此的严酷。

（参见 Campbell，1993：319）

坎贝尔的贡献是其对那些大男子主义者的充满浪漫主义色彩的观点进行了修正，如丹尼斯和默里。这无疑是在述说一个事实，即“无法无天的男性”，但这也许会降低具有离散特征的男性之间的复杂关系。

最后，按照霍普（1995：74—7）的观点，唯意志论社群主义往往被作为“邻里守望计划”在表达上的典型标志，但这同样不能对反城市化运动［正如 Giddens（1990）所说的，将社会关系从其所在的居住环境中提升出来］的日益广泛化和贫困的日益集中化的过程进行解释。这一批判性观点认为，在社区重建过程中，需要国家发挥关键性的作用。通过国家对一些社会机构进行有益的投入和支持，并与之对社区共同进行管理。因此，社区机构的作用至关重要，它一端是社区，另一端是掌握巨大财富和强大权力的国家，并成为沟通二者间的渠道（参见 Hope，1995：78）。霍普的论述让我们注意到，无论是社区的衰败还是社区的重建，“泛道德化社群主义”对那些物质的和政治层面的决定性因素均保持着沉默。这也使我们对社区有了一个基本的分析和认识。

激进的左派社群主义者对社会犯罪的反思

在本章接下来的部分中我们要讨论这样一个话题，即在欧洲、北美、澳大利亚的学术界，右派主张的社群主义理论和义务观念在激进的“左派”那里是如何被定义的。这一对社区进行的激进的重新构想为我们从埃兹额尼理论的排他的回归趋势中探讨犯罪预防、法律与秩序提供了一种可选择的计划，从而迎合了泛道德化社群主义支持者们的主张。

社会福利、社会公正和公共利益

在英国，迄今为止，关于犯罪预防以及法律和秩序问题的争论仍然没有触及欧洲的社会学思想家们相关著述的核心部分，诸如格尔兹（1992）、高夫（1994）、乔顿（1992，1996，参见 Jordan and Arnold，1995）、基恩（1996）和奥芬（1992）。在这些学者当前所从事的研究中，围绕人的需要、公民基本的收入水平、公共产品等问题展开的争论，也许正是将来将针对犯罪和犯罪预防的研究在政治层面和社会理论层面推向深入的最为重要的问题。上述学者的研究将“社群主义”理论提高到了一个新的层次，如自发形成团结的社区的观念，互惠双赢的规则，在民主参与的基础上构建小规模的社区。比尔·乔顿（1996：186）抓住了“社区”工作的真正含义，主要通过如下内容来开展，即在责任共担的基础上实现自由交换，当然也包括成员的交换，其具体原则是互惠、共享和再分配。对于激进的平等社群主义，这些学者按照先后顺序对相关政策进行了排列，如消除贫困的政策。他们认识到，当生活资料匮乏到一定程度的时候，就会严重损害社会成员参与社会事务的热情（参见 Gough，1994：54）。这一主张与埃兹额尼和丹尼斯倡导的保守社群主义有所不同，在当前有格尔兹、乔顿、奥芬等学者广泛参与的围绕公民基本收入而展开的争论中，可以看出激进的“左派”在其对社区进行的规划中将物质生活条件置于首要的位置（参见 Little，1998）。然而，其又与持国家主义观念的马克思主义不同，社区的角色作为一种动态的、多元的、包容的民主化的产物，是享有一定特权的。

在当前这场关于激进的左翼社群主义思想“如何应对法律和秩序问题”的争论中，乔顿作出了非常有意义的贡献。尤其是他敏锐地观察到贫困者被排除在社会之外，需要引导他们重返所谓的“公共利益”的领域，通过部分地为他们提供基本的生活收入，来为社群主义预防犯罪和恢复社会正义的计划奠定基础。根据乔顿的观点，近些年来，在英国和其他一些倡导新自由主义的国家中，我们正目睹着社会关系的不断退化，这恐怕要归因于贫困者与主要的公共利益之间的通道被阻断了，主要的社会权力运行系统对于他们而言是不公平的。结果，无论是贫困人口作为公民的自我管理，还是他们所在社区的生活质量，都是岌岌可危的（参见 Jordan，1992：157）。

按照一般的常识，上述的这一社会排斥和两极分化的过程并不必然会导致社区的毁灭，但乔顿认识到这一新形式的社区是在缺乏共同的公共利益观念的背景下出现的。在过去的 20 年中，伴随着新自由主义的发展演变，两种不同的提供集体利益的途径组成的联合网络之间的对比得以形成。乔顿特别指出，按照赫斯特（1994）的观点，两种完全对立的社区开始出现，我们分别将之称为“命运型社区”和“选择型社区”。选择型社区所特别关注的是其中每一个作为个体的家庭的发展，通过相应策略以创建并维持一个舒适、安全、便捷、健康、高贵的私人生活环境，以保证他们生活的安全。

就好像是理想中的郊区生活，但又装有大门来保证安全。另外，命运型社区在共同的命运中必将形成长期的相互依存的关系，因为他们很少有搬家的机会，不能受到良好的教育，没有很好的医疗保障，没有一份有着体面收入的正常工作，更无法接触到社会的主流文化。这类社区中存在的相互依存的关系和集体利益是在其具有共同境遇的青年男性成员中形成的，他们有共同的高度危险的生活方式，如非正常的经济活动、犯罪、吸毒，而女性成员则在其长期的关系网络中感受着相互的关怀（参见 Jordan，1996：187）。在这两种类型的社区中，对个体的忠诚远远胜过具有包容性的归属感，这一趋势在这个日益二元化的社会里逐渐凸显。

在乔顿和其他的一些学者看来，为所有的公民提供一份普遍的、无条件的基本生活收入，是一种在公平形式下享受公共利益的具体途径（虽然对于这一方式而言，并非是政策层面的灵丹妙药）。这一基本生活收入的存在或许使他们可能重新开始，无论是个人还是组织，都有可能参与到他们所选择的事业之中，并承担起相应的责任。这一计划所造成的大量人员涌入劳务市场也很可能遭遇制度化的陷阱和障碍，尤其是对于命运型社区的成员而言。与共享基本生活收入相应的，也要共享社会的主流文化和社会合作所带来的好处。在实现了物质资料分配更为平等的基础之上，社群主义更为关注集体内部的成员之间的关系以及相互肩负的义务，社区才能真正得以实现。因此，乔顿指出，我们需要进一步深化对公平的研究，超越理论上的宽泛和肤浅，实现对分配公平的充分探讨。这一研究进程包括对民主的分析，对成员之间关系和参与的分析，以使针对社会关系进行的理论探索能够充分考虑到，在实践中人们通过什么途径才能真正地分享社区的公共生活（参见 Jordan，1992：159）。

根据安德烈·格尔兹（1992）的观点，与早期泛道德化社群主义所进行的描述相比而言，乔顿热衷于强调通过具体的方案和公共义务的承担，切实保证并实现社区成员的道德自治。这一事件过程的集中表现，并不一定要有多么玄妙的理论基础，而是更多地表现为社会中市民文化的日常和琐碎的方面，诸如文明礼貌的举止，以及在公共领域市民之间的友好和宽容的关系。从这一意义上讲，道德本身是一种公共利益（参见 Jordan，1992：162）。人们认为被边缘化、被不公正地对待、被排斥是犯罪行为以及其他反社会行为产生的根源所在。因此，激进的社群主义认为，积极推进犯罪预防规划应给予伦理道德以更多的关注，而不是授权所有的社区成员都能参与自身的决策，以及更为关键的是，参与其所在社区的公共生活的决策，也即重新分配的决策。乔顿声称，除非这一发展能够实现，否则人们对民主的赞同与信仰会继续遭到破坏，随之而来的更加专制和集权的政府管理模式和社会控制手段也会进一步凸显，这样高压的政治统治会获得更大的力量（参见 Jordan，1992：167）。

对于刑事司法和犯罪预防问题，求助于社区和公共参与的观点，乔顿和阿诺德（1995）表达了重要的保留意见。尤其是 20 世纪 90 年代，在美国和英国学术界的理论前沿中，民粹主义者呼吁，在犯罪预防实践中加强公众参与的力度可能带来危险。他们注意到，正当民间组织之间，以及市民与政府之间的相互信任关系处于低谷的时候，将刑事司法过程开放化，以引入广泛的民主参与会引发一些危险。在试图将刑事司法政策开放化，以引入广泛的公众参与之前，为了抵制反对者和排他主义者在打击犯罪方面所持的泛道德化的论调所可能带来的危险，乔顿和阿诺德主张，平衡的民主管理需要公共力量通过在其他领域的行动来修复社会冲突所带来的危害（1995：180）。换言之，他们认为，在对社会结构所经受的创伤进行治疗的过程中，国家应该通过对社会正义的维护以担当其关键的角色。这一策略恰恰与 20 世纪 80 年代至 90 年代英国保守政府的所作所为形成了鲜明的对比，正是这些将社会正义的问题转化成为刑事司法的问题。其贡献在于，将这一问题摆到我们面前，即在社区被允许参与到犯罪控制和维护社会正义的包容的政策之中以前，国家是否应该首先对社会的创伤进行医治。

左派现实主义者的方案

左派现实主义学派产生于20世纪80年代的英国，用其自身的解释来回答其产生的实质，既是作为对右翼的有关“法律和秩序”政策的广泛传播所作出的回应，也是激进的左派思想针对犯罪和犯罪预防问题提出的一个虚幻的理想方案。这一理想方案的号召力使“左派”的犯罪学学者开始认真对待犯罪的问题（参见 Lea and Young，1984）。左派现实主义理论认为，犯罪，尤其是街头侵犯人身和财产的犯罪是一个现实的问题。左派现实主义理论认为，街头犯罪是由于其所在社区的结构混乱、边缘化、相对被剥夺感和组织的软弱无力所造成的，而且反过来街头犯罪这一现象又强化了组织的软弱无力，并使之持续下去。而且，他们指出，犯罪具有强大的破坏力以分裂社区，继而进一步导致严重的社会解组和衰败。公众对于犯罪的恐惧，尤其是在赤贫地区，被认为是理性的和具有现实基础的。

街头犯罪以及其他的反社会行为，被认为是对恶劣的社会环境的一种感受和反应，同时也是对市民社会公共关系的弱化，也即非正式的社会控制手段的程度的降低而导致的结果。犯罪控制政策也因而被视为一种社会利益。然而，与其他的激进社群主义理论相一致的是，左派现实主义者认为，市民社会的社会基础是一个社会中最为重要的打击犯罪的堡垒（参见 Young，1994：115）。按照诸如英国的杰克·杨和美国的埃洛特·居里（1997）等左派现实主义者的观点，在过去的20年中，在大西洋的两岸，在新自由主义市场化迅猛发展的基础上形成的指导原则和政策的冲击之下，构成这一市民社会的社会基础的砖石土崩瓦解了，在那些备感压抑和被边缘化了的社区中尤其如此。但是，左派现实主义对于犯罪者却从不手软。他们指出，绝大多数的工人阶层犯罪主要是阶层内部的犯罪，诸如抢劫、家庭暴力、入室抢劫等，左派现实主义者试图指出，这些犯罪行为在道德层面上是存在缺陷的，因此，这些犯罪人应该肩负起道德上的责任感，理应接受适当的惩罚（参见 Young，1991）。杰克·杨在一项重要的干预项目中指出，在各类多机构协作犯罪预防策略中，通过民主程序和公众参与以提升社区中各组织的形象（参见 Young，1991：157）。在本书第5章中，关于多机构协作犯罪预防领域的学术研究的空白显而易见，主要涉及机构与公共领域以及社区参与之间的广泛关系。在对犯罪预防模式进行学术探索的过程中，这仍是一个非常关键但同时也被严重忽略的问题。

在埃洛特·居里的著作中，我们发现，这无论是对于左派现实主义者的犯罪预防方案，还是对于激进社群主义者关于美国社区中的犯罪、失序和衰败问题的争论，都是一个重要的贡献（1985，1993，1996，1997）。居里认为，美国当前所面临的最为严重的问题是，那些贫困的社区淹没在一种处于持续的恐慌和迅速瓦解的状态中。在居里对美国的毒品危机进行研究和分析的过程中，他描绘了一幅令人毛骨悚然的画面，即毒品对市民生活严重的危害。同时，居里分析了国家针对毒品危机所采取措施的失败，主要是通过各个层级对犯罪人实施的监禁，以及削减了对那些因被种族歧视而处于社会底层的黑人和西班牙人的福利供应。居里指出，在美国新右派的政策制定者过去曾经进行的研究中，忽略了毒品泛滥的严重性。通过对下面引文的分析，我们从中探寻毒品泛滥的根源，由此来抓住犯罪的社会原因。

20世纪50年代和60年代，大量的积聚已久的证据被提出来，证明毒品的泛滥和诸多社会弊病之间存在直接的联系。诸如周围生活着富人的贫困者，低下的工作，经济收入的悬殊，家庭和社区的瓦解，维系文化价值能力的弱化。

（参见 Currie，1993：76）

根据居里的观点，社会中日益强烈的被剥夺感，沉重的压抑感，深度的分裂感，以及孤立无援的现实，使社会变革逐渐加剧，这也使美国社会的“底层阶级”日益出现“极度脆弱”的特征。施文丁格与施文丁格[①]（1993）曾经指出，社区的解体与家庭的危机并非仅仅为右派学者所关注。许多生活在千疮百孔的社区中的家长都被重重困境打垮了，他们无力应对家庭危机给其子女所造成的不良影响。居里是这样解释由于文化（和公共生活）的缺陷给当代美国社会所带来的变革的：

70 年代和 80 年代所制定的政策，并非仅仅剥夺了个体的工作和收入，而是更多。它们除了导致社区经济机会的减少之外，还一手造成了诸如医疗机构、消防机构、影剧院、商店、邻里组织等的缺乏，失去了由友谊和亲情所维系的纽带，这一社区中充斥着日益被剥夺和经常无组织的人们，这样的居住结构严重失去平衡，他们不得不陷入急剧恶化的劳务市场的底层。在很多城市中，20 世纪 60 年代贫民区的骚乱加剧了这一混乱的趋势，此外，这一趋势的加剧还与城市重建工程和高速公路的修建密切相关，它们使旧有的，存在稳定的邻里关系的街区遭到破坏，使其居民被分离开来。

诸如居里这样激进的社群主义评论者也因此认为，在犯罪率急剧上升的背后，是在贫困社区中文化和结构的重大变革。从这一角度而言，保守社群主义者（如埃兹额尼）和激进左派社群主义者（如居里）存在一些共同的主张。围绕对文化衰落

---

① 译者注：分别为赫尔曼·施文丁格（Schwendinger，Herman）与朱莉娅·罗莎琳德·西格尔·施文丁格（Schwendinger，Julia Rosalind Siegel），赫尔曼·施文丁格系美国刑法学家、犯罪学家；朱莉娅·罗莎琳德·西格尔·施文丁格系美国当代一位女犯罪学家。

和道德沦丧的关注，二者产生了契合点。然而，正如激进的左派社群主义者在对某些问题（如对社会结构的不平等，在生活改善上的差异，以及国家在治疗社会创伤的过程中应充当的关键和积极的角色等问题的研究）进行论述的过程中已经充分证实了的，社群主义的两个分支理论之间也当然存在重要的分歧。在激进的左派社群主义者对法律和秩序的危机所进行的分析中至为关键的是，以多机构犯罪预防模式为中心，融合社会预防和经济预防策略，对于社区重建而言，要远远优于单一的刑罚惩罚策略。迄今为止，单一的刑罚惩罚策略导致美国的监狱人口已经达到了150万人，这就是明证。居里提出的关于犯罪预防的可行性建议，抑或是他更喜欢将之称为“社区安全”，包括呼吁制定关于就业和培训的积极的国家政策。这得到了关于社会重建的四种其他的国家策略的支撑，它们的宗旨分别是重新建立具有活力的公共医疗体制，为家庭的维系提供保障，完善社会保障体系，设立健全的基层组织（参见 Currie，1993：305）。当然，居里还突破了传统理论关于犯罪预防的争论，吸收了欧洲激进社群主义关于犯罪预防研究成果。例如，居里(1997) 倡导建立一种“工作分享制”[①] 的策略，以减少工作

---

① 译者注：工作分享制（worksharing），工作分享，是指通过对一个经济系统内（一个企业、一个地区或一个国家）的工作总量和工作时间进行重新分配，以增强就业机会、减少非志愿失业的一种措施。其具体措施主要包括：（1）工作岗位分享。也就是通过对现有工作岗位的劳动时间（工作日或工作周）进行不同形式的分割和重组，从而创造出更多的工作岗位，增加就业机会。（2）时间购买计划。这是一种以年为单位进行工作时间分割的工作分享形式。（3）缩短法定工作时间。政府通过缩短法定工作时间，使企业为确保生产经营的连续性而雇用更多的人员。（4）提前退休和过渡性退休。提前退休是让接近退休年龄的人自愿提前退出工作的一种方式。（5）延长休假时间。休假时间的延长可以使在岗员工的实际工作时间缩短，促使企业增加员工来弥补岗位空缺。延长休假时间的形式有：不付薪的延长休假、储蓄性休假、周期性休假、自愿休长假等。（6）灵活工作制。也就是企业对员工实行不固定的工作时间，这样可以使企业增加用工的灵活性，同时扩大就业面。灵活工作制的种类主要有：计时工作制、随叫随到制、压缩工作周制、弹性工作制、机动工作制、远程工作制，等等。

时间，扩大经济领域中公共部门和非营利部门的规模。这一观点与上文谈到的欧洲理论界提出的基本生活收入保障理论基本一致。根据居里的主张，具有挑战性的是创建一个“更少的不公平，更少的剥夺，更少的不安全，更少的对家庭生活的分裂，更少的对合作精神的破坏”的社会，在这样的社会中，我们将学会“共同生活在一个彼此友爱、相互协作的原则之下”（1985：225）。作为对这一设想的回应，普遍认为其具有乌托邦式的特征，居里继而反驳道：如果幻想着在正常的刑事诉讼框架内通过改变处理方式来消灭犯罪，那再也没有什么其他的理论能够比这一设想更具有乌托邦式的空想性（1985：229）。

居里和其他激进的社会民主主义评论者，诸如加尔布雷思（1996）和拉什（1995），以及与他们相应的英国和澳大利亚的学者，诸如赫顿（1995）和布雷斯韦特（参见下文），在他们的作品中主张，对于一个充满生机的、极具包容性的社区而言，最为重要的是在不断拓展的国家权力的支撑下所形成的社会和谐。而且，与关注情景犯罪预防理论的技术主义[①]者和个人主义者相比，激进的社群主义犯罪预防理论专注于对深层的结构性因素进行考察，将之视为解释犯罪问题的关键。因此，按照加尔布雷思的观点（1996：25—6），犯罪和社会动荡是贫困和不正常的阶级构成的产物……当前被普遍接受的解决途径就是警方的行动，是遏制犯罪的牢笼……应当采取人道的、尽可能廉价的消除贫困的手段，以减少社

---

① 译者注：技术主义（technicist），技术主义者认为，技术是对社会最具影响力的因素，是塑造社会的力量。技术主义观点是关于社会变革的技术引导理论，将技术看做是历史的推动者。根据技术主义，某些特定技术的发展，传播技术或媒体技术或更广泛的技术，通常是社会变革的唯一的或主要的前因，并且技术被看做是社会组织模式的基本条件。最极端的看法是，整个社会的形成被看做是由技术决定的：新的技术在每个层面上改变着社会，包括社会制度、人与人之间的交互和社会中的个体。至少，大量的社会和文化现象被看做是由技术形成的，人的因素和社会的调节被看做是第二位的。

会混乱。

是对责任的激进转型吗

帕特·奥马里（1994：21）曾经注意到，近来许多关于对犯罪学的反思都把注意力集中在“犯罪与犯罪预防问题上有关责任的领域”之上。在本书第4章中，我们可以发现，责任的观念既是新自由主义理性选择理论的核心问题，同样也是上述的泛道德化社群主义的中心议题。“责任”作为一个概念和符号，并不需要仅仅将其归结为一种反作用的或倒退的关于犯罪的规划。实际上，奥马里声称，犯罪学学者也同样应该受到批判，最好的例子就是警察对地方社区所肩负的责任。将责任作为研究犯罪和犯罪预防的重要问题并非政治上的右派的特别领域，他们也并不是仅仅将刑罚惩罚作为对付犯罪的唯一途径（参见 O'Malley，1994：22）。

奥马里提出了一个小小的建议，其倡导建立以责任为导向的策略（这一策略在右派的手中十分奏效），即我们常说的“以其人之道，还治其人之身”。最重要的问题是……通过提供需求、建议、策略来应对上述问题。这使一些条件被问题化了，而这些条件正是责任被充分践行所必要的（参见 O'Malley，1994：22）。对此，奥马里特别提出了两条建议：第一，以责任为导向的策略是与社区的自主性程度成正比的，因此，激进主义者应该创造一种能够使责任得以充分、最大限度地践行的状况；第二，社区在犯罪预防方面所肩负的责任应该满足其成员进行协商和参与的诉求。与此同时，应该重视社区践行这些责任所需要的资金和自治（参见 O'Malley，1992：268）。这里我们看到，在责任和授权这两个概念之间存在联系。激进主义者对责任的政治性运用似乎有助于加深这一认知，即奥马里所谓的“共同风险”或者“社会风险”。但似乎很难将其与社会公正和社会团结脱离开来（p. 268）。

“恢复性司法”与“耻感重建”：在历史中发掘未来

在这一部分当中，我们把注意力放到对一些事例的考察上，而这些事例是与当代再度出现的对传统的非国家的社群主义犯罪预防模式的倡导相关的。恢复性司法运动已经获得了相当大的社会推动力，其运行在某种程度上部分地重现了当地传统的司法模式。这一问题的关键是约翰·布雷斯韦特对激进社群主义观点所作出的重大贡献（参见 Braithwaite，1998，1993；同时参见 Braithwaite and Pettit，1990；Braithwaite and Daly，1994；Braithwaite and Mugford，1994）。这当然是一个关于恢复性司法的更为广泛的主张“废除死刑”的学术体系（参见 Christie，1997；de Haan，1990；van Swaaningen，1997）。但是，没有人像布雷斯韦特那样能够敏锐地洞察并捕捉到这一发展趋势。

布雷斯韦特在当代犯罪学界是一位不同寻常的学者，因为他对有关犯罪问题的国家主义对策深深的忧虑，因为他对犯罪学界普遍存在的“悲观主义的麻痹”所进行的批判，因为他对通过倡导社会运动来预防犯罪的支持，当然还有许多其他的原因（参见 Braithwaite，1992：6）。基层社会运动被视为一种推动构建更为广阔的公共领域和社区的关键途径，有助于对抗反社会的、具有侵犯性的行为，当然包括犯罪，而国家主义对策在此问题上却表现出了明显的失败。布雷斯韦特曾经特别感叹道：“社会运动事业多么进步啊，它最终将社区调动起来，共同反对包庇犯罪人的做法。”现在让我们来讨论这一最具可行性和影响力的社群主义犯罪预防策略，它最早由布雷斯韦特提出，当然还包括澳大利亚、新西兰等国家的一些学者提出的被称之为“耻感重建”的理论。

在《犯罪、耻感和恢复》[①]（1989）一书中，布雷斯韦特简单地勾勒了他的社群主义恢复性司法与犯罪预防的基本理论。其中，与其他的社群主义理论倡导者一样，布雷斯韦特非常清晰地界定了一个良好社会的本质。一个良好的社会，既应该重视义务，也应该重视权利，尤其要重视那些对权利具有保护性的义务（p. 158）。与诸如埃兹额尼（1994）等保守社群主义者的主张不同，非常有意思的是，布雷斯韦特选择了通过义务来保护权利的做法。尽管与一般的社群主义思想保持一致，但在倡导通过社会对策的教化（而不是排斥）来预防犯罪的道路上，布雷斯韦特并未表现得畏首畏尾。他的观点明显带有迪尔凯姆社会学理论的烙印，[②] 高度整合的社会中往往其犯罪率都相对较低（例如，日本）；相反，一个身处联系紧密的相互依赖的社会之中的个体成员往往较少受到犯罪行为的威胁（例如，家庭中的妇女）。与此相比，在一个道德沦丧、较少规范约束、整合度较低的社会中，情况往往相反（例如，失业的青年男性）。从这一点出发，布雷斯韦特发展了他的非常具有影响力的主张，这一主张是从20世纪80年代开始的，在澳大利亚、新西兰以及其他在经济全球化大潮席卷下的地区，在预防青少年犯罪的政策制定和实践领域

---

① 译者注：Braithwaite. j. Crime Shame and Reintegration. Cambridg. e：Cambridge University Press，1989。

② 译者注：迪尔凯姆认为：社会团结的基础在于社会成员的共同价值观念和道德规范，它又可以分为有机团结和机械团结两种类型，有机团结基于社会分工，职业专门化使集体意识受到削弱的同时，增加了相互依赖并要求新的职业道德的确立。社会危机的本质是一种道德危机，现代社会团结面临着解组的危险和反常社会分工的破坏，需要建立一种与社会分工相适应的多层次道德体系。

中，广为流行（参见 Blagg，1997），即“耻感重建”[①]，这代表了犯罪控制和犯罪预防领域最为成功的模式。布雷斯韦特（1993：1）将“耻感重建”界定如下：

> 耻感重建是建立在尊重和耻感基础上的，反对给罪犯及其所处的现有社会关系戴上灰色的帽子，应该将注意力集中在行为本身的罪恶上，而不是将犯罪者视为一个不可救药的罪恶的人，因为这会使其成为一场“堕落典礼”[②]，也就是通过贴上犯罪标签以剥夺犯罪人的人格。从文化的角度来讲，谅解、道歉、忏悔非常重要。

耻感重建也同样表达了一种主张，即不赞成将越轨者、被害人以及与之密切相关的团体划分为不同的阵营。在布雷斯韦特看来，这与耻感重建在立场上是相对立的，这作为现代化西方国家的一般标准，只能导致一种结论，即通过给犯罪人贴上标签与污名，从而导致了被社会所遗弃的人群的产生。普遍认为，耻感重建在预防犯罪方面的成功取决于其对

---

① 译者注：“耻感重建”（Reintegrative Braithwaite），布雷斯韦特在其于1980年出版的《Crime，Shame，and Reintegration》一书中提出“耻感重建”理论。布雷斯韦特认为，“耻”可分为两种：第一种“耻”，是指激发犯罪的因素；第二种“耻”，是指重整以后的羞耻心。“耻感重建”，是指通过认知错误，知道羞耻而悔改，最后被社会接纳的过程。他指出，值得痛恨的是罪过本身而并非犯罪者，目的是给予犯罪者一个悔改的机会。“耻感重建”主要包括两个阶段：第一个是“知耻”的过程，这个过程往往通过借助于辅导技巧引入受害者及其家人或朋友等，向犯罪人讲出自己对事件的感受，令犯罪人明白自己所做的行为是错误的，并切身地感受到对别人所造成的伤害。第二个是“重建”的过程，即让受害者有机会与犯罪人对话，得到应有的补偿。若犯罪人在其后能改善自己，可重新修补与他人之关系，重建自信。

② 译者注：“堕落典礼”（degradation ceremonies）也即著名的标签理论，“标签理论”（labelling theory）由美国社会学学者贝克（Howard Becker）所提出，美国在20世纪60年代初期开始盛行“标签理论”，对于实证犯罪学所认定的犯罪原因是受“遗传”及“环境”的影响，深表不以为然，而认为犯罪人实际上是遭受刑事司法机关的贴上标签所导致。一个人被贴上标签后，便会产生“烙印效应”，并自我修正为犯罪人的形象，因此开始脱离社会，加深自身的犯罪性，最后成为真正的犯罪人。

犯罪人内心良知的唤醒。当然，这一犯罪预防模式只有在特定的情况下才能很好地发挥作用，即自尊的失去对于当事者来讲是非常重要的时候。因此，布雷斯韦特（1993：2）承认，正是社群主义才使“耻感”成为可能。现代西方国家普遍流行的刑事司法系统和惩罚措施主张通过排他性的处理方式将犯罪人隔离开来（如监禁），并给之烙上终身的烙印。与此不同的是，耻感重建的目的在于接受犯罪人，使其重返社会，这有助于通过一种积极的重建过程来预防其在将来再次实施犯罪。我们可以看到，布雷斯韦特（1995：297）赞同对在当代西方社会普遍存在的刑事司法的工作模式所进行的批判，认为这一模式所津津乐道的并不在于给予耻辱感这一预防犯罪因素的重要性以重视。布雷斯韦特（1995：283）认识到，按照这一主张，家庭在预防犯罪的过程中具有异乎寻常的作用。他指出：“家庭对犯罪原因的产生和犯罪预防的影响要远远大于警方的强制性行为。”从更一般意义上来讲，绝大多数的社会控制是社群主义控制，而不是国家控制。同时，在国家管理正在进入一个对其以前的失败进行反思和补救的阶段的前提下，大多数犯罪预防的成功是通过对话式管理模式实现的，而且往往不是一蹴而就的（参见 Braithwaite，1995：302）。

在一些重要的方面，布雷斯韦特的方案与北欧诸如克里斯蒂（1997）、德哈恩（1990）、赫尔斯曼（1986）等废除主义学者的主张颇为相似。废除主义者的观点提醒我们注意，那些实际转化为犯罪的事件和行为仅仅是存在犯罪倾向的事件和行为当中的一小部分而已。他们认为，犯罪本身是犯罪控制理论和相关制度的衍生物，而并非其所针对的对象。他们还特别指出，社会问题、社会冲突和社会困境是社会日常生活中不可避免的一部分，所以，不可能也没有必要试图通过一种专业化的、职业化的途径来彻底消除它们。如果专门机构或国家机构介入的话，社会问题和社会冲突的本质就会发生转化，而仅仅是以另外一种不同的形态重新出现，反而会强化这一社会问题或社会冲突。在这一转换过程（参见 van Swaaningen，1997：117）中，对于传统的、占主导地位的犯罪预防模式而言，刑事司法系统本身即被视为最大的“社会问题”。有学者指出，放弃了“犯罪控制产业”（参见 Christie，1993），允许其他形式的社会冲突解决途径的存在并发挥适当的作用，如调解和社区安全计划等，同样也可能使社会网络得以重构。

布雷斯韦特的许多分析研究都与这一具有破坏力的主张有些相似，尽管他本身并非一个废除主义者，但他认为，在特定的环境下，将实施了特定危害行为的人视为“犯罪人”以使其感到羞耻是合理的。对于布雷斯韦特而言，大部分现代国家主义社会控制系统都应该引入并发挥社会策略的作用，如给犯罪人贴上标签、使其承受特殊的耻感等。这一过程所导致的结果是，进一步淡化了犯罪人所在的对于其自身来说至为关键的社会关系网络，使其同时失去了对犯罪人的庇护和抑制的作用。这一社区关系的日趋松散，必然日益增加了在将来发生犯罪行为的可能性；反之，正式的犯罪控制系统的不断强化，压缩了非正式的和地方性的犯罪控制系统发挥作用的空间。

布雷斯韦特敏锐地观察到，这一策略本身潜藏着明显的危机。正如其所指出的，“耻感”很有可能成为集权者手中实施专制的有力武器（1989：158）。这一点促使布雷斯韦特主张，必须将“对公民自由权的保护”和“公民自决权的最大化”置于其所谓的“民主共和正义”的中心位置（参见 Braithwaite and Pettit，1990：54）。尽管布雷斯韦特主张“耻感”在现代复杂的、陌生的社会环境之中的作用并不明显，但他仍然坚持认为，耻感重建是一种在当今社会中具有持久力与突出作用的犯罪预防途径。如他所言，在当今社会中，各类社会角色所具有的巨大的衍生能力实际上使其在“耻感”

面前变得越来越脆弱，同时在某种程度上，“耻感”仍以其特殊的方式发挥着作用（1993：14）。他同时指出，其主张的社群主义理论所指的“耻感重建”，并非仅仅是针对那些反社会的、道德感淡漠的少数人群而言的。他认为，动员全社会打击那些残忍的、具有侵犯性的犯罪者，遏制那些肆意践踏公民权利企图制造社会混乱的人的反社会行为，是社群主义犯罪预防策略的关键内容（1993：16）。

布雷斯韦特提供了一些典型的事例，借以说明无论是在恢复性司法还是在犯罪预防的实践当中，这一模式都是可行的。在他的一篇文章当中（参见 Braithwaite and Mugford，1994）提出了一组事例，在新西兰，社区协商会议（或家庭协商会议）对于青少年犯罪人的“耻感重建”很有借鉴意义，这一会议形式主要建立在毛利人①传统文化心理的基础之上，使具有血缘关系的人以及其他与受害人和犯罪人息息相关的人参加到会议中来。这一会议形式将冲突真正地从法庭和监狱引向其他方式（参见 Braithwaite and Mugford，1994：146）。此外，这一会议形式之所以会受到布雷斯韦特和马格伏特的大加赞赏，还在于它创造了一种新的文化形态，即“市民文化”。他们进一步指出，作为一种交流方式，这一会议形式具有非专业化、女权化的特点，其以灵活的社区纠纷解决途径为导向，而且在很大程度上，也压缩了社会控制网络的空间（1994：168）。

布雷斯韦特和戴利（1994）曾经谈到，社群主义犯罪预防和犯罪控制作为民间社会运动的一部分，女权论在其中发挥着不可忽视的潜在作用。布雷斯韦特和戴利首先注意到，在当代社会中广泛存在着男性对女性实施的暴力犯罪，而刑

---

① 译者注：毛利人是新西兰土著居民，属蒙古人种和澳大利亚人种的混合类型。使用毛利语，属南岛语系波利尼西亚语族。有新创拉丁文字母文字。信仰多神，崇拜领袖，有祭司和巫师，禁忌甚多。现代毛利人已接受英裔新西兰人的影响，社会、经济和文化均已发生变化。而作者在此所谈到的毛利文化，是指其原有的传统文化。

事司法系统在介入这类犯罪的过程中往往会惨遭失败。针对这一失败，他们提出，社区协商会议可以通过更多的可行性途径解决这一严重的问题，用女权主义倡导者的呼声来对抗大男子主义，并且将参与者视为公民，而不是法律统治的对象。他们再次指出，这一模式可以产生特别的效果，实质上这一"毛利人模式"的精华在于，它是一种特殊的以个人为中心的社群主义模式，其能够在城市化的背景之下发挥作用（参见 Braithwaite and Daly，1994：195）。尽管作者同时也看到，这对西方的普遍主义[①]的法律原则具有抑制作用，但他们仍然支持对澳大利亚这一模式前景的展望，作为一种法律多元论，其迎合了当今的多元化社会的需要。最后，他们指出，这一社区犯罪预防模式最大的吸引力在于其可以使"暴力事件"成为社区讨论的一个话题，主要是关于大男子主义的野蛮倾向和不公平的暴力的产生（参见 Braithwaite and Daly，1994：208）。

布雷斯韦特强烈呼吁，将社区协商会议作为社群主义恢复性司法和犯罪预防策略的一种重要机制。尽管对于其在为激进的、非歧视性的社群主义司法模式创造核心条件的潜在能力保持一种谨慎的态度是非常明智的，但"耻感重建"同时作为恢复性司法和犯罪预防的一种模式，其在理论和实践层面都仍然面临着重大的、障碍性的问题。例如，迄今为止，"耻感重建"不会被用来摧毁那些脆弱的社会部门，而实际上，对于各种具体的犯罪人而言，其并没有对传统的监禁惩

---

① 译者注：普遍主义（universalist）由德国学者萨维尼最早提出，盛行于19世纪欧美两洲的国际私法领域。该派学者认为，国际私法的一些原则可以从超越于国家之上的国际法或自然法推演而得，并且根据这些原则就能构成一个普遍性抵触规则体系，用以界定各国的立法管辖权，并对各国具有一般拘束力。这个学派除萨维尼外，还有德国学者巴尔、E. 齐特尔曼、E. 弗兰肯施泰因，法国的A. 韦斯、A. 皮耶，比利时的F. 洛朗，英国的A. V. 戴西，美国的J. H. 比尔和意大利的P. S. 曼奇尼。他们的学说内容各有不同，其中以萨维尼和曼奇尼的学说影响较大。

罚方式产生任何削弱作用。肯·波尔克（1997：197）对澳大利亚的家庭协商会议的作用进行了评论，如他批判了这一模式对于通过就业、职业培训和学校教育等问题的改善来进行社区重建的问题没有给予系统的关注。无论是对于“耻感重建”的社区协商会议，还是高（而且越来越高）监禁率的存在的问题，其中在澳大利亚和新西兰（分别以土著人和毛利人为代表），高犯罪率人群的存在就是明证。哈瑞·布莱克曾经指出，澳大利亚的这种协商会议的特殊模式强调了将与一种文化相连的机制强加于另一种不同文化之上的做法是艰难而且危险的，建立在前者基础上的“耻感重建”构想是与新西兰毛利人的部落文化中的等级结构特征相关的，而后者却是与澳大利亚土著人的部落文化中非等级结构特征相关的。布莱克指出，这一澳大利亚的“沃加沃加会议”[①] 模式主张依靠警察的力量来对青年土著人进行管理（这本来是新西兰毛利人的一种模式，20 世纪 80 年代通过改良、移植被引入澳大利亚）。正如布莱克（1997：481）所关注的，在市场国际化的背景下，“产品”的特许经营一定会加强警察对土著人的控制，而不是削弱。最后，布莱克认为，与“耻感重建”相比，对人权的保障将更有助于为那些饱受压榨的本土居民提供公正的待遇，因为这一模式为他们提供了一个最好的保障措施，使他们免受政府的压迫，而这正是他们遭受的最大的

---

① 译者注：沃加沃加（Wagga Wagga）是澳大利亚新南威尔斯州的一个城市。“沃加沃加”一词来源于新南威尔士州里费雷纳地区最大的土著人部落“威拉德求里”语。“沃加”的意思是乌鸦，“沃加沃加”就是许多乌鸦或大群乌鸦聚集的地方。沃加沃加会议模式，指的是澳洲 Wagga Wagga 会议（Conferencing in Wagga Wagga），早在 1991 年，该会议就在澳洲新南威尔士的沃加沃加成立，并被纳入社区警政之中。它的诞生基本上是受到新西兰家庭协商会议的影响。该会议与其他地方的协商会议大同小异，仍不脱离讨论犯罪过程的发生，以及思考如何协助加害与被害双方走出敌意的情绪，积极开拓责任赔偿的可能。其中，该会议最为特殊的地方在于会议的协调者是由警察担任的，并由警察来主导整个会议进程及监督加害者承诺的兑现完成情况。

威胁（参见 Blagg，1997：501）。

我们很难确定，在这样的背景下社区将走向何方。例如，在当今的美国，流行的重建羞辱感的举措是强制当事者在布告栏上宣布“我是犯罪人”。在 20 世纪 90 年代后半期的英国，时任内政大臣的杰克·斯特劳也提出了一项建议，即在法庭上重建青年犯罪人的“耻辱感”。也有民粹主义运动倡导者在媒体上公开发表经济大萧条时期的青年犯罪人的照片。我们应该关注到这样一种危险的存在，即耻辱感有可能转化为“报复心理”。在这样的背景之下，范·施瓦尼根（1997：209）准确地指出，在犯罪化过程的背后，存在着巨大的经济、政治和代表性利益的因素，同时，在“耻感重建”的过程中，“刑罚惩罚”并没有得到足够的认知。在正常情况下，“耻感重建”在多大程度上抑制着个人或者机构的作用，这不仅仅在于刑事司法实践过程中所涉及的那些无法忍受的“耻辱感”，同时还需要给予更多的批判性关注。此外，责任感的缺乏以及对犯罪人合法诉求的保障和相应程序的缺失仍然是要重点关注的领域。把“耻感重建”看成是包治犯罪以及其他社会疾病的“灵丹妙药”是极其不明智的。同时，上述所有的批判是否真的在本质上否定了社群主义恢复性司法潜在的进步意义呢？似乎并没有定论。相反，这些批判恰恰彰显了政策执行过程当中的种种缺陷，同时也证明了恢复性司法原则在具体措施当中具有扭转危局的作用。

激进的左派政治理论对社区犯罪预防的批判性评价

与诸如埃兹额尼和丹尼斯等泛道德化社群主义学者的思想不同，这一部分的研究明显地代表了激进的对社区重建的主张，同时又认识到，国家力量和经济政策在影响社会正义方面充当的关键角色。有些学者认为，激进的左派社群主义者一味奉行“主要通过社区居民的自助行为便能有效解决邻里犯罪问题”这一主张，那么在上述主张面前，这一指责便不攻自破了（参见 Hope，1995：66）。实际上，激进社群主义者同霍普的观点是一致的。他们主张，将城市社区独立开来需要对基层社会的制度构造进行大量的投入，以改变城市自由市场经济背景下贫困社区明显的不稳定趋势（1995：78）。

面对独裁的刑罚民粹主义，面对晚期现代主义背景下的社区分裂，激进左派社群主义的民主政治理想在多大程度上能够得以实现，仍然是一个有待讨论的问题。但是，有一点必须指出，在与社会危害行为和社会不公正现象进行对抗的过程中，通过政治民主化所达致的归属感似乎相应地成为重建相互信任、相互宽容的社区氛围的必要条件。

激进的左派社群主义者的著述作为一个理论体系，其本身也存在着局限性。作为一门实用主义的社会学科，其局限性在于，对关于市民社会和活跃而又广阔的社区的民主参与程度缺乏足够的实证主义论证。此外，还存在一个非常重要的问题，即我们如何才能从现实走向未来的“理想图景”。欧菲尔德（1990：155）非常准确地指出了一个问题，即激进的社群主义学者试图回避的一个问题，那就是如何动员个体去实践他们的公民权利和义务，从而构建社区，即使他的这一主张——必须对上述问题进行权威的指导——也与其他学者的观点不尽一致。我们仍然存在一种担忧，即我们要通过什么样的制度性设计才能实现这样一个充满宽容和生机的市民社会。此外，一个非常重要的问题是，如何才能创造出一种能够更好地推动经济再分配的策略，从而促使激进的社群主义关于犯罪预防和社会重建的工作能够相互依赖。博特姆斯和威尔斯（1996：35）曾经注意到：

> 非正式机构的控制和信赖无疑使巨大的犯罪数量有所下降，但这一结果能否通过公共政策的参与就能轻而易举地创造出来，仍然是一个值得探讨的问题。尽管那不意味着我们不应该去检验这种可选择性的政策是否可行，以及如果可行，

它到底能够走多远，当然，也许正好相反，不会削弱这一控制和信任。

这是一个重要的警示，在衡量激进的社群主义发展规划的过程中，一定要牢记公共政策在刺激社区朝着高活跃度和低腐蚀性方向发展方面所发挥的显而易见的作用。

无论是学术探讨还是在实践领域，相当多的当代社会学学者和犯罪学学者对于倡导通过社区来进行犯罪预防的主张仍然持怀疑态度（参见本书第 5 章）。按照加兰的主张(1996)，在晚期现代化的背景之下，将高犯罪率视为社会现实的正常状态，而利用社区和公民的积极参与作为控制犯罪的一种新的途径，就可能再次被理解成为广泛适应这一社会现实的一部分。除此之外，加兰还指出，这一自助型社区往往被视为一种经过深思熟虑的成熟计划，是继（在本书第 4 章、第 5 章中曾经讨论的）情境犯罪预防和多机构协作犯罪预防之后的又一种犯罪预防模式。粗略地讲，社群主义犯罪预防策略可能被看成是一种组织严密的典型的管理模式，这一模式的管理对象是民众，而管理者正是居于核心地位的政治权威。这一模式将被视为部分地实现了“责任制模式”或者“宏观管理模式”，国家将自己肩负的预防犯罪的责任移交给国家权力之外的机构、团体、组织和个人，并鼓励他们在这一领域发挥适当的作用。按照这一“责任制模式”的逻辑结构设计，作为消费者的公民个人以及其所在的社区的态度和行为将被视为犯罪原因的滋生之所，同时也是犯罪预防和犯罪控制的主要途径。很明显，这一对社区及其成员间关系的描述与公民个人的责任感以及国家的强制力之间发生了巧妙的契合，在自由市场经济社会状况之下，国家的角色定位日趋幕后，这也正是新自由主义的核心价值所在。同时，加兰还注意到（1996：452—4），非常具有讽刺意味的是，伴随着活动空间的扩大和影响力的增加，这一“宏观管理模式”的发展反而使被核心化的国家管理机制较以前变得更加强大。

在过去的10年中，对这一组织管理严密的、外向型的、以社区为基础的犯罪预防模式进行构思和论述，加兰并非第一人（参见 McLaughlin，1994）。在关于法律和秩序的问题上，国家与公共社会之间的关系不断变化，在对这一变化进行探讨的过程中，有许多扣人心弦的东西。实际上，对于加兰来讲，同时对社会犯罪预防模式和情境犯罪预防模式加以综合利用的过程实际上引入了一种“秩序重构”机制，以对人们在社会领域当中所享有的基本权利的行使进行正确的引导……之前，国家总是认为那些非正常行为是可以改变的，现在，国家的目的在于，催生一些在每个人所持有的标准、惯例和意识方面所发生的变化，往往是一些极限变化，而且是具有重要影响力的变化（参见 Garland，1996：454）。这的确是一个气势恢弘的社会工程方案，尽管这一庞大的理论方案可能存在缺陷，因其忽视了更加广阔的社会网络和政治体制之间的抵消作用，以及对国家在犯罪控制方面的政策规划的不稳定性进行了低调处理。例如，我们也许会问，这一围绕社区而展开的政治运动到底是什么？它将作为一种与普遍流行的以国家为导向的刑罚主义和个人谨慎主义相对的新的对抗犯罪和社区团结的象征（参见 Hughes and Mooney，1998）。我们将会在接下来的第7章中重新对这一问题进行深入讨论。

结语

本章集中讨论了在当代社群主义关于犯罪和犯罪预防问题的争论当中，对“社区”所进行的不同的理解和使用。我们还特别讨论了与社区和社会道德重建相关的保守社群主义模式。在本章的后半部分中，我们集中讨论了有关激进的社群主义的犯罪预防理论以及社会正义的问题。在迄今为止的讨论中非常明显的是，在当代有关犯罪预防和社会正义的争论中，对于社区的认识在思想上仍然存在不确定性，这就决定了在这一研究领域仍然还有许多未竟的事业。

拓展阅读

Hope, T. (1995) 'Community Crime Prevention', in M. Tonry and D. Farrington (eds), Building a Safer Society: Strategic Approaches to Crime. Chicago: University of Chicago Press.

Hughes, G. (1996a) 'Communitarianism and Law and Order', Critical Social Policy, 16, 4: 17 – 41.

第七章

后现代性时期犯罪控制的前景

引言
后现代性、风险社会与社会控制
犯罪预防的发展与后现代性的联系
博特姆斯与怀尔斯对比较、全球化趋势的看法
模式1：“堡垒城市”，个人主义与社会排斥
戴维斯对洛杉矶的看法：堡垒城市
菲利与西蒙的新刑罚学观点
希林与斯特宁关于社团、非监狱式控制的观点
全球成风的个人主义
模式2：“高信任度”社会与专制社群主义
日本：文化被视为打击犯罪的遏制手段
内聚的社区，强制的政府
模式3：意在形成公民的、包容的“安全”城市
地方政权的复兴
在探讨犯罪与安全的过程中重建公共领域
社会防卫计划
结语
拓展阅读

引言

这一最后独立存在的章节着眼于围绕后现代性和风险社会提出一些有影响的理论，探究关于我们时代境况（不论是乌托邦的还是反面乌托邦的）的这些判断的本质是什么，以理解犯罪预防的比较趋势。在本章中，笔者从概述后现代性和风险社会的社会学论题开始，着重论述了全球化与本地化这两种同时存在的趋势。遵循这一解释，笔者首先推究这些广泛的趋势是如何与目前国际犯罪预防的发展相联系的，然后提出了犯罪预防未来存在三种可能的设想：

1. 个人主义和社会排斥的模式；
2. 权威专制型的社群主义模式；以及
3. 激进的社区主义模式（融合城市和地区的社区安全计划）。

需要强调的是，这些模式所基于的那些论断，既是对当前处理方法的分析，又是对社会控制可能前景的“假想”。

对于社会科学中比较实例的运用，是需要提醒注意的。因为此类成果看起来像是根据其他国家往往只是貌似博学的研究人员凭借印象的论述而得到的，所以在社会科学方面的比较分析中存在着一些普遍公认的难题。对于“这山望着那山高”的结论所暗含的文化刻板印象与民族中心主义来说，它们之间总是处于一种困境，二者都忽略了在明显的特殊文化构成中复杂的细微差别（参见 Fukuyama，1996，关于这样原始的刻板印象的新实例）。注意到这点，笔者认为，由对比分析所带来的机遇是个值得尝试的“风险”。

后现代性、风险社会与社会控制

贯穿本书始终，笔者一直使用后现代性风险社会这一论题，作为了解犯罪预防过去和当代的表现形式的关键概念框架。现在让我们沿着文章引言中最初的表述，在我们得出犯罪预防在现在和未来发展的趋势之前，首先让我们来简要回顾一些理论观点，这对于理解当代社会变化和社会秩序具有重要的意义。

安东尼·吉登斯（1990，1991）曾认为，后现代性所带来的一个主要社会变化是信任与风险环境的更迭以及本体不安全感的增加。简言之，是现代性破坏了亲属关系的显著性，割裂了当地社区的控制，削弱了宗教的权威和传统的感召力。吉登斯认为，这些影响归因于“非根深蒂固的机制”，这种机制把社会关系从当地语境中分离开来，然后跨越无限时空对它们进行重组。为了系统陈述这篇文章，吉登斯引用经典社会学“伎俩”，就是起草两个夸张的、理想的前现代性和后现代性世界类型，这只是一个帮助社会学家更清晰地表述他或她的中心思想的启发式的方法。记住这一点很重要。因此，不建议把“过去”和“现在”如此简单地描绘出来。

接受了这些条件，吉登斯进一步认为，前现代社会是基于亲属关系的“信任环境”，当地社团是地点，宗教和传统基于亲属关系，以当地社团为地点，宗教和传统的“信任环境”。亲属关系是跨越时空稳定社会联系的组织工具，宗教宇宙哲学是信仰和仪式的方式，为人的生命和自然提供上帝的旨意。传统，即过去的信仰和实践，是连接现在和未来的纽带。而当地社团，作为一种空间和社会性兼具的地点，为它的成员提供熟悉的社会环境。在这样的社会中，成员之间的信任对维持社会控制具有至关重要的作用（参见 Giddens，1990：102）。

为了与这种情形与环境形成对比，吉登斯认为，我们居住在现代社会中，信任植根于亲密的人际关系，存在于非根深蒂固的专业技能的抽象体系。友谊或者性关系，而非亲属关系，是稳定社会的主要手段。反过来，抽象的技能体系成为跨越无限时空稳定关系的工具。传统和宗教宇宙哲学越来越多地被以未来为导向的、反现实的想法所取代，成为联系过去和现在的工具。现代性鼓励抽象的信任，鼓励特定类型的专业体系的存在。例如，推动理性进步的实证主义科学和社会科学。随着高度的或后现代性的发展，无论是在与食品安全相关的领域还是与犯罪控制相联系的因素，反现实想法和对专业知识更大程度的怀疑主义日益成长。

吉登斯把生活在后现代社会描述成类似于“盲目崇拜而牺牲一切”。因此，后现代性在一定程度上像一台能量巨大的失控的发动机，有时可以驾驭，有时却难以控制。相应的，吉登斯强调，现在和未来的趋势复杂，不确定，选择多样，可能性颇多。“生活在‘风险社会’意味着对行为所产生的后果保持一种可预测的心态，无论是积极的，还是消极的。具备了这些，不管是个人还是社会，都可以在现代性社会的发展道路上持续地应对事物。”吉登斯认识到，加速监督的重要性和个人主义在后现代社会的位置，随后的大多数研究社会控制当代发展趋势的激进学者都对此有所关注。然而，吉登斯还指出“激进参与”的可能性。也就是说，对想象中的危险的一种实用主义论争态度：持激进参与主张的人认为，尽管我们面临主要的问题，我们能够也应该动员起来或者减弱这些问题造成的影响或者超越它们。这是一种很乐观的看法，但人们往往诉诸争论而不是理性的分析和讨论。实际上，主要的工具是社会运动。

贝克（1992）曾把20世纪科学和工业发展的后果描写成释放一系列前所未有的风险。这些风险不仅是“已经存在的毁灭的后果”，还是未来风险的潜在因素（参见Beck，1992：33）。随着这一发展，我们的生存越来越自发地依赖于现代性（例如，对科学怀疑称为“更好的理解”）。用贝克的话讲，“科学对理性的垄断已打破”（p. 29）。但技术专家在制定规划和对风险策略作出假设时，仍然拥有话语权。贝克认为，技术更新体系发展过快，以至于“科学小说越来越成为对过去的回忆”（p. 185）。

贝克把风险定义为特定技术或其他进程造成的物理伤害的可能性。不像19世纪和20世纪上半期与工厂相关的危险，风险不再局限于特定团体或地点，相反展现出一种全球化趋势（参见Beck，1992：13）。当然，这本身存在“很大的”争论。例如，我们实际上生活在全球化的第二个时期（参见Jordan，1996），之前是19世纪的帝国主义。贝克好像轻松地忘掉了奴隶制，吸食鸦片和与过去帝国主义有关的殖民主义带来的全球风险。

在贝克看来，风险社会被这样一个问题所主导，那就是“如何避免、减少、引导随着现代性逐步出场的风险、危险?”（参见Beck，1992：19）可预测的风险被看成“深谋远虑”的社会的前奏，挑战风险成了一件大事。这和工业社会或阶级社会突出的问题形成尖锐的对比，那就是社会财富如何合法但不平等的分配。顺便提一下，对于当代社会有别于工业阶级社会历史时期，笔者认为贝克极其夸张：这种夸张对社会变革时的“预言家”是司空见惯的（参见Kumar，1978）。事实上，贝克承认，一些组织比另一些组织更容易受到风险传播和增长的波及。换句话说，存在不同的“社会风险地位”（参见Beck，1992：23）。但贝克认为，风险地位不等同于阶级地位。例如，在特定情况下，作为一名城市居民，不同收入的人群却面临着共同的风险，如使用地铁设施或“隧道”。风险地位的不均衡在第三世界国家对抗发达西方国家的国际背景下尤为突出。

贝克认为，我们现代性的意识越来越有前瞻性。“风险意识的重心已经不在现在，而在未来；今天，我们努力是为了减少、避免以后的问题或危机。”（1992：34）在一些评论家看来，这种新的意识对了解犯罪控制和无秩序领域的风险管理策略的隐忧是极为重要的。贝克还认识到，风险社会不仅仅跨越了组织有序的国家，同时还是一个全球化的科学社会、媒体和信息社会。这反过来造成“危险社区”，最终只能纳入超国家的网络之中（参见 Beck，1992：47）。超越国家的大致趋势对未来犯罪控制意义非凡。

依据贝克的自觉的争辩命题，犯罪控制的未来将会如何？他为我们列出了反乌托邦和乌托邦两种可能。根据他的反面说法，即反乌托邦的可能性，贝克认为“替罪羊社会”和“危险预防的合法极权主义趋势”概率很大。换言之，犯罪、污染、灾难和传染病的危险如此可怕，以至于自由、民主辩论将消失，被一种全能的单一政权所取代。站在一个乐观的角度，贝克（1996）认为，我们希望生活在最多样化、有争议的全球的和个人的风险环境中。作为个体，我们都面临“风险自由”，可以在一种新的社群主义中找到答案：“同时，我们能够团结起来，激发个人主义个体的产生，这一问题显得越来越急迫。”（参见 Beck，1996：30）对未来的希望在于风险社会向一种自我批评文化的转变。

吉登斯和贝克对后现代性不安全和不确定问题的答案建立在植根于反身知识的信任新型关系的重要性基础上。他们认为，个性化的信任是建立在精心培养、面对面关系的基础上，重要性日益凸显。人与人之间的信任和抽象专业体系中信任的下降有了一个重新的角色定位。后现代性中的这种发展导致了消极性和个人主义，但也催生了新形式的社会行动主义。对有怀疑精神的评论家来说，这样的地位可以看做是想“鱼和熊掌兼得”的典型。

现在，我们分析这种抽象的社会科学论断与我们“犯罪预防”的发展问题的关联。

犯罪预防的发展与后现代性的联系

风险社会理论家认为，对个体和集体安全越来越多的关注和对风险的日益恐惧之间有一种明显的联系。“经历风险为失落的安全感和破碎的信任感建立了一个标准化的界限”（参见 Beck，1992：28），这一论断和本书第 6 章中讨论的社群主义分析中倒退和进步变体信息不谋而合。对贝克而言，认识阶级社会应从平等的理想的标准模式入手。然而，贝克表明，对后现代性风险社会而言，并非如此。“其规范性反计划，作为其基础和动力的力量，是安全。而平等的乌托邦包含一种社会财富，就是社会朝着理想的方向变革。风险社会的乌托邦仍然特别消极和自卫。”（p. 49）后现代社会发展的推动力似乎不是达到好的目标，而是避免坏的事情发生：“阶级社会的推动力可以总结为：我饿了！而风险社会的活动可以表述为：我害怕！忧虑的共性取代了需求的共性。”（p. 49）本书第6章中讨论的有关犯罪控制的许多回归的、道德的社群主义著作反映了这种害怕和忧虑。贝克依然不能确定忧虑的共性是否大体上成为维系社会的力量。特别是他提出了这个问题，即面对“非理性主义、极端主义和狂热”（p. 49），忧虑的共性可以作出妥协。

近来，越来越多的社会理论家接受了把犯罪预防和风险管理上的发展同后现代性庞大理论烘托下大规模的历史性的转变联系起来的挑战。这里，笔者希望抵制目的论的观点，注意到这一点很重要。目的论的观点认为，事件或过程是朝向不可避免的目标迈进的。接下来我们将探讨一些可能的、或然的犯罪预防和公共安全走向。在深入分析犯罪预防和公共安全可能走向的三大模式和理想的类型之前，笔者首先对比回顾一下博特姆斯和怀尔斯（1996）提出的后现代性犯罪预防发展趋势。笔者把形成对比的反乌托邦和乌托邦模式列举如下：

- “个人主义化的堡垒城市”模式；
- “权威专制型的社群主义”模式；以及
- “融合公民的，安全的城市”模式。

这些模式不失为具有启发意义的理想类型，把任何特殊语境中的犯罪预防实况的复杂本质简化，同时也会淡化现实中各个理想类型复杂的聚集的重要性。

博特姆斯与怀尔斯对比较、全球化趋势的看法

博特姆斯和怀尔斯（1996：10－26）已成功地区分出后现代性社会变化的六大特点，这对当代犯罪预防的发展趋势进行比较研究尤其重要。它们分别是：

1. 经济变化（例如，资本和商务日趋明显的国际化趋势，生产过程变化和产量下降，日渐突出的收入两极分化，消费者经济增长）；

2. 全球化和本地化趋势（例如，建立在公司选择而非地域所需基础上的经济活动地点，经济发展不平衡，“国家空洞化”）；

3. 技术及其影响（例如，为了监督而采用技术，中间技术的文化影响）；

4. 信任根源的变化（例如，从传统意义上本地化的信任向植根于脱离肉体的体系和自己选择的信任关系的开放式信任过渡）；

5. 社会分化的变化形式（例如，主要阶级的解体，生活方式日益重要，性别的重要性的变化）；

6. 管理主义（例如，国家机构把政策体系同战略计划、效果指标、积极监控和官僚主义管理法规结合起来）。

接下来，博特姆斯和怀尔斯（pp. 26－35）将阐述这些相互关联的变化是如何解释被他们分别归类为“防御策略”，“保护和监控”，“社会秩序新形式的产生”，“犯罪行为预防”的当代犯罪预防四种主要类型的。

根据涵盖性术语“预防策略”，博特姆斯和怀尔斯首先指出，第二次世界大战后经济发展、普通家庭生活日益富裕与日益膨胀的消费，既没有缓解相对的不平等，又没有降低犯罪率。然而，富裕程度的提高确实使这一策略在预防财物偷窃上发挥了积极作用。此外，传统分化形式和以人群为基础的信任的垮台使得社会的无名化走上一个新的高度。新的对

抗个体犯罪，保障个体安全的防御策略出现了。新的无名化也意味着个体越来越信赖抽象的体系。防御场所扩大，通常会涉及一系列受外面“危险”公共领域束缚的私人领域。

当代犯罪预防的第二种形式是“保护”和“监控”。博特姆斯和怀尔斯认为，与传统意义上公共警力提供的保护相比，先前描绘的社会变化对保护的要求有所提高。市场上又有新的保护形式出现，特别是有些披着私人安全警察的外衣。技术上的保护设备，如闭路电视系统，已经变成城市景观中平常的一部分。全球化和本地化同步或者相悖的后果也意味着公共控制机构被迫设置面向本地的服务及机构间达成的国家或跨国合作。信息的监控也已演变成了继新抽象信任体系和新管理策略的兴起之后的又一重要特色。通过对收集到的信息的监控来管理和控制组织的活动，是犯罪预防机构最新采取的手段。它的发展可能导致“纸上谈兵”事件的增加。

当代犯罪预防的第三种形式和“社会秩序新形式的产生”有联系。在博特姆斯和怀尔斯看来，后现代性一个重要的特征是国家民族的主导权力的下降（有时称为“国家空洞化”论点）。同时，刑事司法系统的无能在“新的信息社会”面前暴露无遗。更糟糕的是，后现代性削弱了传统的非正式的、社群主义化的社会控制根源。总的来看，这些过程产生了三种关联的结果。第一，通过鼓励国家机构协作，“体系效率”有望提高。第二，为了控制犯罪，对国家权力的限制和从其他组织中寻求合作伙伴的需要得到了越来越广泛的认可。第三，社会控制的非正式机制减少之后，不断尝试建立新的正式、半正式的社会控制机构。大体上，国家拥有最高权力的地位已经江河日下，私人化的秩序不断增加，多重国家秩序日益涌现，诉诸国家权力的控制无一例外地走向衰落。第四，全球化刺激了新的危害的增长。例如，国际诈骗和贩毒已经超出了国家的控制能力。在这一变化的背景之下，跨国犯罪控制应运而生。

当代犯罪控制的最后一种形式是“犯罪行为预防”。犯罪行为预防或“发展中的犯罪预防”（见本书第3章）主要集中在对特定儿童或年轻人以及他们家庭的集中干预。博特姆斯和怀尔斯认为，在后现代性时期，犯罪预防的这种新策略需要用发生在机构的社会化（例如，家庭和学校）的变化来解释说明。他们特别注意到，随着私人关系的日益重要，传统的社会关系日益淡化，在此背景下，所建立起来的日常生活中的信任关系也在发生变化。这种变化极大地削弱了社会控制和家庭、学校、教堂等社会机构的正常化能力。“犯罪行为预防”的兴起，代表了制定一种预防此类变化或开发道德教育和控制替代方法的政策的尝试。这种提高其识别能力的策略所导致的结果，就是不计风险和成本地识别目前犯罪者和将来犯罪者的身份。就像博特姆斯和怀尔斯（1996：35）所指出的那样：“识别缉拿逃犯的不断提升的技术能力意味着如果不愿看到危险的两极分化和排斥，那么有必要重建自觉的政策。”

最后，博特姆斯和怀尔斯强调，后现代性对本地化的效果很不均衡。他们勾勒的总体框架不太乐观。笔者认为，他们忽视了吉登斯和贝克（参见模式3）确认的后现代性中一些发展积极进步的一面。

让我们来讨论犯罪控制的三种理想模式。笔者首先从个人主义和社会排斥占主导的“堡垒城市”模式开始。值得注意的是，这第一种反乌托邦模式，也是北美发展的缩影，受到正在研究犯罪控制“主导方式”的犯罪学家和社会学家的最多关注（参见Cohen，1985）。

模式1：“堡垒城市”，个人主义与社会排斥

在现代北美，持社会控制论的激进理论家们将注意力转向了城市生活的军事化及“堡垒城市”（参见Davis，1990）的崛起，私人化的消费中心主义（参见Shearing and Stenning，

1985）引起了更细化的预防与管理形式，以及以针对性牵制政策和排除“危险”人群为基础的风险管理机制（参见 Feeley and Simon，1992）。下面简要分析一下这三种重要的“美国式”犯罪预防趋势。

戴维斯对洛杉矶的看法：堡垒城市

在麦克·戴维斯的《石英之城》中，大城市洛杉矶以一个冰冷的面貌呈现在我们面前。贝克担忧人们对风险社会的设想过于负面，戒备而不切实际（参见 Beck，1992：42），戴维斯的绝大部分描述与其不谋而合。戴维斯描述和分析中的“堡垒城市”——未来的洛杉矶，其主要特征如下文所述：

洛杉矶西侧萌芽林精心修剪的草坪上竖满了威胁性的小告示：“请勿靠近，否则开枪！”更富有的居民住在峡谷和山腰之上，他们的别墅周围都有高墙，雇用了荷枪实弹的私人警察，安装了精良的电子监控设备。在市区，公众资助的“城市复兴”树立了全国最大的集体堡垒，修建纪念式的建筑作为缓冲区，与周围的穷人区隔离开来……在西湖区和圣佛南多谷，洛杉矶警方在街道设置路障并封锁了穷人区，称之为他们“抵制毒品战争”的一部分。在沃茨，开发商亚历山大·哈根如此解释他对城内零售市场的再殖民战略：综合购物中心周围要有金属桩做的栅栏，其中心监视塔驻扎着洛杉矶警察局分局。最后，在下个千禧年来临之际，配置专用于监控犯罪行为的“巨能眼”——地球同步执法卫星，由曾领导过警察队伍的指挥官来负责操作……欢迎光临后自由时代的洛杉矶，这里对奢华生活方式的保护通过无处不在的“请勿靠近，否则开枪”的标示来巩固，并被演绎为扩张到空间和行动上的新镇压。拥有人身安全，同时也有社会界限的体制保障，这种对奢华生活的痴迷已经成为城市结构调整进程中的时代精神，成为不断涌现于 20 世纪 90 年代的新兴人造环境的主要表述。

（1990：223）

读了这段关于洛杉矶的描绘，你可能会很震惊，因为它跟小说和电影中展现的“未来”城市太接近了（例如，《烤架》、《银翼杀手》、《机械战警》、《纽约大逃亡》，等等）。戴维斯（1992：223）认为这不足为奇，因为这种好莱坞电影本来就源于“对现有潮流的推断”。联系前文，我们可能注意到，贝克将科幻小说归结为“关于过去的记忆”（1992：185）。

戴维斯（1990：224）认为洛杉矶所反映的模式是一种先兆，类似的发展将会遍布于任何一个后自由时代城市的“新兴人造环境”中。他十分关注将城市规划、建设和警察机构并入“一个单一、综合性的安全势力”的趋势。除了这种新型的公私机构合作预防犯罪外，“安全”市场的产生与发展也形成了另一预防力量。“‘安全’是一种有钱有地位才能享受的私人‘保护服务’，提供给那些住在严密防护的私人领地内或者郊区的有钱人。”

这个城市里那些不太富裕的人又是如何呢？根据戴维斯的描述，洛杉矶的穷人和无家可归的人被划分为“其余的”、“下层阶级”，是被隔离和监控的对象，必须住在新的“小镇”里，服从军事化治安管控或者“享受”洛杉矶警察局发起的“低强度战争”。鉴于这种模式走向，戴维斯尖锐地指出，我们生活在一个不断深化的“堡垒城市”，我们的城市被粗暴地划分为富人社会的“堡垒式处所”和穷人的“恐怖之地”。穷人都有犯罪倾向，是警察的战斗对象：“东欧的墙快被拆光了，洛杉矶却在到处砌墙。”因此，戴维斯的文章其实是在暗示洛杉矶的危机在于阶级和种族的划分，而同贝克疯狂地呼吁脱离过去社会（工业社会）又有所不同（1990：228）。

也许戴维斯关于洛杉矶的描述所传达的中心思想是公共

空间遭到破坏：要么被划为富人或者偏执狂的私人领地，要么就被划分为种族色彩强烈甚或是“新部落式”的贫民区。在对戴维斯文章的评论中，莫里森提到，洛杉矶已经沦为后自由时代的产物，这里过多地关注维护奢侈的生活方式，从而导致了在空间上和行动上广泛而错综复杂的（对穷人的）镇压。不仅如此，“对空间的占控观念形成了对社会统一的排拒”（参见 Morrison，1995：267 – 8）。正如罗斯（1996：336）所指出的：“封闭的城市”是达到“想象的安全”的方式之一，社团的共同逻辑与新自由政治所倡导的私人化风气相结合，也可称之为针对危机弥漫的现代性而采取的“谨慎的新体制”。

因此，除了经济和社会方面的排斥隔离外，现在世界上很多城市都在穷人与富人之间建造了实质的地理壁垒。在美国，这种举措尤其具有种族色彩：将共产主义划为“国外的邪恶异端”后，黑人被定位为“国内的邪恶异端”，是“下层违法分子”。如果按照市场环境和市场规律变化来划分犯罪预防地区和群体，无疑某类人群会被排除在市场地区之外，因为他们没有经济能力来参与市场行为。最终，这种困境会导致一个碉堡式的二元化社会，也就是贝克所提到的“共同焦虑”（1992：49）——划分为严密防卫的局部地区和充斥着犯罪及不安全因素的未受保护的“劣地”，后者居住着那些不能参加市场竞争的人，由“帮派”成员提供没有多大保障的保护。从戴维斯所描绘的冰冷的画面中可以得知，这一切皆由“城市种族隔离”所导致（1990：236）。

问题在于，洛杉矶虽然是个极端个别的例子，但在世界范围内的某些城市却有类似的特点。就拿洛杉矶来说，难道是由于美国存在的文化差异和社会不公平等因素，才特别容易导致犯罪行为的滋生吗？（参见 Currie，1997）然而，戴维斯意识到的趋势不仅仅是美国特有的，在许多国家如巴西、南非、以色列、印度尼西亚、印度也可以发现这种趋势（例如，参见 Caldeira，1996；Sheptycki，1997）。更早以前，波特士和威尔士（参见 Bottoms and Wiles，1996）也提出了类似的犯罪预防趋势，证明其有可信度。

菲利与西蒙的新刑罚学观点

菲利和西蒙（1992，1994）的作品详尽地分析了一种他们称之为“新刑罚学”的惩罚策略。其特征如下：一是着力于对可能风险的估算（“保险精算”）和对数据分配的分析（如用于人口估算方面）。“保险精算师”是保险业界的专家，主要从事估算潜在风险以决定合适的保险额。基于社会实效和有效管理的原则（而非责任或过失法则），“精算式司法”应成为一种防治罪案的方法。二是这种新学说的一个重要论点就是新的政策目标群，即对危险人群作出清晰的分类，以便区分和管理。三是对危险人群的管理手段：刑事剥夺高危险罪犯的生存能力和针对中等危险人群的“候宰栏”，如“劳教营”。

菲利和西蒙认为，这种在罪案遏制方面出现的新趋势意味着我们正在见证一种转变，即不再坚持实证派和现代派关于标准化“刑罚性福利工程”的观点（见本书第 3 章）。旧刑罚学主要关注个体的道德观和病态特征，后现代派的新刑罚学对此提出了质疑。反之，其“关注点”在于估算人群的可能风险和分析数据分配。日益关注于管理而不是改变人群。比起个体责任和问责问题来，其更注重社会实效和有效的管理。犯罪和不文明行为从而成为需要管控的风险。目标是潜在罪犯团体，而非罪犯或者犯罪审判系统。这种策略的危险性在于风险管理所占的比重过大，从而轻视了司法体制的应有分量。弱势群体和那些无法改变地位的、危险的“下层阶级”日益成为严厉遏制甚至消灭的目标。

希林与斯特宁关于社团、非监狱式控制的观点

相比上述论点，克利福德·希林和菲利普·斯特宁（参见 Clifford Shearing，1981；Philip Stenning，1985）关于犯罪控制的冷酷观点在北美不是太受关注。他们尤为关注出现于20世纪后期的警务私有化和刑事司法的新管理主义以及个人主义，尤其是全球合作下私人的、非监狱规训式社会控制论的发展。这种新型的控制既有辅助性特点，又有预防性特点，也很符合贝克刻画的“面向未来”的危机意识（1992：34）。它基于将合作与是非问题两相比较，从而计算出获利/损失，涉及日益受到监督和控制（主要通过应急技术和信息科技）的整个非犯罪人群，主要通过控制中介（追究社团/家族责任）落实。

希林和斯特宁（1981：228）也强烈表示，以“以相对少数人群为主导的团体利益控制大面积地产（公众所能接触的）”的名义，越来越多地开展“大众私有地产”运动。在欧洲，波特士和威尔士（1996：3）将这种现象称为“中间空间”，也就是公众也可以接近的私人空间。这种空间在预防犯罪中的法律地位显得很重要。

希林和斯特宁提出，与产品和服务消费相关的团体是发展的前锋。在购物中心和主题公园，通过最明确和最先进的表现方式、各种制度，以及看上去貌似受众自愿遵从的预防秩序来实现。例如，“迪斯尼世界”正是这种具有普遍吸引力的控制趋势的最好模式。乔治·里茨关于现代美国文化的《麦当劳化社会》尽管具有争议性，但也非常有意思。他很肯定地指出，社会控制越来越普遍且包含所有新的社会化领域，如专栏作家查尔斯·克劳萨摩在跟他的孩子去了一次“迪斯尼世界”后，描述了那里工人“虚假的愉悦”。用凡·斯华宁根（1997：179）的话说，我们通过“幼稚化”来实现社会控制。

全球成风的个人主义

北美的犯罪学家和社会学家所传达的信息总结起来就是：安全与治安的专属化、私有化进程（即与“公共利益”背道而驰）。因此，加剧了隔离富人和有犯罪倾向的“缺陷消费者”（参见 Bauman，1997：41）的趋势，“麻烦”/“危险”的少数人被排除在富人的领地外，并且处处受到严酷的治安政策管制。

这种发展趋势并不是北美特有的，对其更高形式的表现甚至可以在其他地方见证。相应地，欧·马雷（1992）也提到了“精算”技术（最明显的是保险的风险估算）被应用到现代社会权力分配方面。他尤其强调对预防潜在伤害方面的代价进行再分配，以加剧按风险高低划分城市周边地区的趋势。这种隔离能产生一种混杂了安全机构与不怎么安全的街道网的“城市混区”（参见 Sutton，1994：9）。同理，加兰（1996：463）也认为，在英国这种措施导致财产转让与剩余化并存于“市民理想”中，以及第二次世界大战后这个福利国度出现了“团结事业的衰落”。这里，加兰也许浪漫化了所谓的“团结事业”，从而忽视了这个国家所存在的隔离与镇压，如“种族”隔离，性别歧视，排斥残疾人（参见 Hughes and Lewis，1998）。

科恩（1996）近期的论文为研究与比较现代资本主义国度的罪案遏制政策提供了很重要的启示。他提出，最近针对风险的政治措施已由军事领域转变为国内秩序方面。其作品在关于西欧资本主义国家和美国的论述上，科恩表明，“以应对苏联威胁为主的国家安全政策已不再受到推崇，现在关注的是个人安全，其中不仅关联到凶猛的犯罪行为所带来的危害，还有无数其他的危险（不管是地道里的有毒废弃物、神经毒气，还是有害食物或者动机不明的恐怖主义）”（p. 10）。科恩的文章有特殊的意义，因为他强烈建议犯罪学家需要进一步了解和探讨关于罪案遏制的世俗政策，使其更广泛地适应社会秩序、风险和治安等各方面的要求。

博特姆斯认为，上述趋势都是20世纪后期个人主义的霸权逻辑所导致的恶果。他认为这种个人主义具有明显的危险性（1990：20）：

> 如果个人主义真的势不可当地发展下去，其最后结果会是一场梦魇。最终，社会将产生大批的安全机构或设施来保护个人私宅、街道和商店。所有的成年人外出时必须随身携带个人警卫设备（如手枪）来保护自己。

如今，这种新自由主义市场领域内可能存在两种社会控制体系，一种是建立在引诱的基础上，另一种是建立在镇压的基础上。引诱是针对社会核心成员实施的，而镇压则用于“消费”社会的非核心成员（参见 Bauman，1997；Hughes，1998）。总结第一种模式的大致轮廓，我们可能会自省：我们是否已经达到了贝克（1992：80）所谓的恐怖的“替罪羊社会”，这个社会盛行“危险的合法极权主义式预防”。

处于后现代性、风险社会和社会控制潮流中的评论家们在这个论题上选择了反乌托邦的一方，也在这个进程中，把社群主义划分为反作用课题（参见 Garland，1996）。然而，在后现代性风险社会的课题中，各种与社群主义思想密切相关的文章，虽然有诸多相异的激进的观点，但同时也反映了一种进步的可能趋势（参见本书第6章）。贝克的观点急切地反映了“只有我们自己才能够团结并激发个人主义化了的个体”（1996：30）。那时，不管是激进的或保守的社群主义观点，都可能是充满缺陷的后现代性意识的表达，而不仅仅是一种妄想恢复早期世界观和处世方法的怀旧思潮。

模式2：“高信任度”社会与专制社群主义

第二种模式是建立在国家推动的基础之上的一种保守的、

道德化文化，其旨在促成人民的集体遵从意识，从而有效地抵抗个人主义的风险和变数。这种社会控制论集国家集权和保守的社群主义为一体，强调家庭和社群对国家的义务，为将来的罪案遏制提供了另一种可行方案。这种潮流现在出现于“亚洲虎”国家群中。笔者还要顺便指出，不管是一些家长制国度，如新加坡，还是现在西方政治家，如托尼·布莱尔，都很尊崇这种社群式的独裁主义。值得注意的是，日本、中国台湾地区、韩国和新加坡等国家和地区并不尽相同（参见 Fukuyama，1996）。尽管如此，它们的社会结构也有一些共同特征，所以此文把它们归在一起进行讨论。在“对互相约束和更集体主义化文化的认可”的口号声中，米茨塔尔（1996：5）曾专门使用“亚洲虎”这一词汇来讨论这些国家。约翰·格雷（1995：16）认为，这些东亚国家是由儒家思想连接起来的，并将之用于推动和落实它们的“驾驭市场机制动力，创造强大持久群体的非凡实验”。

日本：文化被视为打击犯罪的遏制手段

在发达国家中，日本是拥有最低的犯罪率，也可能是人均警察数量最少的国家之一。自第二次世界大战以来，日本是世界上工业化最成功的国家，尤其是它的官方犯罪率有显著下降。如何解释这种现象呢？在本书第 6 章中笔者曾深入地讨论过独裁式社群主义社会控制的要求。弗兰克·雷士曼（1994：39）曾强调过荣辱等机制，以及“期待服从一致的道德风尚网”在日本犯罪预防中的重要性。他也强调日本人对“家”和“家外”有着强烈的文化意识，然而他并不希望通过这种非常神秘和特别的世界观来解释日本在犯罪预防方面取得的成绩。相反，他强调了重要机构和体制因素在这方面的存在，如专为年轻人开设的周末学堂，警察的高在场率，星罗棋布的安全系统，严格的枪械和武器控制法（1994：40）。我们也需注意到各工薪阶层之间相对较小的收入差距，以及绝大多数公司对员工（男性）提供实质的终身职业保障（参见 Fukuyama，1996）。忠志森（1993）在解释第二次世界大战后日本相对较低的犯罪率时也曾指出社会条件作用进程对既定条规的重要性。他尤其提到了四点重要因素：一个既定阶级体系的存在和“精英体制”的推动；对家庭的强烈忠诚度和对团体的义务（基于对被排斥的恐惧）；以荣辱观为中心的社会文化导致的对罪恶的强烈排斥；家庭模式化的社会控制。在此，笔者想补充一点，日本在低报或不报强奸、其他性侵犯和家庭暴力、高度的公众酗酒闹事（男性）等罪案上也反映了在家长制和等级制社会下，受害者害怕给家庭带来耻辱的心理。然而，由于 20 世纪末日本城市化进程的发展、经济不稳定性的增加和工作导致的高度人口流动，这种高强度约束下的团结和稳定似乎正日益受到威胁。

内聚的社区，强制的政府

第二种犯罪控制模式与以美国为代表的高度个人化和市场化的个人主义模式截然相反。一些评论家（如福山）在谈论他所谓的“自发的团结”所带来的经济利益时，提醒饱受风险困扰的西方国家应向日本的“高信任”社会学习。与其他保守的社群主义者一样，福山推崇道德的约束力，也赞同并接受等级制和家长制的权威，“最强的社会关系并不存在于横向的同级之间（如某一首领下的从员之间），而是高级和低级之间的垂直关系”（1996：176）。因此，这种犯罪预防模式的关键方式是适当的等级制和家长制条律。

第二种犯罪控制模式在何种程度上阐述了东亚国家的“自发的团结”仍值得探讨求证。例如，在新加坡，一度存在的人民行动党政府一直在积极地推动其社群哲学，操纵社会项目并鼓吹其特色（参见 Chua，1997）。自从推翻了殖民统治，赢得民族独立以来，新加坡政府一直发起并推进反自由主义民主社会秩序的实现，由优秀领导人组成的好政府致力于保护集体福利。蔡本华（1997：187）这样写道：

> 与自由主义的中小国家不同，国家/社会的整合通过社会生活的各个层面来判断国家的介入手段。好政府所采取的手段，如支配性介入能“确保”集体福利，所以比鼓吹、滥用个人权力更合理。

不管是由于单一纯正的谋取集体福利的信念，还是仅仅以之为利己的借口，国家和社会的整合不仅使干涉主义国家合法化，也能轻易地使国家统治者陷入独裁主义（参见Chua，1997：191）。有一个例子可以说明国家集权和道德主义独裁式的社群主义，那就是1994年通过的法律，其规定子女必须为年老的父母提供经济保障。该法律的通过，象征并巩固了社群对“亚洲核心价值观”——孝道的支持。

以更广阔的视角来审视，还需要提出质疑和探讨的是，特定的文化和社会结构（如日本的等级式社群主义）能何种程度地“转用”到那些信奉不同哲学和以不同方式平衡权利与义务的社会。我们可能会问：这种社会团结、低犯罪率和较安定的秩序要牺牲多少个人自由和异己群体的自由？进而，为这种保守的社群主义秩序所付出的代价难道是所有服从于制度下的男女？

模式3：意在形成公民的、包容的“安全”城市

第三种模式关注的是在某种程度上被认为是对关于公众安全保障的社会民主工程的重现和彻底重建。需注意，该工程是在后福利国家和被罗斯称为“濒临死亡的社会”里进行的。对于“濒临死亡的社会”这个短语，罗斯指出的“普遍公民”这一概念在当代政治言论中已经消失，他们的需求由“专家”社会福利国家满足。以何种统治形式取代社会和集权社会国家？凯文·史蒂森（1995：103）将这种新形式的统治描述为政府转变，在这种情况下，社会和国家已让位于社区、

个人和合伙人。现在我们会发现“政敌参与同一领域的争辩”（参见 Clarke，1998）。欧·马雷和帕默尔（1996：138）对警察存在状况的发展作出了评论，他们认为，“在这种新出现的状况下，社区看起来像具有主体精神和独立精神的演员组成的网络，他们同警察成为合作伙伴”。这些发展都是积极的，因为技术娴熟有竞争力的个体在这种关系和“合作伙伴关系”形成过程中也有了法律意识。欧·马雷和帕默尔坚持认为，对自由生活方式、自由市场模式和自由企业模式的压力会营造多种机会和空间，利用这些机会和空间容易产生改革政见，如有可能防止无性别犯罪，适应女性消费者的需要和愿望（参见 O'Malley，1995：296）。

原有的社会民主信仰几乎只存在于20世纪早期的君主专制国家，用以解决犯罪等社会问题（参见本书第3章）。相比之下，现在的激进多元论者关于公共氛围和文明社会的争论（将在下文中阐述）也涉及后现代性时期公民和社区的共同参与，以及作为一种发展途径（与有力的国家行为相配合）的城市和区域政策。总之，会有一种防止犯罪的新政纲出台，这一政纲的轮廓已日渐清晰，可提供与模式1和模式2不同的又一种新途径。

地方政权的复兴

现在人们都已接受了全球化不必然意味着社区衰落的这种说法。尤其是，还存在另外一种说法，20世纪末的社会经济变化正通过重要的方式使人们越来越同他们的居住地和现在的社区紧密相连，而不是疏远。

比起其他任何一个西方欧洲国家，英国自20世纪70年代以来，中央政府就彻底取消了地方政府权力。在地方民主时代，人存在着严重的“民主逆差”。原来的福利社会，在很大程度上等同于由地方来执行公共服务，现在它又回来了（参见 Hughes and Lewis，1998）。关于这个尚未确定的日程表，几个有影响力的评论家试图设想一个地方政府有更多的参与权，更民主的未来，既不是原有的公共服务官僚机构模式，也不是近来新权力市场化方案下的消费主导体系。简单地说，这种备选方案拥有更广泛的民主，公民的权利不是因为他们能外出，而是因为他们有“说话”的权利，公民可以向他们的政治代表提出要求，代表应听取公民要求，并且他们应该积极参与到民主程序中去。

伯恩斯（1994）的著作以及斯托克和杨（1993）的著作的共同点在于，他们都强调构建一个具有更广泛意义的地方政府，地方政府甚至能在各自的区域创立民众广泛参与的新民主制度。我们也看到文明社会理念的复苏，在这里，公民整体活跃，保持个性（参见 Mouffe，1992）。可以说，这一完美日程在瓦尔泽的“临界联合主义”观点中得到了最好的阐释。

这一工作体制要求社会民主不只是国家、市场和民族，还要由地方网络共同构成。斯托克和杨（1993）坚持认为，地方政府现在急需控制犯罪的解决方案，在解决过程中通常会引导多方参与。斯托克和杨（1993）强调，在该多机构参与的工作环境中，要建立以团结一致、忠诚信任和互惠互利为基础的合作关系，而不是划分等级差别。由此，地方政府要以合作共事和激励联盟为驱动力。伯恩斯等举了一个关于权力下放的案例，指出权力下放是激活地方民主制度，反过来授权地方的一种途径。他们还特别提到，采纳地区自然主义理念的危险在于该观念很容易激励预防犯罪地区的种族主义和排外主义倾向，因而他们坚决主张多元化而不是集中统一。因为在多元化条件下，地方政府可以协调各方利益，理顺复杂关系，而不仅仅是地方政治代表（1994：224）。地方政府的作用在预防犯罪地区很重要，在狭隘的地方主义盛行的区域，对于促进其地区安全更为重要。最后，在总结部分，伯恩斯等人呼吁，建立新的共有的民主日程，提出新的多样性的执政方式：

> 我们是否需要一个社会组织（也许这种组织还没有出现），它能够敦促大人尊重孩子的需要，让人们听到沉默的声音，使一个种族重建他们抵制贬低其他民族的倾向，维护集体利益就如同维护自我利益一样？
>
> （1994：245）

在某种程度上，这种设想是对公民自由定义囿于法律条款的一种回应，也是对左翼人士坚持多年的官僚或国家政纲概念的一种挑战。我们重申并重新确立了公民概念为“民主政治身份”，这一解释在所有注解中占先（参见 Mouffe，1992：5－7）。

城市作为整个社会的基本主体，在整个西欧甚至西欧以外的地方得以复兴，这一点也许会引起争议。曼纽尔·卡斯太尔斯（1994，1997）强调，城市的形式和进化过程都是由社会决定的。决定因素有结构性的，也有历史性和文化方面的特色，所有这些显示、歪曲，这些社会行为将兴趣和价值强加于人们，按照梦想构建城市，为梦魇开辟空间（参见 Castells，1994：18－19）。简单地说，洛杉矶的梦想和梦魇不一定和其他城市的相同。

新千年来临之际，政府关系和地方自治形式都发生了重大变化，认识到这一点是很重要的。按照卡斯太尔斯所说，“事实上，西欧充满了矛盾，已经变成了一个繁荣、和平、民主、文明、科学、福利和权利脆弱的岛屿”（1994：24）。也就是说，卡斯太尔斯的确承认，人们试图建造围墙来保护这座“天堂”。这种自私现象的存在，消减了欧洲文化作为“堡垒欧洲”的魅力基本因素。民族国家这一基本特性到20世纪末将成为欧洲体制，对此，卡斯太尔斯充满信心。在欧洲化这一前提下，局部利益将符合区域和地方利益，而不同于国家利益。卡斯太尔斯意识到，地方政府在处理新出现的城镇矛盾冲突和避免陷入美式“双城”（既有富有又有贫穷，既有内部人又有外部人）危机中起着关键但又尴尬的作用。形成全民参与氛围是促进欧洲地方政府联系合作以便管理好城市的重要政策之一。最后，卡斯太尔斯提出了以下希望，“源于历史悠久，文化丰富多样，欧洲城市拥有众多民间组织，可以鼓励公民参与的积极性，可以有效地矫正小团体主义并消除人与人之间的疏远”（1994：32）。

卡斯太尔斯的希望或远见似乎对眼下关于犯罪控制或更广义上的社会正义的探讨尤其重要。主张堕胎有罪的犯罪学家 Rene van Swaaningen（1997：180）写道：欧洲的特点是它拥有比美国更深刻的社会民主社区传统，但这一传统正受到来自欧洲政客们引进的无规章、私有化、消费者选择和无权选择者犯罪化等美国理念的严重冲击。

在探讨犯罪与安全的过程中重建公共领域

近来，伊恩·泰勒（1997）论证，我们应努力使全球发展联系在一起，共同关注地方风险和安全。泰勒的研究集中于二级组织在恢复民主参与和政治意义中的作用，如发展工作时会很快展现出竞争力。对于泰勒来说，我们需要把特定区域的预防犯罪工作看做是新民主政策快速增长的标志之一：

> 无论是在城市郊区，还是在城市中心，在一个由于所有自由市场理论家否定下经济社会未来都陷于危机的社会里，意识形态斗争和政治斗争在东方专制主义和各种试图对新社会契约的思索之间的某处得到平衡。
>
> （1997：70）

对上面文字的阐释，泰勒承认预防犯罪和社区安全工作中潜藏着精神专制主义的威胁，模糊地称之为“东方专制主义”，或更准确地称为新道德保守主义。但是，地方社区安全政纲也被认为是一个人们对共同利益和共担风险与机遇提出新问题的地方，不仅仅限于自由市场和新自由事件。

同“堡垒城市”论述中的“毁灭和黑暗”观点相比，安蒂·梅里菲尔德（1996）坚持认为，在城市中可能存在包容性公共区间。按照梅里菲尔德的观点，他认为必须承认拥有公共空间包容性的社会可能不会那么稳定，会充满矛盾。事实确实如此，如果人们在一起讨论、争吵，矛盾必然会增加，但同时社会也许会变得更加公平、更加民主（参见 Merrifield，1996：59）。梅里菲尔德的观点正是对戴维斯观点的支持，身在洛杉矶的戴维斯呼吁建立真正的公共空间，拥有共同的爱好，承担风险和困难（参见 Davis，1990：26）。由此可见，公共空间的存在对于被歧视、犯过罪的和边缘人群争取社会承认极其重要。正如梅里菲尔德所指出的，20 世纪的英国，一群无家可归的人创刊并出售的《大事件》杂志，让人们意识到，在意识形态上人为地区分所谓的“正常”和“异常”是错误的，这也是让无家可归的人重新获得社会尊严过程的组成部分。重获社会尊严的过程将是社区安全进步工程的关键因素。梅里菲尔德的主张异于美国的“堡垒城市”观念，他主张城市应该为多种群体提供更宽泛的公共场所，每个场所都可自由进出，除非另有正当理由。他引用了一个例子，说明这种兼收并蓄策略是如何满足易遭受伤害的特殊群体的社区安全的。例如，20 世纪 20 年代以来，伦敦一直是孩子们享受福利的公共场所，不允许成人进入，除非有儿童相伴。这个例子说明了一个有秩序而又排外的儿童安全公共区域。

社会防卫计划

关于社区安全的新社会政治学的具体解释，在马希莫·帕瓦里尼于意大利艾米利亚－罗马涅完成的有关“安全城市”的著作里，得到了充分的阐述。帕瓦里尼承认，大多数后现代社会，包括意大利在内，都被安全与风险的问题困扰着。这种困扰（上文模式 1 中举例说明）往往导致了安全成为一种在私人安全市场可以购买到的商品。在帕瓦里尼看来，社区安全很可能导致“一种强烈的社会关系再封建化趋势”（1997：80）；据笔者理解，他的意思是，推翻现有的所有民间团体和通行法令，取而代之的是小型的、互相排斥的微型组织，这些微型组织由政客或“老板”为他们的追随者提供保护和安全。帕瓦里尼认为，未来“社会国家”要获得合法性，必须在政治、社会、文化和经济策略中寻找新条件，这些策略不仅仅是法律条款，要符合社会安全需要且不涉及犯罪正义制度。所以，该项目的关键点在于，确保社会环境能够为有关罪犯正义领域的难题提供可选择的解决方案（参见 Pavarini，1997：79）。帕瓦里尼认为，犯罪问题是政治经济民主必须面对的问题，他承认宏伟性和不确定性并存。换句话说，解决不安定问题和消除犯罪恐惧感的方法必然要在罪犯正义体制外寻找，在犯罪学之外获得启示。例如，帕瓦里尼坚持认为，既然情景犯罪预防旨在特定的自然社会空间内，在有限的时间内有效，那么它就不是解决方法。因此，他认为，“技术预防犯罪是不可行的，具有政治危险性”，因为它不可能把现代大都市转变成新的中世纪式防御城市，而在其他地区，这种转变必然会发生。既然技术预防犯罪会增加人们的不安全感，那么它就是无效的。帕瓦里尼所说的备选社区安全策略，指的是地方预防犯罪的积极性可以激励社会的广泛参与。即使这种社会集体参与活动及建立的网络关系不能防止犯罪，但由此产生的安全社会代表性会造就一种正面的公众民间效应。因此，从广义上来说，这种预防犯罪政策可以看做是社会行为的不可分割的组成部分（参见本书第 5 章和第 6 章）。

以上多种观点和分析暗示，有关犯罪预防的新自由论述中的私有主义和“亚洲虎”国家的中央集权主义都有多种选择方案。为推进发展社会包容性和多元化的犯罪预防和公共安全的讨论开辟了争论空间。本论述必然会引导我们审视社会安全的自身含义及围绕民主和参与问题，这些都不是传统狭义上的犯罪预防（和犯罪学）。但是，明智的话，尤其要注意关于包容性和多元化的市民城市论述，前提是保守道德社区主义和占据当前后现代性团体法治讨论核心地位的新自由私有主义。地方主义和相关的社区吸引力通常通过排除和丑化“其他”来达到目的（参见 Young，1990）。我们也不应该认为“地方政府”是解决特殊城市、地区或国家统治下的地点面临的问题的方法。必须承认，地方政府在面对关系社区安全结构性决定因素（宏观经济政策）时，通常显得无能为力。地方政见和国家政见本应互相引导。据施瓦尼根（1997：215）观察，安全问题政见的根本性项目注定是扮演社会服务角色的，最终使其存在合法化。

综观上述关于犯罪控制前景的三个对照模式，值得注意的是，三个模式中涉及的因素都倾向集中再现于特定的环境和特定的地域。究竟采用哪种模式，答案在书本之外。事实上，单纯一种模式可能行不通。但是，起码本讨论已经让你意识到社会控制未来发展趋势的开放本质，也使你认识到如果不真正参与后现代性社会秩序宽泛的政治活动，就无法充分理解预防犯罪不断变化的模式。

结语

在本章中，笔者从概述关于后现代性和风险社会的社会学论题开始。遵循这一解释，笔者探讨了这些明显的趋势是如何与当今犯罪预防方面比较趋势的发展相联系的。然后提出了犯罪预防未来存在三种可能的设想，即个人主义和社会排斥的模式，权威专制型的社群主义模式，以及含有城市和地区大众的社区安全计划模式。在后记中，关于犯罪预防实践与理论化，以及二者的发展趋势，我们将进行概括性的探讨。

拓展阅读

Giddens，A.（1990）The Consequences of Modernity. Cambridge：

Polity. Nelken, D. (ed.) (1994) The Futures of Criminology. London: Sage.

van Swaaningen, R. (1997) Critical Criminology: Visions from Europe. London: Sage.

后 记

超越犯罪预防

引言
超越犯罪预防的一种新范式

引言

在这篇简短的后记里，笔者思考了几种犯罪预防的策略，以及社会学家对这些策略今后发展的分析。哈德森（1996：3）曾尖锐地评论道："一些理论家宣称现代性时代现在已经结束了……果真如此的话，那么我们可以认为这对于司法的概念以及刑罚体系具有重要的影响。"在被称为犯罪预防的关系易变领域中，很可能出现一系列相应的转变。艾斯平·安德森（1990：223）更进一步地提醒注意，他谈道：

标签的激增，如"后现代主义"、"后物质主义"、"后福特主义"或者"后工业化"，常常代替了分析。但是，它反映了这样一个认识，即我们正在远离一个我们几乎理解的社会秩序，而进入另一个仅能模糊辨认的轮廓。

根据后现代性理论家齐格蒙特·鲍曼（1993：245）的观点，社会的现状更加难以捉摸：

后现代理论认为人类社会生活出现了问题，解决起来难于上青天，难以回到正轨上来，犹豫不决本身比犯错误更急需纠正，种种疑虑无法从现实中立法。道德上的痛苦没有理性的药剂可以治愈，只能自愈。

换言之，这种人类的混乱困境被普遍接受。

在目前的历史背景下，犯罪控制策略很明显是多元化的，新的和旧的理论与模式并存，犯罪及对其预防控制的历史是不断积累的过程，或者说是线形过程。本书着重讲述了这一情节。我们面对的是开放式的结局，特别是对具体教材，地方当局给出的研究，显示出具体犯罪预防调查与社会理论全球化，理论框架之间的持续又创新的关系，对具体细节和现代社会理论中重大问题的协议的关注，都无疑会给犯罪及其控制和预防的研究输入新的血液。

超越犯罪预防的一种新范式

概括地说，近现代社会正在呈现出远离犯罪预防的尝试，正在转为风险管理模式。戴维·加兰对刑事现代主义危机的诊断为20世纪末主要类型的犯罪控制模式提供了一个有价值的总论。加兰认为，犯罪不再被认为是“不正常”的现象，而是被当做“像空气污染和交通堵塞一样的日常风险”。高犯罪率被认为是正常的，逐渐地，国家在解决预防或同犯罪问题作斗争时缺乏信心，一切的结果就是“现代社会基本神话的破灭，王权国家能提供安全、法律秩序及犯罪控制”（参见Garland，1964：4）。面对危机，已经出现控制犯罪的新模式，即：

- 私人因素的广泛涉入（尤其把警察和安全作为商品卖出去）；
- 将犯罪作为一种风险因素进行评估，对道德异化问题需要给予特别的解释；
- 寻求日常生活程序的修正；
- 使公民为犯罪负责的策略；
- “绩效指标”作为判断犯罪司法机构的自我参照措施，

根本无法降低犯罪。

科恩评论过加兰的观点之后，认识到犯罪控制不能只靠国家。难道这就是我们所知道的犯罪预防的结局吗？滑稽的是，加兰也认识到国家同时也成为令人疯狂的事情，民粹主义者否认国家存在的这些局限性（可以从目前膨胀的监狱人口及迅速发展的犯罪控制行业反映出来），国家主权高于犯罪被同时否认（转向私人安全公司或负责人），并被象征性地得以重申（参见 Garland，1996：19）。在这个关节点上，就需要引起注意了，正如加兰提供的那样，问题就会迎刃而解，我们需要自问是什么造成这种全球混乱，制衡力量能否抵制这种看起来新颖的犯罪形态。在这些制衡力量中，加兰悲观地认为，那就是欧洲地方社区安全政策激进的潜力。在本书第 5 章和第 6 章已详述。

有一点已经被注意到，本书中所描述的实际应用领域，既不像“犯罪预防”的实践那样在 20 年时间里被普遍认识，且也不属于犯罪学学科范畴。也许是新知识被特许跨越了社会学与犯罪学，正如同法律心理学与地理学结合在一起共存于风险管理研究的伪科学之中一样。事实就是这样，然而，笔者坚决主张在后现代社会中，仍然存在着对批评的社会科学的急切需要，这些批评社会科学要能够符合更广泛的社会秩序、社会正义以及社会控制难题的新论述。

无论知识如何发展，社会科学家依旧要面临这样的挑战，使相关协约同具体政策和犯罪预防管理的实践及理论在更广泛的条件下存在。正如萨顿（参见 O'Malley，1987：10）说过的，犯罪预防把犯罪学同实践联系起来，因而给犯罪学带来更大的挑战，“结果，犯罪预防很快转成现代犯罪学最重要最活跃的领域之一”。这一警示在未来的日子里值得重视。

或许需要一个比萨顿和奥马利所暗示的更为激进的关于犯罪预防的重要课程。正如曼西等人（1994：356）指出的，很少有人尝试，哪怕是激进的评论家，超越犯罪预防课程本质上的局限性；这种持续的对犯罪预防的强调，系统地排除了社会问题和社会关系的解读。同样，施瓦尼根（1997：174）指出，消极的法律实施及排斥是风险社会政治策略的关键特征。这一策略旨在限制风险的消极理论基础而不是产生积极思想（如社会公正和执行力）。按照如此逻辑，团结不是基于联系的积极情感而是对恐惧消极地聚集，激进的评论家需要发展出一种积极的“替代话语”（惩罚干涉主义和通过排斥来预防）。对社会公正和人权的需求可能提供一种进步的、犯罪的、公正政策的正式基石（参见 van Swaaningen，1997：190）。的确，对人权的“元叙述”对这一计划至关重要，这进一步暗示出后现代主义者的危险的政治天真性，他们否认集体反抗贫苦和压迫这一旧事实的存在。科恩（1990：31）曾强调并支持人权和公正的模式。对这个世间大多数的旧种族主义而言，赤裸裸的不公平，群众饥饿和残酷的体罚依旧适用。这些旧事实当然存在于社会公正和“安全政治”的任何激进议程之中。这一议程超越了行政犯罪学的技术范畴，而且无可避免地提出这样一个问题，即什么是美好社会，在当今世界如何理解稳定（参见 Clarke，1998）。鲍曼（1997：63）为稳定提出了一种新的解释，即以一种责任意识到别人的痛苦与灾难，并以减缓直至最终消灭这种痛苦为己任。

在前几章中，我们提出了在20世纪末的几十年里，新兴社会至少已经通过刚萌发的预防犯罪技术交易看出“社会政策的犯罪化”。社会理论家对现行的犯罪预防政策的批评是重要的，尽管如此，做一些超越现实的尝试并想出新的可行的政策也至关重要。当然，开始一场关于从社会犯罪化到公平和犯罪预防政策的社会化的可能转变的争论更为重要。把犯罪控制问题下放给社会公正和人权，可能会开启一门不同于现行学科的崭新的学科。

伟大的社会学家埃米尔·达克翰（1895）曾以一个明显激进的案例提出正常异化和犯罪行为正常论，并指出在一个

"美好社会"犯罪预防及控制的局限性。按照这一观点，一个有序、守法、高度规范化的社会并不是一个健康的民主社会，因此，我们需要警惕，要求一个通过有效预防和控制达到"零犯罪"的社会带来的后果。很明显，现代主义者要求梦想的纯洁，如消除犯罪和异化，这可能会带来可怕的后果。正如鲍曼（1997：5）所指出的："伟大的犯罪源于伟大的理想。在后现代社会不确定的文化背景下，在社会科学家致力于以一种纯洁科学的方式来解决犯罪问题，既不够乐观也不够谦逊，这是留给我们这个时代的重要一课。"

词汇表

废除主义 在犯罪学与刑事司法改革中，寻求全部或部分废除刑罚和刑事司法系统的运动。

精算正义 犯罪控制与风险管理的方法是围绕着社会效用与有效管理的原则，而不是围绕合法的传统刑事司法原则和正当程序以及责任和罪过来组织的。这一新论述的政策目的是将“危险”人群清晰明确地归类，以便确定与管理。

行政犯罪学 该术语自20世纪70年代起与英国内政部相联系，通常形容大量技术和政治实际认识的发展。据批评家（如左翼现实主义者）所说，它表示了大量的旨在帮助当权者通过使用技术评价将其想法付诸实践的犯罪学研究。

原因论 这是一个源于生物医学科学的术语。它提出犯罪的最初与具体原因，可以像疾病和病痛的成因一样被确定和“诊断”。

失范 这一术语最初是由社会学家迪尔凯姆提出的，用来记录由于时机的限制使人们的欲望得不到满足或缺少规范来控制人们的行为，而导致的一种“病态的无规范”的状态。

古典主义 古典主义犯罪学派认为，犯罪行为与刑事司法系统的运行都是依据理性、选择等原则以及惩罚的威慑、预防力作为前提的。

社群主义 在广义的哲学与社会学传统中，社群主义强调了以非正式群体与人际关系网的结合来维护社会秩序。它援引了“社会存在”和“社区”的概念而非“原子化个人”，这是对关于社会行为与“社会”（如“新自由主义”）的个人主义理论的批判。该犯罪学派以既具道德保守性又具激进左翼的主张为特征。

社区安全 该策略设法超越警方推行的犯罪预防事项，进而向“社区”各个部分更多地参与转变。它尤其与地方当局的犯罪预防策略以及城市改造相联系。

法人犯罪 贸易公司在追求自身利润和权益的过程中，所实施的违法行为。

社团主义 该术语通常用来形容在高福利社会中要遇到的一种趋势，即通过加强政策的集中化、中央干预和先前独立的专门机构间的合作，以及不同的利益群体形成具有共同目标和任务的统一体等方式，以此来降低冲突和混乱发生的能力。在刑事司法中，它导致了注重“成功的”政策结果而不是关注司法和正当程序，并且由此带来“多部门犯罪预防”的增多。

犯罪化 将“犯罪”标签适用于具体的“不轨”行为和社会群体。

批判犯罪学 20世纪70年代出现的一种观点，它关注了现有理论的不足、缺失和完结，以及理解“犯罪”概念的方式。

话语 话语形容社会知识是如何以特殊的方式来组织的。话语涉及了在社会政策中知识是如何被制度化的，并且通过哪些机构来实现。话语引起了我们对细致安排的关注，如对于这些安排，罪犯如何采取特定的行为。因此，话语是关于权力关系的，是关于权力领域中组织化的地位和处境的。最终，话语定义了“这个问题是什么”，以及“针对这一问题将采取什么行动”。

转处 转处策略是为了预防（年轻的）人们犯罪，或者在他们受到起诉时，以确保他们避免正式的庭审或拘禁措施。

优生学 “人种”的假想科学要求将“低劣遗传素质”和“有生理心理缺陷”的人隔离或绝育。选择生育被视为产生健全人口的关键。

全球化 这一概念是指世界范围内相距遥远的不同地点间联系的增强，如此一来，发生在许多英里之外的事件决定了本地事件的发生，而且反之亦然（吉登斯，1990）。

治理 由福柯提出的这一概念，认为社会秩序是通过权力的分散关系与认识（如话语）来实现的，而不是由集权化的政府强制来实现的。

后现代性 后现代性的观点是在20世纪后期，从新近提出的关于重大社会转型的社会学理论当中形成的。在吉登斯的论著中，既注重新形态的发展、新风险与批判的自反性，又关注昔日确定性的衰减（如传统和对“专家”的遵从）。该观点还指明了社会关系“全球化”进程的后果（参见上文）。

左翼现实主义 该犯罪学派是于20世纪80年代在英国脱颖而出的。其主要的主张是重视人们对犯罪和被害的恐惧（不同于“批判犯罪学”，参见上文）。

管理主义 这一论述提出了公共服务的组织和协调，是通过自由市场经济化的进程以及用管理人员取代专业人才和行政官员等方式来实现最优的。它认为，更优的管理将会证实一种对于大量的经济和社会问题有效而经济的解决方案。

现代性 按照社会学家的说法，这一时期从工业化持续到20世纪70年代（大致上）。在西方，这是一个以资本主义工业化与帝国主义、城市化、世俗化、民主的有限形式以及福利国家为特征的时期。在这一时期，现代性的观点认为，社会和“自然”问题可以通过实证主义科学与理性来解决。它的特点在于信念的进步。

多机构犯罪预防 多机构犯罪预防，指的是若干社会机构对于“犯罪”和“不文明”问题的协调应对。支持者赞同通过共同管理的方法获得的“成功”，它优于传统的、单一机构的预防方法。这种向“多机构”预防的转变表示了监管、教育、就业、社会工作以及其他家庭服务、健康水平和住房条件、民间团体（如慈善机构、工商企业和“社群”成员），还有警方，全都在犯罪预防中起着一定的作用。

新自由主义 这是20世纪最后20年间在英国和美国等国家出现的，占主导地位的政治话语。其表现为有选择性地“恢复”福利国家以及给予自由、无管制的市场运作的特权。

刑罚 该术语是有关惩罚的思想、制度、规则与实务的复合体。

实证主义 这是一种在19世纪首先出现的范式。它认为，社会行为能够利用自然科学的方法进行科学系统的研究，而且这样的研究可以产生预见性的法律和“对策”。

后现代主义 这是一场思想运动，它对将理性与科学的（实证主义）思想并入普遍真理的主张提出质疑。不同于现代主义，它包含了不确定性、怀疑与深邃的相对论。

激进的极权主义 这是由有激进倾向的创始人提出的观点（参见上文“批判犯罪学”）。它认为，我们目睹了社会控制的主要趋势，即20世纪后期，以对社会进行贯穿始终的、全景式的系统监管为典型特征。

改造 这是矫正罪犯的策略和方法，它通过各种各样的“治疗”方式，使罪犯能够被再教育与再社会化。

报应 这一观点将惩罚视为报复，是对罪犯已经实施的错误行为的正当回应。

风险社会 这一观点（贝克提出）认为，在后现代性时期，工业主义的必然性、阶级社会和理性科学已经被危及。由于特定的科技或其他进展，后者已经被一系列全球的、当地的，以及具体化且被定义为实体危害可能性的风险所取代。其主导文化是人们被对风险的担忧所困扰，以及对安全与防卫的寻求。

怀疑多元主义 这一术语通常描述大多数有关犯罪预防的主流研究。它对诸如多机构和“社区”预防这样的政策与实践措施所取得的成就持怀疑态度。它也避免采用任何依据于一种单一因果理论的方法，而更倾向于多元论的方法。

情境犯罪预防 这是一种通过环境改变而预防犯罪的观点，如目标物强化和“自然”监控。

社会契约论 由古典主义学派提出的这一思想，认为政府与国家的权力和权威源自于由社会成员达成的一种不成文但有约束力的约定。

社会控制 这一术语通常形容为了实现社会的“规矩方圆”而采取的所有可行的方法。

社会性犯罪预防 这是一种以“处于风险状态”的反社会行为为目标，同时又确认了罪犯的犯罪预防策略。它还包括实施计划，即通过社区动员力求改善“处于风险状态”群体的时机。

社会排斥 这是在20世纪90年代出现的一种广泛且在政治上盛行的思想，它指出了通过什么方式，穷人被排斥在社会经济、政治和文化的主流之外。

国家主义 国家集权的理论与实践导致了个体或社群相对于政府处于弱势地位。

技术主义 参见上文“行政犯罪学”。

下层阶级 这一术语通常形容“没有工作”和经济边缘化的群体。它经常被用来描述那些依赖于国家利益，被视为“不配受到帮助”、“罪犯”和“危险”的人们。

功利主义 这一理论认为，人们力图渴望得到最大的幸福，而且政府的责任就是最大限度地提升幸福和社会福利。

参考文献

Audit Commission (1996) *Misspent Youth*. London: Audit Commission.

Barr, R. and Pease, K. (1990) 'Crime, Placement, Displacement and Deflection', in M. Tonry (ed.) *Criminal Justice: A Review of Research*. Chicago: University of Chicago Press.

Bauman, Z. (1993) *Postmodern Ethics*. Oxford: Blackwell.

Bauman, Z. (1997) *Postmodernity and its Discontents*. Cambridge: Polity.

Beccaria, C. (1764) *On Crimes and Punishment* (reprinted 1963). New York: Bobbs-Merrill.

Beck, U. (1992) *Risk Society*. London: Sage.

Beck, U. (1996) 'Risk Society and the Provident State', in S. Lasch, B. Szerszynski and B. Wynne (eds), *Risk, Environment and Modernity: Towards a New Ecology*. London: Sage.

Becker, H. (1963) *Outsiders*. London: Macmillan.

Bennett, T. (1990) *Evaluating Neighbourhood Watch*. Aldershot: Gower.

Blagg, H. (1997) 'A Just Measure of Shame: Aboriginal Youth and Conferencing in Australia', *British Journal of Criminology*, 37, 4: 481–501.

Blagg, H., Pearson, G., Sampson, A., Smith, D. and Stubbs, P. (1988) 'Inter-agency Co-ordination: Rhetoric and Reality', in T. Hope and M. Shaw (eds), *Communities and Crime Reduction*. London: HMSO.

Bloch, M. (1961) *Feudal Society*. London: Routledge & Kegan Paul.

Bottomley, A.K. (1979) *Criminology in Focus*. Oxford: Martin Robertson.

Bottoms, A. (1980) 'Nothing Works', in A. Bottoms and R. H. Preston (eds), *The Coming Penal Crisis*. Edinburgh: Scottish Academic Press.

Bottoms, A. and Wiles, P. (1996) 'Crime Prevention and Late Modernity', in T. Bennett (ed.), *Crime Prevention: The Cropwood Papers*. Cambridge: Cropwood.

Bowring, B. (1997) 'Law and Order in the "New" Britain', *Soundings*, special edition, 'The Next Ten Years': 100–10.

Box, S. (1983) *Power, Crime and Mystification*. London: Tavistock.

Braithwaite, J. (1989) *Crime, Shame and Reintegration*. Oxford: Oxford University Press.

Braithwaite, J. (1992) 'Reducing the crime problem: a not so dismal criminology', *Australian and New Zealand Journal of Criminology*, 25: 1–10.

Braithwaite, J. (1993) 'Shame and Modernity', *British Journal of Criminology*, 33, 1: 1–18.

Braithwaite, J. (1995) 'Inequality and Republican Criminology', in J. Hagan and J. Peterson (eds), *Crime and Inequality*. Stanford, CA: Stanford University Press.

Braithwaite, J. (1996) 'The Implications of the Globalization of Business for the Regulation of the Abuse of Corporate Power'. Paper delivered at the Australian and New Zealand Criminology Conference, Wellington, February.

Braithwaite, J. and Daly, K. (1994) 'Masculinities, Violence and Communitarian Control', in T. Newburn and B. Stanko (eds), *Just Boys Doing Business*. London: Routledge.

Braithwaite, J. and Mugford, S. (1994) 'Conditions of Successful Reintegration Ceremonies', *British Journal of Criminology*, 34, 2: 131–71.

Braithwaite, J. and Pettit, P. (1990) *Not Just Desserts: A Republican Theory of Justice*. Oxford: Oxford University Press.

Brantingham, P. and Brantingham, P. (1991) *Environmental Criminology* (2nd edn). Prospect Heights, IL: Waterland Press.

Bright, J. (1987) 'Community safety, crime prevention and the local authority', in P. Wilmott (ed.), *Policing and the Community*. London: Policy Studies Institute.

Bright, J. (1991) 'Crime Prevention: The British Experience', in D. Cowell and K. Stenson (eds), *The Politics of Crime Control*. London: Sage.

Burns, T., Hambleton, R. and Hoggett, P. (1994) *The Politics of Decentralisation*. Basingstoke: Macmillan.

Burt, C. (1925) *The Young Delinquent*. London: University of London Press.

Caldeira, T. (1996) 'Fortified Enclaves: The New Urban Segregation', *Public Culture*, 8: 303–28.

Campbell, B. (1993) *Goliath: Britain's Dangerous Places*. London: Methuen.

Campbell, B. (1995) 'Old Fogeys and Angry Young Men', *Soundings*, 1: 47–64.

Castells, M. (1994) 'European Cities, the Informational Society, and the Global Economy', *New Left Review*, 204: 18–32.

Castells, M. (1997) *The Power of Identity*. Oxford: Blackwell.

Chevalier, L. (1973) *Labouring Classes and Dangerous Classes*. London: Routledge & Kegan Paul.

Christie, N. (1977) 'Conflicts as property', *British Journal of Criminology*, 17, 1: 1–19.

Christie, N. (1993) *Crime Control as Industry: Towards Gulags Western style?* London: Routledge.

Chua, B.-H. (1997) *Communitarian Ideology and Democracy in Singapore*. London: Routledge.

Clarke, J. (1996a) 'The Problem of the State after the Welfare State', in M. May, E. Brunsdon and G. Craig (eds), *Social Policy Review 8*. London: Social Policy Association.

Clarke, J. (1996b) 'Public Nightmares and Communitarian Dreams: The Crisis of the Social in Social Welfare', in S. Edgell, K. Hetherington and A. Warde (eds), *Consumption Matters*. Oxford: Blackwell.

Clarke, J., Hughes, G., Lewis, G. and Mooney, G. (1998) 'Reinventing the Public', in G. Hughes (ed.), *Imagining Welfare Futures*. London: Routledge.

Clarke, R. (1992) *Situational Crime Prevention: Successful Case Studies*. New York: Harrow & Heston.

Clarke, R. (1995) 'Situational Crime Prevention', in M. Tonry and D. Farrington (eds), *Building a Safer Society: Strategic Approaches to Crime*. Chicago: University of Chicago Press.

Clarke, R. and Cornish, D. (1983) *Crime Control in Britain: A Review of Policy Research*. Albany, NY: State University of New York Press.

Clarke, R. and Mayhew, P. (eds) (1980) *Designing Out Crime*. London: HMSO.

Cochrane, A. (1986) 'Community Politics and Democracy', in D. Held and C. Pollitt (eds), *New Forms of Democracy*. London: Sage.

Cohen, S. (1974) 'Criminology and the Sociology of Deviance in Britain', in P. Rock and M. MacIntosh (eds), *Deviance and Social Control*. London: Tavistock.

Cohen, S. (1985) *Visions of Social Control*. Cambridge: Polity.

Cohen, S. (1990) *Intellectual Scepticism and Political Commitment: The Case of Radical Criminology*. Amsterdam: Bonger Institute.

Cohen, S. (1993) 'Human Rights and Crimes of the State: The Culture of Denial', *Australian and New Zealand Journal of Criminology*, 26, 1: 87–115.

Cohen, S. (1996) 'Crime and Politics: Spot the Difference', *British Journal of Sociology*, 47:1.

Coleman, A. (1985) *Utopia on Trial*. London: Hilary Shipman.

Coleman, C. and Moynihan, J. (1996) *Understanding Crime Data*. Buckingham: Open University Press.

Comedia (1991) *Out of Hours: Summary Report*. London: Calouste Gulbenkion Foundation.

Conservative Party (1979) *Conservative Party Manifesto*. London: Conservative Party.

Coote, A. (1995) 'A bit of a prig and a prude', *Independent*, 3 July.

Cornish, D. and Clarke, R. (1986) 'Situational Crime Prevention, Displacement of Crime and Rational Choice Theory', in K. Heal and G. Laycock (eds), *Situational Crime Prevention: From Theory into Practice*. London: HMSO.

Crawford, A. (1994) 'The Partnership Approach to Community Crime Prevention: Corporatism at the Local Level', *Social and Legal Studies*, 3: 497–519.

Crawford, A. (1995) 'Appeals to Community and Crime Prevention', *Crime, Law and Social Change*, 22: 97–126.

Crawford, A. (1997) *The Local Governance of Crime*. Oxford: Clarendon Press.

Crawford, A. and Jones, M. (1995) 'Inter-agency Cooperation and Community-based Crime Prevention', *British Journal of Criminology*, 35, 1: 17–33.

Crawford, A. and Jones, M. (1996) 'Kirkholt Revisited: Some Reflections on the Transferability of Crime Prevention Initiatives', *Howard Journal*, 35, 1: 21–39.

Cullen, F. and Gilbert, K. (1982) *Reaffirming Rehabilitation*. Cincinnati, OH: Anderson.

Currie, E. (1985) *Confronting Crime: An American Challenge*. New York: Pantheon Books.

Currie, E. (1993) *Reckoning: Drugs, the Cities and the American Future*. New York: Hill & Wang.

Currie, E. (1996) *Is America Really Winning the War on Crime and Should Britain Follow its Example?* NACRO 30th annual lecture. London: NACRO.

Currie, E. (1997) 'Market, Crime and Community', *Theoretical Criminology*, 1, 2: 147–72.

Davis, M. (1990) *City of Quartz: Excavating the Future of Los Angeles*. London: Verso.
de Haan, W. (1990) *The Politics of Redress*. London: Unwin Hyman.
Dennis, N. (1993) *Rising Crime and the Dismembered Family*. London: IEA.
Dennis, N. (1997a) *The Invention of Permanent Poverty*. London: IEA.
Dennis, N. (ed.) (1997b) *Zero Tolerance Policing*. London: IEA.
Dennis, N. and Erdos, G. (1992) *Families Without Fatherhood*. London: IEA.
Downes, D. and Morgan, R. (1994) '"Hostages to Fortune?" The Politics of Law and Order in Post-War Britain', in M. Maguire, R. Morgan and R. Reiner (eds), *Oxford Handbook of Criminology* (1st edn). Oxford: Clarendon Press.
Durkheim, E. (1893) *The Division of Labour in Society* (reprinted 1964). New York: Free Press.
Durkheim, T. (1895) *The Rules of Sociological Method*, (reprinted 1964). New York: Free Press.
Ekblom, P. (1996) 'Towards a Discipline of Crime Prevention: A Systematic Approach to its Nature, Range and Concepts', in T. Bennett (ed.), *Crime Prevention: The Cropwood Papers*. Cambridge: Cropwood.
Ekblom, P. and Pease, K. (1995) 'Evaluating Crime Prevention', in M. Tonry and D. Farrington (eds), *Building a Safer Society: Strategic Approaches to Crime*. Chicago: University of Chicago Press.
Elias, N. (1956) 'Problems of Involvement and Detachment', *British Journal of Sociology*, 7, 3: 226–52.
Elmsley, C. (1994) 'The History of Crime and Crime Control Institutions, c.1770–c.1945', in M. Maguire, R. Morgan and R. Reiner (eds), *Oxford Handbook of Criminology* (1st edn). Oxford: Clarendon Press.
Etzioni, A. (1994) *The Spirit of Community: The Reinvention of American Society*. New York: Touchstone.
Etzioni, A. (1995) *The Spirit of Community*. London: Fontana.
Etzioni, A. (1997) *The New Golden Rule; Community and Morality in a Democratic Society*. London: Profile Books.
Farrell, G. (1995) 'Preventing Repeat Victimization', in M. Tonry and D. Farrington (eds) *Building a Safer Society: Strategic Approaches to Crime*. Chicago: University of Chicago Press.
Farrington, D. (1992) 'Criminal Career Research: Lessons for Crime Prevention', *Studies on Crime and Crime Prevention*, 1, 1: 7–29.
Farrington, D. (1994) 'Human Development and Criminal Careers', in M. Maguire, R. Morgan and R. Reiner (eds), *Oxford Handbook of Criminology* (1st edn). Oxford: Clarendon Press.
Feeley, M. and Simon, J. (1992) 'The New Penology: Notes on the Emerging Strategy of Corrections and its Implications', *Criminology*, 30, 4: 452–74.
Feeley, M. and Simon, J. (1994) 'Actuarial Justice: The Emerging New Criminal Law', in D. Nelken (ed.), *Futures of Criminology*. London: Sage.
Felson, M. (1986) 'Linking Criminal Choices, Routine Activities, Informal Control and Criminal Outcomes', in D. Cornish and R. Clarke (eds), *The Reasoning Criminal: Rational Choice Perspectives on Offending*. New York: Springer-Verlag.
Forrester, D., Chatterton, M. and Pease, K. (1988) 'The Kirkholt Burglary Prevention Project', *CPU Paper no. 13*. London: HMSO.

Foucault, M. (1977) *Discipline and Punish*. Harmondsworth: Penguin.
Frazer, E. and Lacey, N. (1993) *The Politics of Community*. London: Harvester Wheatsheaf.
Fukuyama, F. (1996) *Trust*. Harmondsworth: Penguin.
Furedi, F. (1997) *Culture of Fear*. London: Cassell.
Gabor, T. (1990) 'Crime Prevention: The Agenda', *Canadian Journal of Criminology*, 32, 1: 2–35.
Galbraith, J. (1996) *The Good Society*. New York: Sinclair Stevenson.
Garland, D. (1985) *Punishment and Welfare*. Aldershot: Gower.
Garland, D. (1990) *Punishment and Society*. Oxford: Clarendon Press.
Garland, D. (1994) 'Of Crimes and Criminals: The Development of Criminology in Britain', in M. Maguire, R. Morgan and R. Reiner (eds), *Oxford Handbook of Criminology* (1st edn). Oxford: Clarendon Press.
Garland, D. (1996) 'The Limits of the Sovereign State: Strategies of Crime Control in Contemporary Society', *British Journal of Criminology*, 36, 4: 445–71.
Garland, D. and Young, P. (eds) (1983) *The Power to Punish*. London: Heinemann.
Gattrell, V. (1996) 'Crime, Authority and the Police-man State', in J. Muncie, E. McLaughlin and M. Langan (eds), *Criminological Perspectives*. London: Sage.
Giddens, A. (1990) *The Consequences of Modernity*. Cambridge: Polity.
Giddens, A. (1991) *Modernity and Self-identity*. Cambridge: Polity.
Gilling, D. (1993) 'Crime Prevention Discourses and the Multi-Agency Approach', *International Journal of the Sociology of Law*, 21: 145–57.
Gilling, D. (1994) 'Multi-Agency Crime: Some Barriers to Collaboration', *Howard Journal*, 33, 3: 246–57.
Gilling, D. (1996) 'Policing, Crime Prevention and Partnerships', in F. Leishman, S. Savage and B. Loveday (eds), *Core Issues in Policing*. London: Longman.
Gilling, D. and Barton, A. (1997) 'Crime Prevention and Community Safety: A New Home for Social Policy', *Critical Social Policy*, 17, 1: 63–83.
Glueck, S. and Glueck, E. (1936) *Preventing Crime: A Symposium*. New York: McGraw-Hill.
Gold, M. (1977) 'Crime and Delinquency: Treatment and Prevention', in J. B. Turner (ed.), *Encyclopaedia of Social Work*. Washington: National Association of Social Workers.
Gordon, P. (1987) 'Community Policing', in P. Scraton (ed.), *Law, Order and the Authoritarian State*. Milton Keynes: Open University Press.
Gorz, A. (1992) 'On the Difference Between Society and Community; and Why Basic Income Cannot by Itself Confer Full Membership of Either', in P. van Parijs (ed.), *Arguing for Basic Income*. London: Verso.
Gottfredson, M. and Hirshi, T. (1990) *A General Theory of Crime*. Palo Alto: Stanford University Press.
Gough, I. (1994) 'Economic Interests and the Satisfaction of Human Needs', *Journal of Economic Issues*, 28: 25–66.
Graham, J. and Bennett, T. (1995) *Crime Prevention Strategies in Europe and North America*. Helsinki: Helsinki United Nations Institute.
Gray, J. (1995) *Enlightenment's Wake*. London: Routledge.
Green, D. (1995) *Community without Politics*. London: IEA.

Hart, H. L. A. (1968) *Punishment and Responsibility*. Oxford: Oxford University Press.

Harvey, L., Grimshaw, P. and Pease, K. (1989) 'Crime Prevention Delivery: The Work of CPOs', in R. Morgan and D. Smith (eds), *Coming to Terms with Policing*. London: Routledge.

Hay, D. (ed.) (1975) *Albion's Fatal Tree*. Harmondsworth: Penguin.

Himmelfarb, G. (1995) The Demoralization of Society. London: IEA.

Hindelang, M., Gottfredson, M. and Garafalo, J. (1978) *Victims of Personal Crime: An Empirical Foundation for a Theory of Personal Victimisation*. Cambridge, MA: Ballinger.

Hirshi, T. (1969) *The Causes of Crime*. Berkeley, CA: University of California Press.

Hirst, P. (1994) *Associative Democracy: New Forms of Social Governance*. Cambridge: Polity.

Holmes, R. and Holmes, S. (1996) *Profiling Violent Criminals*. Thousands Oaks, CA: Sage.

Home Office (1984) *Circular 8/84: Crime Prevention*. London: Home Office.

Home Office (1989) *Tackling Crime*. London: Home Office.

Home Office (1990) *Circular 44/1990: Crime Prevention. The Success of the Partnership Approach*. London: Home Office.

Home Office (1991) *Safer Communities: The Local Delivery of Crime Prevention through the Partnership Approach*. London: Home Office.

Home Office (1994) *Partners Against Crime*. London: Home Office.

Home Office (1997) *Getting to Grips with Crime*. London: Home Office.

Hope, T. (1995) 'Community Crime Prevention', in M. Tonry and D. Farrington (eds), *Building a Safer Society: Strategic Approaches to Crime*. Chicago: University of Chicago Press.

Hope, T. and Shaw, M. (1988) *Communities and Crime Reduction*. London: HMSO.

Hudson, B. (1996) *Understanding Justice*. Buckingham: Open University Press.

Hughes, G. (1994) 'Talking Cop Shop: A Case-study of Police Community Consultation in Transition', *Policing and Society*, 4: 253–70.

Hughes, G. (1996a) 'Communitarianism and Law and Order', *Critical Social Policy*, 16, 4: 17–41.

Hughes, G. (1996b) 'Strategies of Crime Prevention and Community Safety in Contemporary Britain', *Studies on Crime and Crime Prevention*, 5: 221–44.

Hughes, G. (1996c) 'The Politics of Criminological Research', in R. Sapsford (ed.), *Researching Crime and Criminal Justice*. Milton Keynes: The Open University.

Hughes G. (1997a) 'Policing Late Modernity: Crime Management in Contemporary Britain', in N. Jewson and S. Macgregor (eds), *Transforming Cities: Contested Governance and New Spatial Divisions*. London: Routledge.

Hughes, G. (1997b) 'Radical Communitarianism, Community Safety and Social Justice', in J. Stanyer and G. Stoker (eds), *Contemporary Political Studies*, Vol. 1. Political Studies Association: Nottingham.

Hughes, G. (1997c) 'What Works in Multi-agency Crime Prevention: A Critical Perspective'. Key-note address, Home Office Conference 'What Works in Crime Prevention', Leeds, September.

Hughes, G. (1998a) 'A Suitable Case for Treatment? Social Constructions of Disability', in E. Saraga (ed.) *Embodying the Social*. London: Routledge.

Hughes, G. (1998b) '"Picking Over the Remains": The Welfare State Settlements in the Post-War UK', in G. Hughes and G. Lewis (eds), *Unsettling Welfare*. London: Routledge.

Hughes, G. (ed.) (1998c) *Imagining Welfare Futures*. London: Routledge.

Hughes, G. and Lewis, G. (eds) (1998) *Unsettling Welfare*. London: Routledge.

Hughes, G. and Mooney, G. (1998) 'Community', in G. Hughes (ed.) *Imagining Welfare Futures*. London: Routledge.

Hughes, G., Mears, R. and Winch, C. (1997) 'An Inspector Calls: Regulation and Accountability in Three Public Services', *Policy and Politics*, 25, 3: 299–313.

Hughes, G., Pilkington, A. and Leisten, R. (1998) 'Diversion in a Culture of Severity', *Howard Journal of Criminal Justice*, 37, 1: 16–33.

Hulsman, L. (1986) 'Critical Criminology and the Concept of Crime', *Contemporary Crises*, 10, 1: 63–80.

Hutton, W. (1995) *The State We're In*. London: Jonathan Cape.

Iadicola, P. (1986) 'Community Crime Control Strategies', *Crime and Social Justice*, 25.

Ignatieff, M. (1978) *A Just Measure of Pain*. London: Macmillan.

Jacobs, J. (1962) *The Life and Death of Great American Cities*. New York: Vintage Books.

Jenkins, P. (1984) 'Varieties of Enlightenment Criminology', *British Journal of Criminology*, 24, 2: 112–30.

Johnson, E. (ed.) (1987) *Handbook on Crime and Delinquency*. New York: Greenwood Press.

Jones, T ., Newburn, T. and Jones, T. (1994) *Democracy and Policing*. London: PSI.

Jordan, B. (1992) 'Basic Income and Common Good', in P. van Parijs (ed.), *Arguing for Basic Income*. London: Verso.

Jordan, B. (1996) *A Theory of Poverty and Social Exclusion*. Cambridge: Polity.

Jordan, B. and Arnold, J. (1995) 'Democracy and Criminal Justice', *Critical Social Policy*, 44/45: 171–80.

Keane, J. (1996) *Reflections on Violence*. London: Verso.

Kelly, G. (1995) 'Off the shelf Sociology', *Times Higher Educational Supplement*, 24 March.

Kerr, P. (1992) *A Philosophical Investigation*. London: Arrow.

King, M. (1989) 'Social crime prevention à la Thatcher', *Howard Journal*, 28: 291–312.

King, M. (1991) 'The political construction of crime prevention: a contrast between the French and the British experience', in K. Stenson and D. Cowell (eds), *The Politics of Crime Control*. London: Sage.

Kumar, K. (1978) *Prophecy and Progress*. Harmondsworth: Penguin.

Lasch, C. (1995) *The Revolt of the Elites and the Betrayal of Democracy*. New York: Norton.

Lea, J. and Young, J. (1984) *What is to be done about Law and Order?* Harmondsworth: Penguin.

Leadbetter, C. (1996) *The self-policing Society*. London: Demos.

Leishman, F. (1994) 'Under Western Eyes: Perspectives on Policing and Society in Japan', *Policing and Society*, 4: 33–51.

Liddle, M. and Gelsthorpe, L. (1994a) 'Inter-agency Crime Prevention: Organising Local Delivery', CPU Paper 53. London: HMSO.

Liddle, M. and Gelsthorpe, L. (1994b) 'Crime Prevention and Inter-agency Cooperation', CPU Paper 52. London: HMSO.

Liddle, M. and Gelsthorpe, L. (1994c) 'Inter-agency Crime Prevention: Further Issues', CPU Paper 52, 53. London: HMSO.

Lilly, J., Cullen, F. and Ball, R. (1995) *Criminological Theory: Context and Consequences*. London: Sage.

Little, A. (1998) *Post-industrial Socialism: Towards a New Politics of Welfare*. London: Routledge.

Lombroso, C. (1968) *Crime and its Remedies*. Montclair, NJ: Patterson Smith.

Loveday, B. (1994) 'Government Strategies for Community Crime Prevention Programmes in England and Wales: A Study in Failure?', *International Journal of the Sociology of Law*, 22: 181–202.

Lowman, J., Menzies, R. and Palys, T. (1987) *Transcarceration: Essays in the Sociology of Social Control*. Aldershot: Gower.

McGuire, J. (ed.) (1995) *What Works: Reducing Reoffending, Guidelines from Research and Practice*. Chichester: John Wiley & Sons Ltd.

McLaughlin, E. (1994) *Community, Policing and Accountability*. Avebury: Aldershot.

McLaughlin, E. (1996) 'Political Violence, Terrorism and the Crimes of the State', in J. Muncie and E. McLaughlin (eds), *The Problem of Crime*. London: Sage.

McLaughlin, E. (1998) 'Probation Work: Social Work or Social Control?', in G. Hughes and G. Lewis (eds), *Unsettling Welfare*. London: Routledge.

McLaughlin, E. and Muncie, J. (1994) 'Managing criminal justice', in J. Clarke, A. Cochrane and E. McLaughlin (eds), *Managing Social Policy*. London: Sage.

McLaughlin, E. and Muncie, J. (eds) (1996) *Controlling Crime*. London: Sage.

McMahon, M. (1990) 'Net-widening: Vagaries in the Use of a Concept', *British Journal of Criminology*, 30, 2: 121–49.

Maguire, M. (1994) 'Crime Statistics, Patterns and Trends: Changing Perceptions and their Implications' in M. Maguire, R. Morgan and R. Reiner (eds), *Oxford Handbook of Criminology* (1st edn). Oxford: Clarendon Press.

Martinson, R. (1974) 'What Works? Questions and Answers about Prison Reform', *The Public Interest*, 35: 22–54.

Marx, G. (1995) 'The Engineering of Social Control: The Search for the Silver Bullet', in J. Hagan and R. Peterson (eds), *Crime and Society*. Stanford, CA: Stanford University Press.

Massey, D. (1997) 'Problems with Globalization', *Soundings*, 7: 7–12.

Matza, D. (1964) *Delinquency and Drift*. New York: Wiley.

Mednick, S., Moffitt T. and Stark S. (eds) (1987) *The Causes of Crime: New Biological Approaches*. New York: Cambridge University Press.

Melossi, D. and Pavarini, M. (1981) *The Prison and the Factory*. London: Macmillan.

Merrifield, A. (1996) 'Integration and Exclusion in Urban Life', *City*, 5/6: 57–72.

Misztal, B. (1996) *Trust in Modern Societies*. Cambridge: Polity.

Morgan, R. (1992) 'Talking Policing', in D. Downes (ed.), *Unravelling Criminal Justice*. London: Macmillan.

Morgan, R. and Swift, P. (1988) 'The Future of Police Authorities', *Public Administration*, 65, 20: 259–76.

Moriyama, T. (1993) 'Crime, Criminal Justice and Social Control: Why Do We Enjoy a Low Crime Rate?'. Paper presented at the British Criminology Conference, Cardiff, July.

Morris, J. (1991) *Pride Versus Prejudice*. London: Women's Press.

Morrison, W. (1995) *Theoretical Criminology: From Modernity to Post-modernism*. London: Cavendish Publishing Ltd.

Mouffe, C. (ed.) (1992) *Dimensions of Radical Democracy*. London: Verso.

Muncie, J. (1998) *Youth and Crime: A Critical Introduction*. London: Sage.

Muncie, J., Coventry, G. and Walters, R. (1994) 'Politics of Youth Crime Prevention: Developments in Australia and England and Wales', in L. Noaks, M. Levi and M. Maguire (eds), *Contemporary Issues in Criminology*. Cardiff: University of Wales Press.

Muncie, J., McLaughlin, E. and Langan, M. (1996) *Criminological Perspectives: A Reader*. London: Sage.

Murray, C. (1990) *Losing Ground*. New York: Arrow.

Murray, C. (1996) 'The Underclass', in J. Muncie and E. McLaughlin (eds), *Criminological Perspectives*. London: Sage.

Nelken, D. (1985) 'Community Involvement in Crime Control', *Contemporary Legal Problems*, 85: 259–67.

Nelken, D. (1994) *The Futures of Criminology*. London: Sage.

Newman, O. (1972) *Defensible Space: People and Design in the Violent City*. London: Architectural Press.

Norris, C. and Armstrong, S. (1997) 'Categories of Control: The Social Construction of Suspicion and Intervention in CCTV Systems', in C. Norris and S. Armstrong (eds), *Images of Control: CCTV and the Rise of Surveillance Societies*. Berg.

O'Malley, P. (1992) 'Risk, Power and Crime Prevention', *Economy and Society*, 21, 3: 251–68.

O'Malley, P. (1994) 'Responsibility and Crime Prevention: A Response to Adam Sutton', *Australian and New Zealand Journal of Criminology* (special edition): 21–4.

O'Malley, P. (1995) 'Neo-liberal Crime Control: Political Agendas and the Future of Crime Prevention in Australia', in D. Chappell and P. Wilson (eds), *The Australian Criminal Justice System: The Mid-1990s*. Adelaide: Butterworths.

O'Malley, P. (1997) 'The Politics of Crime Prevention', in P. O'Malley and A. Sutton (eds), *Crime Prevention in Australia: Issues in Policy and Research*. Sydney: Federation Press.

O'Malley P. and Palmer, D. (1996) 'Post-Keynesian Policing', *Economy and Society*, 25, 5: 137–55.

Offe, C. (1992) 'A New Non-productive Design for Social Policies', in P. van Parijs (ed.), *Arguing for Basic Income*. London: Verso.

Oldfield, A. (1990) *Citizenship and Community: Civic Republicanism and the Modern World*. London: Routledge.

Palmer, D. (1997) 'When Tolerance is Zero', *Alternative Law Journal*, 22, 5: 232–6.

Pavarini, M. (1997) 'Controlling Social Panic: Questions and Answers About Security in Italy at the End of the Millennium', in R. Bergalli and C. Sumner (eds), *Social Control and Political Order*. London: Sage.

Pearson, G. (1975) *The Deviant Imagination*. London: Macmillan.

Pearson, G., Blagg, H., Smith, D., Sampson, A. and Stubbs, P. (1992) 'Crime, Community and Conflict: The Multi-agency Approach', in D. Downes (ed.), *Unravelling Criminal Justice*. London: Macmillan.

Pease, K. (1994) 'Crime Prevention', in M. Maguire, R. Morgan and R. Reiner (eds), *Oxford Handbook of Criminology* (1st edn). Oxford: Clarendon Press.
Pease, K. (1997) 'Crime Prevention', in M. Maguire, R. Morgan and R. Reiner (eds), *Oxford Handbook of Criminology* (2nd edn). Oxford: Clarendon Press.
Phillips, M. (1996) *All Must Have Prizes*. London: Little, Brown
Pitts, J. (1996) 'The Politics and Practice of Youth Justice', in E. McLaughlin and J. Muncie (eds), *Controlling Crime*. London: Sage.
Pollitt, C. (1993) *Managerialism and the Public Services*. Oxford: Blackwell.
Polk, K. (1997) 'A Community and Youth Development Approach to Crime Prevention', in P. O. Malley and A. Sutton (eds), *Crime Prevention in Australia: Issues in Policy and Research*. Sydney: Federation Press.
Poster, M. (1990) *The Mode of Information: Poststructuralism and Social Context*. Cambridge: Polity.
Pratt, J. (1989) 'Corporatism: The Third Model of Juvenile Justice', *British Journal of Criminology*, 29, 3: 236–54.
Proctor, R. (1988) *Racial Hygiene: Medicine Under The Nazis*. Cambridge, MA: Harvard University Press.
Radzinowicz, L. and Wolfgang, M. (eds) (1971) *Crime and Justice*, Vol. 2. New York: Basic Books.
Reiner, R. (1992) *The Politics of the Police*. Hemel Hempstead: Harvester Wheatsheaf.
Reiner, R. (1994) 'Policing and the Police', in M. Maguire, R. Morgan and R. Reiner (eds), *Oxford Handbook of Criminology* (1st edn). Oxford: Clarendon Press.
Ritzer, G. (1993) *The Macdonaldization of Society*. Newbury Park, CA: Pine Forge Press.
Roberts, J. and Grossman, M. (1990) 'Crime prevention and public opinion', *Canadian Journal of Criminology*, 32, 1.
Rock, P. (1989) 'New Directions in Criminological Theory', *Social Studies Review*, 5, 1: 2–6.
Rose, N. (1989) *Governing the Soul*. London: Routledge.
Rose, N. (1996) 'The Death of the Social? Refiguring the Territory of Government', *Economy and Society*, 25, 3: 321–56.
Rosenbaum, D. (1988) Community Crime Prevention: A Review and Synthesis of the Literature', *Justice Quarterly*, 5: 323–95.
Roshier, B. (1989) *Controlling Crime*. Milton Keynes: Open University Press.
Rutherford, A. (1993) *Criminal Justice and the Pursuit of Decency*. Oxford: Oxford University Press.
Sampson, A., Stubbs, P., Pearson, G. and Blagg, H. (1988) 'Crime, Localities and the Multi-agency Approach', *British Journal of Criminology*, 28: 478–93.
Schwendinger, H. and Schwendinger, J. (1993) 'Giving Crime Prevention Top Priority', *Crime and Delinquency*, 38, 4: 425–45.
Sennett, R. (1977) *Fall of Public Man*. Cambridge: Cambridge University Press.
Shaw, C. and McKay, H. (1969) *Juvenile Delinquency and Urban Areas*. Chicago: University of Chicago Press.
Shearing, C. and Stenning, P. (1981) 'Private security: its growth and implications', in M. Tonry and N. Morris (eds) *Crime and Justice: An Annual Review of Research*, Vol. 3. Chicago: University of Chicago Press.
Shearing, C. and Stenning, P. (1985) 'From the Panopticon to Disney World: The

Development of Discipline', in A. Dobb and E. Greenspan (eds), *Perspectives in Criminal Law*. Aurora, Ontario: Canada Book Co.

Sheptycki, J. (1997) 'Insecurity, Risk, Suppression and Segregation: Some Reflections on Policing in the Transnational Age', *Theoretical Criminology*, 1, 3: 303–15.

Sparks, R. (1997) 'Recent Social Theory and the Study of Crime and Punishment', in M. Maguire, R. Morgan and R. Reiner (eds), *Oxford Handbook of Criminology* (2nd edn). Oxford: Clarendon Press.

Spicker, P. (1994) 'Understanding particularism', *Critical Social Policy*, 39: 5–20.

Stanko, E. (1990) 'When Precaution is Normal: A Feminist Critique of Crime Prevention', in L. Gelsthorpe and A. Morris (eds), *Feminist Perspectives in Criminology*. Buckingham: Open University Press.

Stenson, K. (1991) 'Making Sense of Crime Control', in D. Cowell and K. Stenson (eds), *The Politics of Crime Control*. London: Sage.

Stenson, K. (1995) 'Community Security as Government: The British Experience', in W. Hammerschicht, I. Karazman-Marawetz and W. Staagl (eds), *Jahrbuch fur Rechtsand Kriminalsoziologie*. Baden-Baden: Nomos.

Stoker, G. and Young, P. (1993) *Cities in the 1990s*. London: Longman.

Sutton A. (1994) 'Crime Prevention: Promise or Threat?', *Australian and New Zealand Journal of Criminology*, 27: 5–20.

Sutton, A. (1997) 'Crime Prevention: The Policy Dilemma – A Personal Account', in P. O'Malley and A. Sutton (eds), *Crime Prevention in Australia: Issues in Policy and Research*. Sydney: Federation Press.

Sutton, A. and O'Malley, P. (1997) 'Introduction', in P. O'Malley and A. Sutton (eds), *Crime Prevention in Australia: Issues in Policy and Research*. Sydney: Federation Press.

Taylor, I. (1997) 'Crime, Anxiety and Locality: Responding to the "Condition of England" at the end of the century', *Theoretical Criminology*, 1, 1: 53–75.

Taylor, I., Walton, P. and Young, J. (1973) *The New Criminology*. London: Routledge.

Tilley, N. (1994) 'Crime Prevention and the Safer Cities Story', *Howard Journal*, 32, 1: 40–57.

Tilley, N. and Pawson, R. (1994) 'What Works in Evaluation Research', *British Journal of Criminology*, 34: 291–306.

Tonry, M. and Farrington, D. (1995) 'Strategic Approaches to Crime Prevention', in M. Tonry and D. Farrington (eds), *Building a Safer Society: Strategic Approaches to Crime*. Chicago: University of Chicago Press.

Trembliss, R. and Craig, W. (1995) 'Developmental Crime Prevention', in M. Tonry and D. Farrington (eds), *Building a Safer Society: Strategic Approaches to Crime*. Chicago: University of Chicago Press.

Unger, R. (1972) *Law and Modern Society: Toward a Critique of Social Theory*. New York: Free Press.

United Nations (1991) *8th Congress on the Prevention of Crime and the Treatment of Offenders*, Havana, 27 August–7 September, New York: United Nations Secretariat.

Van Dijk, J. and De Waard J. (1991) 'A Two-dimensional Typology of Crime Prevention Projects', *Criminal Justice Abstracts*, September: 483–503.

van Swaaningen, R. (1997) *Critical Criminology: Visions from Europe*. London: Sage.

von Hirsch, A. (1976) *Doing Justice: The Choice of Punishments*. New York: Hill and Wang.

Walklate, S. (1996) 'Community and Crime Prevention', in E. McLaughlin and J. Muncie (eds), *Controlling Crime*. London: Sage.

Walzer, M. (1992) 'The Civil Society Argument', in C. Mouffe (ed.), *Dimensions of Radical Democracy*. London: Verso.

Weatheritt, M. (1986) *Innovations in Policing*. Beckenham: Croom Helm.

Weber, M. (1949) *The Methodology of the Social Sciences*, trans. E. Shils and M. Rheinstein. Massachusetts: Harvard University Press.

Weiss, R. (1987) 'The Community and Crime Prevention', in E. Johnson (ed.), *Handbook on Crime and Delinquency Prevention*. New York: Greenwood Press.

Wiener, M. (1990) *Reconstructing the Criminal: Culture, Law and Policy in England, 1830–1914*. Cambridge: Cambridge University Press.

Wilson, J. (1975) *Thinking about Crime*. New York: Basic Books.

Wilson, J. and Kelling, G. (1982) 'Broken Windows', *Atlantic Monthly*, March: 29–38.

Wolfe, T. (1997) 'Sorry, but your soul just died', *Independent On Sunday*, 2 February.

Young, I. (1990) 'The Idea of Community and the Politics of Difference', in L. Nicholson (ed.) *Feminism/Postmodernism*. New York: Routledge.

Young, J. (1991) 'Left Realism and the Priorities of Crime Control', in D. Cowell and K. Stenson (eds), *The Politics of Crime Control*. London: Sage.

Young, J. (1994) 'Incessant Chatter: Recent Paradigms in Criminology, in M. Maguire, R. Morgan and R. Reiner (eds), *Oxford Handbook of Criminology* (1st edn). Oxford: Clarendon Press.

译后记

戈登·休斯，英国卡迪夫大学社会科学学院教授，任职于该校犯罪与刑事司法研究所，还兼任《犯罪学与刑事司法》杂志主编，英国国家社会安全网学术顾问，政府社会安全和犯罪预防工作小组顾问，欧洲犯罪学学会公共安全治理科研小组负责人，英国犯罪学学会执行委员会委员，墨尔本大学犯罪学部访问研究员等职。其主要研究领域有犯罪学与社会学、犯罪预防与犯罪控制、社区安全、犯罪与社会政策等，兴趣广泛。著有《社会福利的未来构想》（1998）、《不安福利：社会政策重构》（1998）、《家庭、就业与福利》（2000，合著）、《犯罪预防、社区安全：新导向》（2002，合著）、《公众安全保障新政策》（2002，合著）、《犯罪学的研究视角》（2003，合著）、《恢复性司法：一个关键问题》（2003，合著）、《犯罪预防政策与社会》（2007）等。

《解读犯罪预防——社会控制、风险与后现代》一书出版于1998年，后又分别于2002年、2003年两次再版。本书主要从犯罪学、社会学和学术史的角度，探讨了“犯罪预防”这一语焉不详的概念。在这本书中，作者对当前和历史上对犯罪预防，特别是与社会控制密切相关的争论与探讨进行了全面的梳理与评价。在关于犯罪预防的理论探讨方面，本书的论述超越了传统的国界，在对历史进行了回顾与批判的基础上，拓展了犯罪预防研究的新领域，构建了令人振奋的犯罪预防的新思路。尤其是对近来学术界最为盛行的后现代性、风险社会、社群主义和全球化等重要理论进行了探讨，并以此为理论背景，将这些社会变革的大趋势与犯罪预防紧密联系起来。我们看到，休斯为我们提供了种种新的犯罪治理与控制的模式，描绘了在后现代社会中，犯罪预防未来的理想图景。

承蒙中国人民公安大学出版社允准，本书的中文版得以问世。本书在翻译过程中，由罗瑞芳译第五章，晁阳译第七章、后记以及词汇表。其他部分由刘晓梅、刘志松翻译，并负责对全书进行审校。

由于本书为多人合作翻译，虽然在统稿过程中投入了很大精力，但前后参差、错讹疏漏之处在所难免，加之译者水平之限、时间仓促，书中不妥之处，敬请读者不吝指正。

译者

2008 年 2 月于天津社会科学院